QUALI 2018

Original-Prüfungsaufgaben

Lösungen

Mathematik · Deutsch · Englisch

Bayern

2013–2017

STARK

© 2017 Stark Verlag GmbH
14. ergänzte Auflage
www.stark-verlag.de

Das Werk und alle seine Bestandteile sind urheberrechtlich geschützt. Jede vollständige oder teilweise Vervielfältigung, Verbreitung und Veröffentlichung bedarf der ausdrücklichen Genehmigung des Verlages. Dies gilt insbesondere für Vervielfältigungen, Mikroverfilmungen sowie die Speicherung und Verarbeitung in elektronischen Systemen.

Inhalt

Vorwort

**Lösungen zu den schriftlichen
Abschlussprüfungsaufgaben Mathematik**
Abschlussprüfung 2013 .... M 2013-1
Abschlussprüfung 2014 .... M 2014-1
Abschlussprüfung 2015 .... M 2015-1
Abschlussprüfung 2016 .... M 2016-1
Abschlussprüfung 2017 .... M 2017-1

**Lösungen zu den schriftlichen
Abschlussprüfungsaufgaben Deutsch**
Abschlussprüfung 2013 .... D 2013-1
Abschlussprüfung 2014 .... D 2014-1
Abschlussprüfung 2015 .... D 2015-1
Abschlussprüfung 2016 .... D 2016-1
Abschlussprüfung 2017 .... D 2017-1

**Lösungen zu den schriftlichen
Abschlussprüfungsaufgaben Englisch**
Abschlussprüfung 2013 .... E 2013-1
Abschlussprüfung 2014 .... E 2014-1
Abschlussprüfung 2015 .... E 2015-1
Abschlussprüfung 2016 .... E 2016-1
Abschlussprüfung 2017 .... E 2017-1

Autoren der Lösungen:
Mathematik: Walter Modschiedler, Walter Modschiedler (jun.)
Deutsch: Werner Bayer
Englisch: Birgit Mohr

Vorwort

Liebe Schülerin, lieber Schüler,

dieses Buch ist das Lösungsbuch zu dem Band *Quali – Original-Prüfungsaufgaben Mathematik, Deutsch, Englisch* (Titel-Nummer 93413). Es enthält ausführliche Lösungen zu den Prüfungsaufgaben des Qualifizierenden Abschlusses der Mittelschule.

Die Lösungen ermöglichen es dir, deine Leistung einzuschätzen. Bei den Aufsätzen handelt es sich um **Lösungsvorschläge**. Das heißt, dass auch andere Lösungen als die hier abgedruckten korrekt sein können. Wichtig ist aber, dass du die Arbeitsaufträge **vollständig** und **richtig** bearbeitest.

Außerdem gilt: Versuche stets, die Aufgabe zunächst selbstständig zu lösen, und schau nicht gleich in der Lösung nach. Solltest du allein nicht weiterkommen, gibt dir die Lösung wichtige ✱ **Hinweise und Tipps** zur Bearbeitung der Aufgabe. Am Schluss solltest du deine Lösung in jedem Fall mit der hier angebotenen Lösung vergleichen.

Viel Erfolg im Quali wünschen dir die Autoren dieses Buches!

Qualifizierender Abschluss der Mittelschule Bayern 2013
Mathematik – Lösungen

Teil A – Hilfsmittelfrei – Aufgabe 1
Fehlende Tabellenwerte

Grundwert	20	300	**400**
Prozentwert	4	**21**	480
Prozentsatz	**20 %**	7 %	120 %

Prozentsatz
✏ Der Grundwert beträgt 20, der Prozentwert 4. Schreibe den Anteil als Bruch und
✏ kürze. Schreibe den Bruch als Prozentzahl.

$$4 \text{ von } 20 = \frac{4}{20} = \frac{1}{5} = 20\,\%$$

oder:
✏ Erweitere den Bruch mit 5 und schreibe den Hundertstelbruch als Prozentzahl.

$$4 \text{ von } 20 = \frac{4}{20} = \frac{4 \cdot 5}{20 \cdot 5} = \frac{20}{100} = 20\,\%$$

Prozentwert
✏ Der Grundwert beträgt 300, der Prozentsatz ist 7 %. Berechne den Prozentwert mit
✏ dem Dreisatz.

$$100\,\% \mathrel{\hat=} 300$$
$$1\,\% \mathrel{\hat=} 3$$
$$7\,\% \mathrel{\hat=} 3 \cdot 7 = 21$$

oder:
✏ Berechne den Prozentwert mit dem Faktor: 7 % = 0,07
$$300 \cdot 0{,}07 = 3 \cdot 7 = 21$$

Grundwert
✏ Der Prozentwert beträgt 480, der Prozentsatz ist 120 %. Berechne den Grundwert
✏ mit dem Dreisatz.

$$120\,\% \mathrel{\hat=} 480$$
$$1\,\% \mathrel{\hat=} 480 : 120 = 4$$
$$100\,\% \mathrel{\hat=} 4 \cdot 100 = 400$$

oder:
* Berechne den Grundwert mit dem Faktor: 120 % = 1,2

$480 : 1,2 = 4800 : 12 = 400$

Teil A – Hilfsmittelfrei – Aufgabe 2

Flächeninhalt des Quadrats
* $A_{Quadrat} = a \cdot a$
* Der Durchmesser d und die Quadratseite a haben die gleiche Länge.

$a = 20$ cm
$A = 20$ cm $\cdot 20$ cm
$A = 400$ cm^2

Flächeninhalt des weißen Kreises
* $A_{Kreis} = r \cdot r \cdot \pi$
* Rechne mit $\pi = 3$.

$d = 20$ cm $\Rightarrow r = 10$ cm
$A = 10$ cm $\cdot 10$ cm $\cdot 3$
$A = 300$ cm^2

Flächeninhalt der grauen Fläche
* Subtrahiere vom Flächeninhalt des Quadrats den Flächeninhalt des weißen Kreises.

$A = 400$ cm$^2 - 300$ cm^2
$A = 100$ cm^2

Teil A – Hilfsmittelfrei – Aufgabe 3

Abstand zwischen zwei Brettern
* Das Gartentor ist 1 m breit.
* 1 m = 100 cm
* Einen Teil der Breite des Gartentors nehmen die sechs 10 cm breiten Bretter ein.
* Die verbleibende Breite des Gartentors verteilt sich auf die fünf Abstände.

$6 \cdot 10$ cm $= 60$ cm
100 cm $- 60$ cm $= 40$ cm
40 cm $: 5 = 8$ cm

Der Abstand zwischen zwei Brettern beträgt 8 cm.

Teil A – Hilfsmittelfrei – Aufgabe 4

Diagramm zum Sachverhalt

Gehe nach dem Ausschlussverfahren vor: 58 % entsprechen etwas mehr als der Hälfte des Kreises. Im linken Diagramm belegt ein Kreissektor genau die Hälfte des Kreises, also 50 %. Im rechten Diagramm ist der Kreis in drei gleich große Sektoren aufgeteilt, also stellt jeder Sektor $33\frac{1}{3}$ % dar.

Teil A – Hilfsmittelfrei – Aufgabe 5

a) Ein waagerechter Abschnitt im Graphen eines Weg-Zeit-Diagramms kennzeichnet eine Pause.

falsch

b) Radfahrer 2 fährt später los und holt Radfahrer 1 ein.

wahr

c) Der Schnittpunkt der beiden Graphen ist der Begegnungspunkt. Lies aus dem Diagramm die Uhrzeit ab.

wahr

d) Lies aus dem Diagramm die Startzeit für beide Radfahrer ab und entscheide.

falsch

Teil A – Hilfsmittelfrei – Aufgabe 6

a) 1 Liter und 1 dm³ geben die gleiche Menge an.

$1{,}1\ \ell = 1{,}1\ dm^3$

b) Rechne die Sekunden in Minuten um und vergleiche.

1 min = 60 s

$7{,}2 \cdot 10^2\ s = 7{,}2 \cdot 100\ s = 720\ s = 12\ min$

$2\ h\ 30\ min > 7{,}2 \cdot 10^2\ s$

c) Schreibe die Zahlen ohne Zehnerpotenzen und vergleiche.

$0{,}255 \cdot 10^6 = 0{,}255 \cdot 1\,000\,000 = 255\,000$
$255 \cdot 10^2 = 255 \cdot 100 = 25\,500$
$0{,}255 \cdot 10^6 > 255 \cdot 10^2$

Teil A – Hilfsmittelfrei – Aufgabe 7

Stundenlohen Maria

Maria erhält für vier Wochen 600 €. Rechne schrittweise auf den Lohn pro Stunde zurück.

4 Wochen ≙ 600 €
1 Woche ≙ 600 € : 4 = 150 €

Von Montag bis Freitag sind es fünf Tage.

5 Tage ≙ 150 €
1 Tag ≙ 150 € : 5 = 30 €
5 Stunden ≙ 30 €
1 Stunde ≙ 30 € : 5 = 6 €

oder:

Wie viele Stunden arbeitet Maria in vier Wochen?

5 Stunden pro Tag, 5 Tage pro Woche, 4 Wochen
5 h · 5 · 4 = 100 h

Berechne den Stundenlohn.

600 € : 100 = 6 €

Maria bekommt 6 € pro Stunde.

Teil A – Hilfsmittelfrei – Aufgabe 8

Der Fehler wurde in der dritten Zeile gemacht.
$(9x - 21) : (-3) - 4 = 21$
$\underline{9x - 21 : (-7) = 21}$

Es wurde gegen die Regel „Klammer vor Punkt vor Strich" verstoßen.
Berichtige die Zeile. Beachte die Vorzeichenregel!

richtig:
$-3x + 7 - 4 = 21$

Teil A – Hilfsmittelfrei – Aufgabe 9

Abschätzen der Größen

✓ Bei dieser Aufgabe musst du deine Annahmen auch begründen! Welche durchschnittliche Körpergröße hat ein erwachsener Mann? Wähle einen realistischen Wert, mit dem du gut rechnen kannst.

Als Bezugsgröße dient die durchschnittliche Größe eines Erwachsenen: ca. 1,80 m

✓ Miss die Größe des Erwachsenen in der Zeichnung.

Länge des Erwachsenen in der Zeichnung: 1 cm

✓ Du benötigst den Flächeninhalt des Werbetransparents. Miss dazu Länge und Höhe des Werbetransparents in der Zeichnung. Rechne die Maße aus der Zeichnung mithilfe der Vergleichsgröße in die Längen in Wirklichkeit um. Runde die Ergebnisse so, dass du gut damit rechnen kannst.

Länge des Transparents in der Zeichnung: 6 cm
Länge des Transparents in Wirklichkeit:
1 cm $\stackrel{\wedge}{=}$ 1,80 m
6 cm $\stackrel{\wedge}{=}$ 1,80 m · 6 = 10,80 m ≈ 11 m

Höhe des Transparents in der Zeichnung: 2 cm
Höhe des Transparents in Wirklichkeit:
1 cm $\stackrel{\wedge}{=}$ 1,80 m
2 cm $\stackrel{\wedge}{=}$ 1,80 m · 2 = 3,60 m ≈ 3,50 m

Flächeninhalt des Werbetransparents

✓ A = a · b
A = 11 m · 3,50 m
A = 38,50 m^2

Masse des Werbetransparents

✓ Gib das Ergebnis in kg an: 1 kg = 1 000 g

1 m^2 $\stackrel{\wedge}{=}$ 200 g
38,5 m^2 $\stackrel{\wedge}{=}$ 200 g · 38,5 = 7 700 g = 7,7 kg

Das Werbetransparent wiegt ungefähr 7,7 kg.

✓ Je nach Grundannahme und Rundung kann dein Ergebnis zwischen 5,5 kg und
✓ 9,5 kg variieren.

Teil A – Hilfsmittelfrei – Aufgabe 10

a) Das Quadrat besteht aus 16 Kästchen. Kürze den Bruch mit 2.
oder:
Ein Kästchen entspricht $\frac{1}{16} = \frac{2}{36}$.

$$\frac{6}{32} = \frac{3}{16}$$

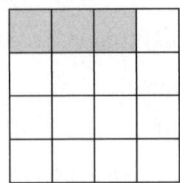

b) Das abgebildete Dreieck ist gleichschenklig. Zeichne auf jeder Dreieckseite den Mittelpunkt ein. Verbinde die Mittelpunkte und du erhältst vier gleich große Dreiecke.

$$25\% = \frac{1}{4}$$

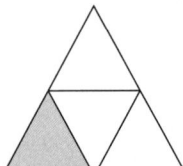

Teil A – Hilfsmittelfrei – Aufgabe 11

Die Lücke erstreckt sich über zwei Ebenen, insgesamt fehlen acht Steine.
Probiere im Kopf verschiedene Ergänzungen.

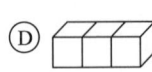 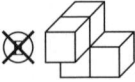 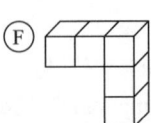

Ergänzung A schließt die hintere Lücke so, dass nur ein kleiner Würfel unten in der Mitte frei bleibt. Drehe die Ergänzung E um 90° nach rechts und schiebe sie in diese Lücke.

Teil B – Aufgabengruppe I – Aufgabe 1

Überlege, wie sich die vorhandenen Plätze auf die vier verschiedenen Kategorien aufteilen. Lege die Anzahl der Stehplätze mit x fest. Drücke die Anzahl der Sitzplätze, Presseplätze und Logenplätze mithilfe von x aus.

Stehplätze: x
Sitzplätze: $4 \cdot x$
Presseplätze: $x - 12\,600$ $\Bigg\}$ 65 700
Logenplätze: $3 \cdot (x - 12\,600)$

Stelle die Gleichung auf und löse sie.

$x + 4x + x - 12\,600 + 3 \cdot (x - 12\,600) = 65\,700$
$\quad x + 4x + x - 12\,600 + 3x - 37\,800 = 65\,700$
$\qquad\qquad\qquad\quad 9x - 50\,400 = 65\,700 \quad |+50\,400$
$\qquad\qquad\qquad\qquad\qquad 9x = 116\,100 \quad |:9$
$\qquad\qquad\qquad\qquad\qquad\; x = 12\,900$

Berechne die Anzahl der verschiedenen Plätze.

Stehplätze: 12 900
Sitzplätze: $4 \cdot 12\,900 = 51\,600$
Presseplätze: $12\,900 - 12\,600 = 300$
Logenplätze: $3 \cdot (12\,900 - 12\,600) = 3 \cdot 300 = 900$

Teil B – Aufgabengruppe I – Aufgabe 2

Der Flächeninhalt der fett umrandeten Figur setzt sich aus dem Flächeninhalt des Dreiecks und dem Flächeninhalt des schraffierten Rechtecks zusammen. Berechne zunächst die Länge der Grundseite des Dreiecks.

Länge der rechteckigen Teilfläche

$A_{Rechteck} = a \cdot b$
$A = 39{,}96 \text{ cm}^2$
$b = 3{,}7 \text{ cm}$
$39{,}96 \text{ cm}^2 = a \cdot 3{,}7 \text{ cm} \quad |:3{,}7 \text{ cm}$
$\qquad\qquad a = 10{,}8 \text{ cm}$

Länge der Grundseite des Dreiecks
$g = 10{,}8 \text{ cm} + 3{,}4 \text{ cm}$
$g = 14{,}2 \text{ cm}$

Höhe des Dreiecks
Die Seite a des Rechtecks, die Höhe des Dreiecks und die gegebene Dreieckseite bilden ein rechtwinkliges Dreieck. Berechne die Höhe des Dreiecks mithilfe des Satzes von Pythagoras.

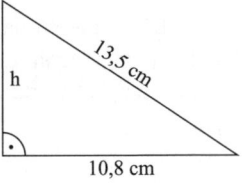

$h^2 = (13,5 \text{ cm})^2 - (10,8 \text{ cm})^2$
$h^2 = 182,25 \text{ cm}^2 - 116,64 \text{ cm}^2$
$h^2 = 65,61 \text{ cm}^2 \qquad |\sqrt{}$
$h = 8,1 \text{ cm}$

Flächeninhalt des Dreiecks

$A_{\text{Dreieck}} = \dfrac{g \cdot h}{2}$

$A = \dfrac{14,2 \text{ cm} \cdot 8,1 \text{ cm}}{2}$

$A = 57,51 \text{ cm}^2$

Flächeninhalt der fett umrandeten Figur
Addiere die Teilflächen.
$A = 39,96 \text{ cm}^2 + 57,51 \text{ cm}^2$
$A = 97,47 \text{ cm}^2$

Teil B – Aufgabengruppe I – Aufgabe 3

a) **Kosten für die Flüge für zwei Personen**
Der Gesamtpreis setzt sich aus den Flugkosten und den Kosten für das Doppelzimmer zusammen. Der Flugpreis gilt nur für eine Person.
249 € · 2 = 498 €

Kosten für sieben Übernachtungen und zwei Personen
Die Kosten für das Doppelzimmer sind für eine Person und eine Nacht angegeben. Valentin und Anna buchen sieben Übernachtungen.
39 € · 7 · 2 = 546 €

Kosten der Reise für beide zusammen
498 € + 546 € = 1 044 €

b) **Nachlass für das Doppelzimmer**
Der Nachlass gilt nur für den Zimmerpreis. Valentin und Anna bezahlen 9 % weniger.

$100\ \% \mathrel{\hat=} 546\ €$
$1\ \% \mathrel{\hat=} 5{,}46\ €$
$9\ \% \mathrel{\hat=} 5{,}46\ € \cdot 9 = 49{,}14\ €$

Ermäßigter Gesamtpreis für beide
Subtrahiere den Nachlass von den Gesamtkosten.
$1\,044\ € - 49{,}14\ € = 994{,}86\ €$

oder:
Ermäßigter Zimmerpreis
Valentin und Anna bezahlen nur $100\ \% - 9\ \% = 91\ \%$ für das Zimmer. Berechne den ermäßigten Zimmerpreis mit dem Dreisatz.

$100\ \% \mathrel{\hat=} 546\ €$
$1\ \% \mathrel{\hat=} 5{,}46\ €$
$91\ \% \mathrel{\hat=} 5{,}46\ € \cdot 91 = 496{,}86\ €$

Ermäßigter Gesamtpreis für beide
Addiere zum ermäßigten Zimmerpreis die Flugkosten, dann erhältst du den ermäßigten Gesamtpreis.
$496{,}86\ € + 498\ € = 994{,}86\ €$

c) **Preisnachlass in €**
$39\ € - 32\ € = 7\ €$

Preisnachlass in Prozent
Der normale Preis für das Hotelzimmer ist der Grundwert G. Die Differenz aus dem normalen Preis und dem ermäßigten Preis ist der Prozentwert P. Berechne den Prozentsatz.
$p\ \% = P : G \cdot 100$
Runde den Prozentsatz sinnvoll (hier: ganze Prozent).
$7 : 39 \cdot 100 = 17{,}948\ldots\ \% \approx 18\ \%$
Der Preisnachlass für das Hotelzimmer beträgt 18 %.

Teil B – Aufgabengruppe I – Aufgabe 4

a) Gesuchte Werte in der Tabelle

Arbeite dich schrittweise durch die Tabelle.

Stückzahl	Verkaufspreis	
	Obstkuchen	Torte
1	1,20 €	1,50 €
3	3,60 €	
7	8,40 €	10,50 €

Verkaufspreis für ein Stück Obstkuchen

In der Tabelle findest du den Verkaufspreis für drei Stück Obstkuchen.

$3,60 € : 3 = 1,20 €$

Verkaufspreis für ein Stück Torte

Ein Stück Torte kostet im Verkauf 30 Cent mehr als ein Stück Obstkuchen.
30 Cent = 0,30 €.

$1,20 € + 0,30 € = 1,50 €$

Anzahl der Tortenstücke für 10,50 €

Du weißt jetzt den Verkaufspreis für ein Stück Torte. Berechne, wie viele Tortenstücke 10,50 € kosten.

$10,50 € : 1,50 € = 7$

Verkaufspreis für sieben Stück Obstkuchen

Der Verkaufspreis für ein Stück Obstkuchen ist bekannt.

$1,20 € \cdot 7 = 8,40 €$

b) Grafische Darstellung

Lege ein Koordinatensystem mit den vorgegebenen Einheiten an.
Rechtswertachse: 7 cm
Hochwertachse: 11 cm
Beschrifte das Koordinatensystem vollständig und trage die Punkte für den Obstkuchen ein.

$1,00 € \triangleq 1\,\text{cm}$
$1,20 € \triangleq 1,2\,\text{cm} = 12\,\text{mm}$
$3,60 € \triangleq 3,6\,\text{cm} = 36\,\text{mm}$
$8,40 € \triangleq 8,4\,\text{cm} = 84\,\text{mm}$

Verbinde die Punkte zu einer Halbgeraden. Die Halbgerade beginnt im Koordinatenursprung. Beschrifte die Halbgerade.

Trage die Punkte für die Tortenstücke ein.

1,50 € ≙ 1,5 cm

10,50 € ≙ 10,5 cm

Verbinde die Punkte zu einer Halbgeraden. Die Halbgerade beginnt im Koordinatenursprung. Beschrifte die Halbgerade.

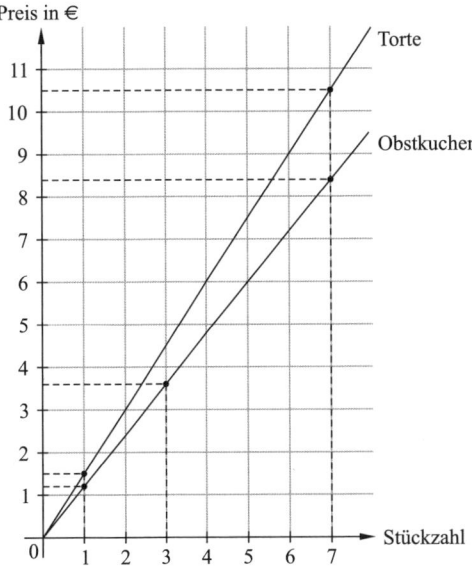

Anmerkung:
Streng genommen gehören nur die jeweiligen Punkte und die dazugehörigen gestrichelten Linien zur Darstellung, da man keine 1,2 Stücke Kuchen kaufen kann. Die Halbgerade hilft dir aber beispielsweise dabei, den Preis von sechs Torten schnell zu bestimmen.

Teil B – Aufgabengruppe II – Aufgabe 1

$$\frac{2\cdot(x+3)}{5} - 16{,}5 = \frac{2x-6}{4} - 6\cdot(3x-2) + 10$$

	Setze den Term rechts im Zähler in Klammern. Multipliziere mit dem Hauptnenner 20.

$$\frac{\cancel{20}^{\,4}\cdot 2\cdot(x+3)}{\cancel{5}^{\,1}} - 20\cdot 16{,}5 = \frac{\cancel{20}^{\,5}\cdot(2x-6)}{\cancel{4}^{\,1}} - 20\cdot 6\cdot(3x-2) + 20\cdot 10 \quad \Big|\,\text{Kürze.}$$

$$8\cdot(x+3) - 330 = 5\cdot(2x-6) - 120\cdot(3x-2) + 200 \qquad \Big|\,\text{Multipliziere in die Klammern.}$$

$$(8x+24) - 330 = (10x-30) - (360x-240) + 200 \qquad \Big|\,\text{Löse die Klammern auf. Achte auf die Vorzeichenregel.}$$

$$8x + 24 - 330 = 10x - 30 - 360x + 240 + 200 \qquad \Big|\,\text{Fasse zusammen.}$$

$$8x - 306 = -350x + 410 \qquad \Big|\,+350x + 306$$

$$358x = 716 \qquad \Big|\,:358$$

$$x = 2$$

Teil B – Aufgabengruppe II – Aufgabe 2

a) Zeichne ein Koordinatensystem mit der Einheit 1 cm.
  x-Achse: –3 bis +6
  y-Achse: –2 bis +6
  Beschrifte das Koordinatensystem vollständig und trage den Punkt D(–1 | 4,5) ein: Gehe dazu 1 cm nach links und 4,5 cm nach oben.
  Trage den Punkt B(2 | –0,5) ein: Gehe 2 cm nach rechts und 0,5 cm nach unten.
  Verbinde die Punkte zur Strecke [BD].
  Halbiere die Strecke [BD] mit dem Geodreieck. Der Punkt M liegt je 2,9 cm von Punkt B und von Punkt D entfernt. Markiere den Punkt M auf der Strecke [BD].
  Zeichne mit dem Geodreieck die Mittelsenkrechte zu [BD] durch den Punkt M.
  oder:
  Zeichne um B und D jeweils einen Kreis mit gleichem Radius. Verbinde die Schnittpunkte der beiden Kreise und markiere M.

b) Zeichne den Kreis um M mit Radius r = [MD].
  Wenn du genau gezeichnet hast, liegt der Punkt B auf der Kreislinie.

c) Sollte die Mittelsenkrechte die Kreislinie nicht schneiden, dann verlängere die Mittelsenkrechte. Du erhältst zwei Schnittpunkte. Bezeichne einen Schnittpunkt (hier: links unten) mit A. Verbinde die Punkte A und B und die Punkte A und D. Du erhältst das Dreieck ABD.

d) Trage von M aus die Strecke [AM] zweimal mit dem Geodreieck oder mit dem Zirkel auf der Mittelsenkrechten ab. Du erhältst den Punkt C. Verbinde die Punkte C und B und die Punkte C und D zum Drachenviereck ABCD.

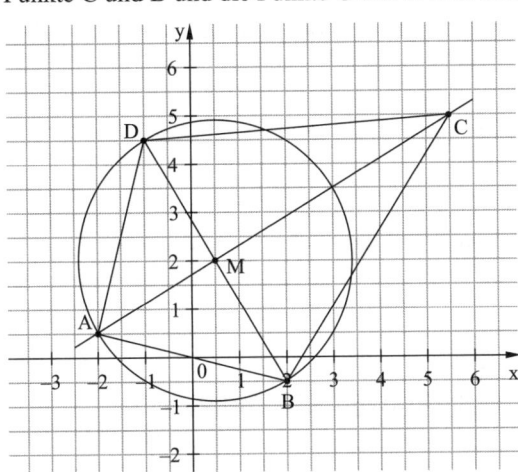

Teil B – Aufgabengruppe II – Aufgabe 3

a) Anstieg der Mobilfunkverträge von 2007 auf 2009 in Mio.
Entnimm die benötigten Daten aus der zweiten Tabellenspalte.

2009   108,26 Mio. Mobilfunkverträge
2007   97,15 Mio. Mobilfunkverträge

Anstieg: 11,11 Mio. Mobilfunkverträge

Anstieg in %
Die Anzahl der Mobilfunkverträge 2007 ist der Grundwert G, die zahlenmäßige Zunahme von 2007 auf 2009 der Prozentwert P. Berechne den Prozentsatz.
$p\% = P : G \cdot 100$
Runde den Prozentsatz wie in der Angabe auf zwei Dezimalstellen.

$G = 97{,}15$
$P = 11{,}11$
$p\% = 11{,}11 : 97{,}15 \cdot 100 = 11{,}435\ldots \%$
$p\% \approx 11{,}44\%$

b) Anzahl der Mobilfunkverträge 2011 in Mio.

Der prozentuale Anstieg p % von 2009 auf 2011 steht in der dritten Tabellenspalte. Du findest den Grundwert G für das Jahr 2009 in der zweiten Tabellenspalte. Berechne den Prozentwert mit dem Dreisatz oder mit dem Faktor. Runde den Prozentwert wie in der Angabe auf zwei Dezimalstellen.

2009 $\stackrel{\wedge}{=}$ 100 %
2011 $\stackrel{\wedge}{=}$ 100 % + 1,44 % = 101,44 %

100 % $\stackrel{\wedge}{=}$ 108,26
1 % $\stackrel{\wedge}{=}$ 1,0826
101,44 % $\stackrel{\wedge}{=}$ 1,0826 · 101,44 = 109,818... ≈ 109,82

oder:

101,44 % = 1,0144

108,26 · 1,0144 = 109,818... ≈ 109,82

2011 waren 109,82 Millionen Mobilfunkverträge abgeschlossen.

c) Festlegen der Säulenhöhe

Bereite die Daten für das Säulendiagramm auf. 10 Millionen Verträge entsprechen 1 cm = 10 mm. 1 Million Verträge entsprechen also 1 mm. Genauer kannst du nicht zeichnen. Runde daher die Daten auf ganze Millionen und lege die Säulenhöhe fest.

2005: 79,29 Mio. ≈ 79 Mio. $\stackrel{\wedge}{=}$ 7 cm 9 mm
2007: 97,15 Mio. ≈ 97 Mio. $\stackrel{\wedge}{=}$ 9 cm 7 mm
2009: 108,26 Mio. ≈ 108 Mio. $\stackrel{\wedge}{=}$ 10 cm 8 mm
2011: 109,82 Mio. ≈ 110 Mio. $\stackrel{\wedge}{=}$ 11 cm

Abbildung im Maßstab 1:2
Wähle eine einheitliche Säulenbreite. Zeichne das Säulendiagramm. Achte auf Sauberkeit. Beschrifte das Diagramm. Wähle einen passenden Diagrammtitel.

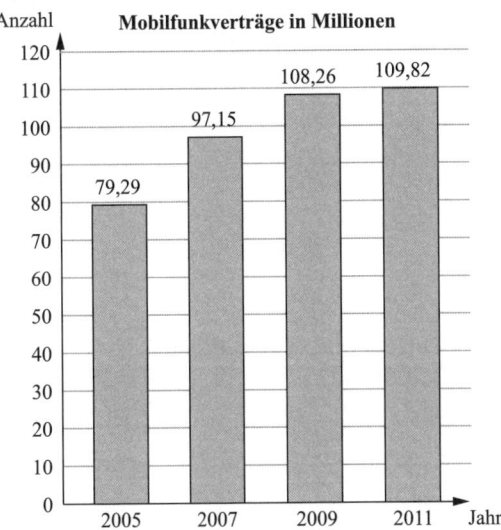

Teil B – Aufgabengruppe II – Aufgabe 4

a) **Beklebte Glasfläche**
Die zu beklebende Fläche des zylinderförmigen Glases (ohne Boden und Deckel) ist die Mantelfläche eines Zylinders. Setze die gegebenen Werte in die Formel für die Mantelfläche eines Zylinders ein und berechne.
$M = 2 \cdot r \cdot \pi \cdot h$
Rechne mit $\pi = 3{,}14$.

$r = 6 \text{ cm}$
$h = 18 \text{ cm}$
$M = 2 \cdot 6 \text{ cm} \cdot 3{,}14 \cdot 18 \text{ cm}$
$M = 678{,}24 \text{ cm}^2$
Die beklebte Glasfläche beträgt $678{,}24 \text{ cm}^2$.

b) Höhe des Dreiecks

Im gleichseitigen Dreieck sind alle Seiten gleich lang. Die Höhe halbiert die Grundseite. Zeichne ein gleichseitiges Dreieck und trage die bekannten Maße ein. Berechne die Höhe mithilfe des Satzes von Pythagoras. Runde die Länge der Höhe auf zwei Dezimalstellen.

$h^2 = (5\text{ cm})^2 - (2,5\text{ cm})^2$

$h^2 = 25\text{ cm}^2 - 6,25\text{ cm}^2$

$h^2 = 18,75\text{ cm}^2 \qquad |\sqrt{}$

$h = 4,330...\text{ cm}$

$h \approx 4,33\text{ cm}$

Flächeninhalt eines Dreiecks

Die Grundseite und die Höhe des Dreiecks sind nun bekannt.

$A = \dfrac{g \cdot h}{2}$

$g = 5\text{ cm}$
$h = 4,33\text{ cm}$

$A = \dfrac{5\text{ cm} \cdot 4,33\text{ cm}}{2}$

$A = 10,825\text{ cm}^2$

Für die Verzierung werden vier Dreiecke benötigt.

$10,825\text{ cm}^2 \cdot 4 = 43,3\text{ cm}^2$

Der Flächeninhalt der vier Dreiecke zur Verzierung beträgt $43,3\text{ cm}^2$.

c) Transparentpapier für 45 Lichter

Berechne den Flächeninhalt von 45 Mantelflächen und vergleiche mit dem Flächeninhalt des gelben Transparentpapiers. Die Umrechnungszahl für Flächeneinheiten ist 100.

$678,24\text{ cm}^2 \cdot 45 = 30\,520,8\text{ cm}^2$

$30\,520,8\text{ cm}^2 = 305,208\text{ dm}^2 = 3,05208\text{ m}^2$

$3,05208\text{ m}^2 > 3\text{ m}^2$

Ein Transparentpapier mit einem Flächeninhalt von 3 m^2 reicht nicht.

Teil B – Aufgabengruppe III – Aufgabe 1

$-4,9x + 0,5 \cdot (6x + 4) - 4 \cdot (0,85 - 1,1x) = (-11,25x + 40) \cdot 0,2 + 19,1$ | Multipliziere in die Klammern.

$-4,9x + (3x + 2) - (3,4 - 4,4x) = (-2,25x + 8) + 19,1$ | Löse die Klammern auf. Beachte die Vorzeichenregel.

$-4,9x + 3x + 2 - 3,4 + 4,4x = -2,25x + 8 + 19,1$ | Fasse zusammen.

$2,5x - 1,4 = -2,25x + 27,1$ | $+1,4 + 2,25x$

$4,75x = 28,5$ | $: 4,75$

$x = 6$

Teil B – Aufgabengruppe III – Aufgabe 2

Höhe eines Kegels

✔ Der Radius, die Seitenlinie und die Höhe des Kegels bilden ein rechtwinkliges
✔ Dreieck. Berechne die Höhe des Kegels mithilfe des Satzes von Pythagoras.

$h^2 = (11,67 \text{ cm})^2 - (6 \text{ cm})^2$
$h^2 = 136,1889 \text{ cm}^2 - 36 \text{ cm}^2$
$h^2 = 100,1889 \text{ cm}^2$ | $\sqrt{}$
$h = 10,009... \text{ cm}$
$h \approx 10 \text{ cm}$

Volumen eines Kegels

✔ Setze die gegebenen Werte in die Formel zur Berechnung des Volumens eines
✔ Kegels ein.
✔ $V = \frac{1}{3} \cdot r \cdot r \cdot \pi \cdot h$
✔ Rechne mit $\pi = 3,14$.

$V = \frac{1}{3} \cdot 6 \text{ cm} \cdot 6 \text{ cm} \cdot 3,14 \cdot 10 \text{ cm}$
$V = 376,8 \text{ cm}^3$

Volumen des Zylinders

✔ Der Körper besteht aus zwei identischen Kegeln und einem Zylinder. Das Volumen
✔ des Körpers ist bekannt. Berechne das Volumen des Zylinders, indem du das
✔ Volumen der beiden Kegel vom Gesamtvolumen subtrahierst.

$V = 911 \text{ cm}^3 - 2 \cdot 376,8 \text{ cm}^3$
$V = 911 \text{ cm}^3 - 753,6 \text{ cm}^3$
$V = 157,4 \text{ cm}^3$

Höhe des Zylinders
- Setze die bekannten Werte in die Formel zur Berechnung des Volumens eines Zylinders ein.
- $V = r \cdot r \cdot \pi \cdot h_Z$
- Rechne mit $\pi = 3{,}14$.
- Löse nach h_Z auf. Runde die Länge der Höhe auf mm genau.

$V = 157{,}4 \text{ cm}^3$
$r = 6 \text{ cm}$

$157{,}4 \text{ cm}^3 = 6 \text{ cm} \cdot 6 \text{ cm} \cdot 3{,}14 \cdot h_Z$
$157{,}4 \text{ cm}^3 = 113{,}04 \text{ cm}^2 \cdot h_Z \qquad |:113{,}04 \text{ cm}^2$
$\quad h_Z = 1{,}392... \text{ cm}$
$\quad h_Z \approx 1{,}4 \text{ cm}$

Teil B – Aufgabengruppe III – Aufgabe 3

a) Der Fahrpreis setzt sich aus dem Grundpreis, den Kosten für die ersten fünf Kilometer und den Kosten für die restlichen Kilometer zusammen. Du findest die Daten in der ersten Tabellenspalte.

Grundpreis
3,30 €

Kosten für die ersten fünf km
1,70 € · 5 = 8,50 €

Verbleibende Fahrstrecke
35 km – 5 km = 30 km

Kosten für die restlichen 30 km
1,50 € · 30 = 45 €

Fahrpreis
Addiere die Teilkosten.

3,30 € + 8,50 € + 45 € = 56,80 €

Der Fahrpreis beträgt 56,80 €.

b) Rechne rückwärts. Die Daten findest du in der zweiten Tabellenspalte.

Kosten für den ersten km
2,50 €

Verbleibende Fahrstrecke
Wie viele km werden mit 1,50 € berechnet?

8 km – 1 km = 7 km

Kosten für die restlichen 7 km
1,50 € · 7 = 10,50 €

Grundpreis pro Fahrt
Subtrahiere vom Fahrpreis die Kosten für den ersten km und die Kosten für jeden weiteren km.
16 € – 2,50 € – 10,50 € = 3 €
Der Grundpreis pro Fahrt beträgt 3 €.

c) **Kosten für die restlichen 11 km**
Rechne rückwärts. Du findest die Daten in der dritten Tabellenspalte.
Subtrahiere vom Gesamtpreis den Grundpreis und den Preis für den ersten km.
21,10 € – 2,90 € – 2,80 € = 15,40 €

Preis für weitere km
15,40 € : 11 = 1,40 €
Jeder weitere km kostet 1,40 €.

Teil B – Aufgabengruppe III – Aufgabe 4

a) **Wert nach sechs Jahren**
Der Grundwert G ist der Wert des Neuwagens. Den Prozentsatz p % für einen sechs Jahre alten Pkw findest du im Schaubild. Berechne den Prozentwert P mit dem Dreisatz oder mit dem Faktor.

$G = 25\,900$ €
$p\,\% = 35\,\%$

$100\,\% \,\hat{=}\, 25\,900$ €
$1\,\% \,\hat{=}\, 259$ €
$35\,\% \,\hat{=}\, 259$ € · 35 = 9 065 €

oder:
$35\,\% = 0{,}35$
25 900 € · 0,35 = 9 065 €

Der Wagen hat nach sechs Jahren noch einen Wert von 9 065 €.

b) **Wertverlust innerhalb von fünf Jahren**
Überlege, was Wertverlust bedeutet. Im Schaubild findest du für ein fünf Jahre altes Auto einen Fahrzeugwert von 40 % des Neuwerts. Das Auto hat nach fünf Jahren also 60 % des Neuwerts verloren. Der Grundwert G (siehe Teilaufgabe a) und der Prozentsatz des Wertverlusts p % sind gegeben. Berechne den Prozentwert P mit dem Dreisatz oder mit dem Faktor.

G = 25 900 €
p % = 60 %

100 % $\triangleq$ 25 900 €
  1 % $\triangleq$ 259 €
 60 % $\triangleq$ 259 € · 60 = 15 540 €

oder:

60 % = 0,6
25 900 € · 0,6 = 15 540 €

Durchschnittlicher monatlicher Wertverlust
Ein Jahr hat zwölf Monate.

1 Jahr $\triangleq$ 12 Monate
5 Jahre $\triangleq$ 12 Monate · 5 = 60 Monate
15 540 € : 60 = 259 €

Der Wagen verlor pro Monat durchschnittlich 259 € an Wert.

c) **Wert des Neuwagens**
Im Schaubild findest du den Wert eines acht Jahre alten Autos in Prozent (p %). Der Wert des acht Jahre alten Autos ist der Prozentwert P. Berechne den Grundwert mit dem Dreisatz oder mit dem Faktor.

P = 5 970 €
p % = 30 %

 30 % $\triangleq$ 5 970 €
  1 % $\triangleq$ 5 970 € : 30 = 199 €
100 % $\triangleq$ 199 € · 100 = 19 900 €

oder:

30 % = 0,3
5 970 € : 0,3 = 19 900 €

Der Wert des Neuwagens betrug 19 900 €.

Qualifizierender Abschluss der Mittelschule Bayern 2014
Mathematik – Lösungen

Teil A – Hilfsmittelfrei – Aufgabe 1

Das Rezept ist für zehn Tortenböden geschrieben. Paul soll zwei Tortenböden herstellen. Er benötigt nur $\frac{2}{10} = \frac{1}{5}$ der Zutaten.

Dividiere die Zutaten für zehn Tortenböden durch 5 und vergleiche mit den Zutaten für zwei Tortenböden.

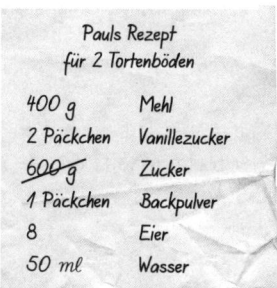

Richtige Angabe
1 500 g : 5 = 300 g

Teil A – Hilfsmittelfrei – Aufgabe 2

Ausgaben
Judith gibt $\frac{1}{3}$ von 180 € aus.

$\frac{1}{3}$ von 180 € = 180 € : 3 = 60 €

Restbetrag
180 € − 60 € = 120 €

Einzahlung auf das Sparkonto
50 % vom Restbetrag sind die Hälfte von 120 €.
120 € : 2 = 60 €
Judith zahlt 60 € auf das Sparkonto ein.

Teil A – Hilfsmittelfrei – Aufgabe 3

Eine Skizze hilft dir:

○○○●○○○●○○○○

Frau — vor der Frau
hinter Tobi — Tobi

Hinter Tobi stehen sieben Personen. An der vierten Stelle hinter Tobi steht die Frau.
Vor der Frau stehen neun Personen.
In der Warteschlange stehen 13 Personen.

Teil A – Hilfsmittelfrei – Aufgabe 4

Löse die Klammer auf der rechten Seite auf. Setze für den Platzhalter auf der linken Seite 6 ein. Welchen Wert musst du für den Platzhalter auf der rechten Seite einsetzen, damit das Produkt aus 3 und dem Platzhalter 21x ergibt?

$21x + \boxed{} = 3 \cdot \left(\boxed{} + 2\right)$

$21x + \boxed{} = 3 \cdot \boxed{} + 6$

$21x + 6 = 3 \cdot \boxed{} + 6$

$21x + 6 = 3 \cdot 7x + 6$

$21x + 6 = 3 \cdot (7x + 2)$

Teil A – Hilfsmittelfrei – Aufgabe 5

Die Seitenflächen des Würfels liegen zur Hälfte in der Farbe, der Punkt liegt in der nicht gefärbten Hälfte. Färbe diese Teilflächen. Die Grundfläche liegt ganz in der Farbe, sie muss also komplett gefärbt werden. Welches Quadrat ist die Grundfläche, welches Quadrat ist die Deckfläche?

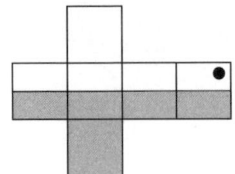

Teil A – Hilfsmittelfrei – Aufgabe 6

a) Vergleiche die Prozentsätze für Skandinavien und Kroatien.
richtig

b) Addiere die Prozentsätze der anderen Urlaubsziele und vergleiche das Ergebnis mit dem Prozentsatz für Deutschland.
falsch

c) Vergleiche die Prozentsätze der ausländischen Urlaubsziele.
falsch

d) $50\% = 0{,}5 = \frac{1}{2}$
Die Hälfte von 6 % sind 3 %. Zu dem Prozentsatz der Türkei musst du also 3 % addieren. Vergleiche dann mit der Säule für Spanien.
richtig

Teil A – Hilfsmittelfrei – Aufgabe 7

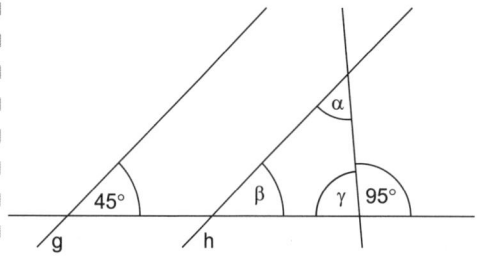

$\beta = 45°$ (Stufenwinkel)

$\gamma = 180° - 95°$ (Komplementär-/Ergänzungswinkel)
$\gamma = 85°$

Die Summe der Innenwinkel im Dreieck beträgt $180°$.

$\alpha = 180° - 45° - 85°$
$\alpha = 50°$

Teil A – Hilfsmittelfrei – Aufgabe 8

a) Überlege, welcher Zusammenhang zwischen dem Vorgänger und dem Nachfolger besteht. Welche Gesetzmäßigkeit erkennst du?

$$\frac{1}{2} \xrightarrow{\cdot(-\frac{1}{2})} -\frac{1}{4} \xrightarrow{\cdot(-\frac{1}{2})} \frac{1}{8} \xrightarrow{\cdot(-\frac{1}{2})} -\frac{1}{16} \xrightarrow{\cdot(-\frac{1}{2})} \frac{1}{32} \xrightarrow{\cdot(-\frac{1}{2})} \boxed{-\frac{1}{64}}$$

b)
$$\frac{3}{4} \xrightarrow{+\frac{3}{4}} 1\frac{1}{2} \xrightarrow{+\frac{3}{4}} 2\frac{1}{4} \xrightarrow{+\frac{3}{4}} 3 \xrightarrow{+\frac{3}{4}} \boxed{3\frac{3}{4}}$$

Teil A – Hilfsmittelfrei – Aufgabe 9

Abschätzen der Größen

Bei dieser Aufgabe musst du deine Annahmen auch begründen! Als Bezugsgröße dient der Mann in der Skizze. Welche durchschnittliche Körpergröße hat ein erwachsener Mann? Wähle einen realistischen Wert, mit dem du gut rechnen kannst.

Größe eines erwachsenen Mannes: ca. 1,90 m

Miss die Größe des Mannes in der Skizze.

Länge des Mannes in der Skizze: ca. 1 cm

1 cm in der Skizze entspricht also ca. 1,90 m in Wirklichkeit. Miss die Höhe des Stuhls in der Skizze und berechne die Höhe des Stuhls in der Wirklichkeit. Runde die Höhe auf ganze Meter auf.

Höhe des Stuhls in der Skizze: ca. 4 cm
Höhe des Stuhls in Wirklichkeit: 1,90 m · 4 = 7,60 m ≈ 8 m

Der Stuhl in der Skizze ähnelt einem Küchenstuhl. Welche Höhe hat ein echter Küchenstuhl dieser Art?

Höhe eines echten Küchenstuhls: ca. 1 m

Vergrößerungsfaktor

Mit welchem Faktor wurde der „echte" Küchenstuhl vergrößert?

Stuhl in der Skizze: 8 m
Vergrößerungsfaktor: 8 m : 1 m = 8

Größe des Mannes für das übergroße Modell
✓ Vergrößere den Mann mit einer Größe von 1,90 m mit dem errechneten Faktor.
  1,90 m · 8 = 15,20 m ≈ 15 m
  Der Mann müsste etwa 15 m groß sein.
✓ Je nach Grundannahme kann dein Ergebnis variieren.

Teil A – Hilfsmittelfrei – Aufgabe 10

✓ **a)** Verschiebe das Komma in beiden Zahlen so lange nach rechts, bis die zweite
✓ Zahl kein Komma mehr hat.
  3,6 : 0,03 = 360 : 3 = **120**

✓ **b)** $10^3 = 1\,000$
✓ Beachte die „Punkt-vor-Strich"-Regel.
  $0,46 \cdot 10^3 - 1 = 0,46 \cdot 1\,000 - 1 = 460 - 1 = \mathbf{459}$

Teil A – Hilfsmittelfrei – Aufgabe 11

Rabatt auf die Hose
✓ Um den Rabatt optimal zu nutzen, muss das teuerste Kleidungsstück den höchsten
✓ Rabatt bekommen. Berechne 20 % Rabatt auf die Hose. Nutze Rechenvorteile.
  100 % ≙ 60 €
  10 % ≙ 60 € : 10 = 6 €
  20 % ≙ 6 € · 2 = 12 €

Rabatt auf die Jacke
✓ Berechne 15 % Rabatt auf die Jacke. Nutze Rechenvorteile.
  100 % ≙ 40 €
  5 % ≙ 40 € : 20 = 2 €
  15 % ≙ 2 € · 3 = 6 €

Rabatt auf das Shirt
✓ Berechne 10 % Rabatt auf das Shirt.
  100 % ≙ 20 €
  10 % ≙ 20 € : 10 = 2 €

gesamter Preisnachlass
✏ Addiere die Preisnachlässe.

12 € + 6 € + 2 € = 20 €

Kosten für eine Hose, eine Jacke und ein Shirt mit Rabatt
60 € + 40 € + 20 € − 20 € = 100 €

Jasmin kann sich die 3 Kleidungsstücke leisten.

Teil A – Hilfsmittelfrei – Aufgabe 12
Länge der äußeren Runde
✏ Wie groß ist der Durchmesser der äußeren Runde?
✏ $d = 2 \cdot r$

$r_a = r_i + 1\,m$
$r_a = 10\,m + 1\,m$
$r_a = 11\,m \quad \Rightarrow \quad d_a = 22\,m$

✏ Berechne den Umfang der äußeren Runde.
✏ $u = d \cdot \pi$
✏ Rechne mit $\pi = 3$.

$u_a = 22\,m \cdot 3$
$u_a = 66\,m$

Länge der inneren Runde
$r_i = 10\,m \quad \Rightarrow \quad d_i = 20\,m$

✏ Berechne den Umfang der inneren Runde.

$u_i = 20\,m \cdot 3$
$u_i = 60\,m$

Unterschied zwischen u_a und u_i
66 m − 60 m = 6 m

Peter läuft bei jeder Runde 6 m mehr als Maria.

Teil B – Aufgabengruppe I – Aufgabe 1

- Lege für die Anzahl einer Flasche Getränk die Variable x fest. Die Anzahl der Apfelsaftflaschen eignet sich hier besonders gut. Drücke die Anzahl der anderen Getränkeflaschen mithilfe von x aus:
- halb so viele Flaschen Orangensaft wie Apfelsaft: „0,5 ·"
- siebenmal so viele Mineralwasserflaschen wie Apfelsaftflaschen: „7 ·"
- vier Flaschen mehr Birnensaft als Orangensaft: „+4"
- Berücksichtige auch die acht Kirschsaftflaschen. Insgesamt sind es 120 Flaschen.

Apfelsaftflaschen: x
Orangensaftflaschen: $0,5 \cdot x$
Mineralwasserflaschen: $7 \cdot x$ ⎬ 120 Flaschen
Birnensaftflaschen: $0,5 \cdot x + 4$
Kirschsaftflaschen: 8

- Stelle die Gleichung auf und löse sie.

$$x + 0,5x + 7x + 0,5x + 4 + 8 = 120 \quad | \text{zusammenfassen}$$
$$9x + 12 = 120 \quad | -12$$
$$9x = 108 \quad | :9$$
$$x = 12$$

- Berechne die Anzahl der einzelnen Getränke.

Apfelsaftflaschen: 12
Orangensaftflaschen: $0,5 \cdot 12 = 6$
Mineralwasserflaschen: $7 \cdot 12 = 84$
Birnensaftflaschen: $0,5 \cdot 12 + 4 = 6 + 4 = 10$
Kirschsaftflaschen: 8

Teil B – Aufgabengruppe I – Aufgabe 2

Länge der gestrichelten Linie

- Die gestrichelte Linie (x) ist eine Kathete im rechtwinkligen Dreieck. Die Länge der Hypotenuse und die Länge der anderen Kathete sind gegeben. Berechne die Länge von x mithilfe des Satzes von Pythagoras.

$$x^2 = (10\,\text{cm})^2 - (6\,\text{cm})^2$$
$$x^2 = 100\,\text{cm}^2 - 36\,\text{cm}^2$$
$$x^2 = 64\,\text{cm}^2 \quad | \sqrt{}$$
$$x = 8\,\text{cm}$$

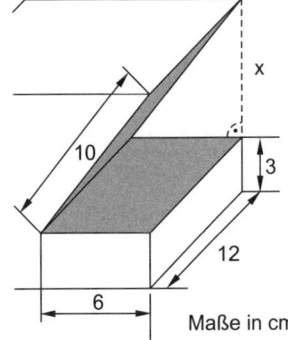

Maße in cm

✓ Du erhältst das Volumen des Restkörpers, wenn du vom Volumen des Quaders das
✓ Volumen des Dreiecksprismas subtrahierst.

Volumen des Quaders
✓ Die gestrichelte Linie ist ein Teil der Kante c des Quaders. Bestimme das Volumen
✓ des Quaders.

$V_{Quader} = a \cdot b \cdot c$

$a = 12\,cm$
$b = 12\,cm$
$c = 3\,cm + 8\,cm = 11\,cm$
$V_{Quader} = 12\,cm \cdot 12\,cm \cdot 11\,cm$
$V_{Quader} = 1\,584\,cm^3$

Volumen des Dreiecksprismas
✓ Das rechtwinklige Dreieck bildet die Grundfläche des Dreiecksprismas, die Kante b
✓ des Quaders ist die Höhe des Prismas.
✓ $V_{Prisma} = $ Grundfläche $\cdot$ Körperhöhe

$V = \dfrac{6\,cm \cdot 8\,cm}{2} \cdot 12\,cm$

$V = 288\,cm^3$

Volumen des Restkörpers
✓ Subtrahiere vom Volumen des Quaders das Volumen des Dreiecksprismas.

$V_{Restkörper} = 1\,584\,cm^3 - 288\,cm^3$
$V_{Restkörper} = 1\,296\,cm^3$

Teil B – Aufgabengruppe I – Aufgabe 3

a) Preis für die Wohnungseinrichtung

✓ Berechne $\frac{3}{8}$ von 56 000 €.

$\dfrac{56\,000\,€ \cdot 3}{8} = 56\,000\,€ : 8 \cdot 3 = 21\,000\,€$

Herr Müller gibt 21 000 € für die Wohnungseinrichtung aus.

b) **Anlagebetrag**
Berechne zuerst den Betrag, den Herr Müller anlegt. Herr Müller kauft eine Wohnungseinrichtung und leiht seinem Freund Geld.

zur Verfügung: 56 000 €
Wohnungseinrichtung: − 21 000 €
Darlehen für den Freund: − 12 000 €
Anlagebetrag: 23 000 €

Jahreszinsen
Berechne die Zinsen für ein Jahr.

100 % ≙ 23 000 €
1 % ≙ 23 000 € : 100 = 230 €
0,6 % ≙ 230 € · 0,6 = 138 €

Zinsen für neun Monate
Berechne die Zinsen für neun Monate. Ein Jahr hat zwölf Monate.

12 Monate ≙ 138 €
1 Monat ≙ 138 € : 12 = 11,50 €
9 Monate ≙ 11,50 € · 9 = 103,50 €

oder:

Löse mit der Zinsformel: $Z = \dfrac{K \cdot p \cdot t}{100 \cdot 12}$

Kapital: K = 23 000 €
Zeit: t = 9 Monate
Zinssatz: p % = 0,6 %

$Z = \dfrac{23\,000\, \text{€} \cdot 0,6 \cdot 9}{100 \cdot 12}$

Z = 103,50 €

Kontostand nach neun Monaten
Addiere zum Anlagebetrag die Zinsen für neun Monate und du erhältst den Stand des Sparkontos nach neun Monaten.

23 000 € + 103,50 € = 23 103,50 €

Nach neun Monaten beträgt der Kontostand 23 103,50 €.

c) Das Kapital und der Rückzahlungsbetrag nach einem Jahr sind gegeben. Berechne die Höhe der Jahreszinsen.

Rückzahlungsbetrag: 12 150 €
geliehener Betrag: 12 000 €

Jahreszinsen
12 150 € −12 000 € = 150 €

Zinssatz
Berechne den Zinssatz: p % = Z : K · 100 %
p % = 150 € : 12 000 € · 100 %
p % = 1,25 %
Es wurde ein Zinssatz von 1,25 % vereinbart.

Teil B − Aufgabengruppe I − Aufgabe 4

a) Anzahl der Fahrten für einen Lkw vom Typ A
73 m³ müssen abgefahren werden. Ein Lkw vom Typ A fasst 9,8 m³.
73 m³ : 9,8 m³ = 7,448... ≈ 8

Runde auf ganze Fahrten. Nach sieben Fahrten ist der Aushub noch nicht vollständig abtransportiert.
Ein Lkw vom Typ A muss achtmal fahren.

b) Dauer einer Fahrt in Minuten
Wandle die gesamte Fahrzeit in Minuten um. Eine Stunde hat 60 Minuten.
4 h 48 min = 4 · 60 min + 48 min = 240 min + 48 min = 288 min

Wie viele Minuten dauert eine Fahrt?
8 Fahrten $\hat{=}$ 288 min
1 Fahrt $\hat{=}$ 288 min : 8 = 36 min
Eine Fahrt dauert 36 Minuten.

c) Anzahl der Fahrten für einen Lkw vom Typ B
Ein Lkw vom Typ B fasst 13,1 m³. Runde auf ganze Fahrten.
73 m³ : 13,1 m³ = 5,572... ≈ 6

Dauer des Abtransports des Aushubs mit einem Lkw vom Typ B
Für eine Fahrt benötigen beide Lkw-Typen die gleiche Zeit.
36 min · 6 = 216 min

Zeitersparnis
Du erhältst die Zeitersparnis, wenn du die Differenz aus den Fahrzeiten bildest.
Dauer mit Lkw Typ A: 288 min
Dauer mit Lkw Typ B: − 216 min
Zeitersparnis: 72 min

Das Bauunternehmen könnte 72 Minuten sparen.

Teil B – Aufgabengruppe II – Aufgabe 1

$(3,2 - 3,75x) : 0,5 - 1,75x = 0,25 \cdot (12,2x - 0,8) - (9,3x - 3,3)$ | Berechne die Klammerterme.

$(6,4 - 7,5x) - 1,75x = (3,05x - 0,2) - (9,3x - 3,3)$ | Löse die Klammern auf. Achte auf die Vorzeichen.

$6,4 - 7,5x - 1,75x = 3,05x - 0,2 - 9,3x + 3,3$ | Fasse zusammen.

$6,4 - 9,25x = -6,25x + 3,1$ | $-6,4; +6,25x$

$-3x = -3,3$ | $: (-3)$

$x = 1,1$

Teil B – Aufgabengruppe II – Aufgabe 2

a) Kosten für die Hose und den Gürtel ohne Nachlass

Im Angebot findest du die Preise für die Hose und den Gürtel.

$48,00 \text{ €} + 16,00 \text{ €} = 64 \text{ €}$

15 % Rabatt auf 64 €

Frau Ohlmüller erhält 15 % Rabatt. Berechne den verbilligten Preis.

$100 \% \;\hat{=}\; 64 \text{ €}$

$1 \% \;\hat{=}\; 64 \text{ €} : 100 = 0,64 \text{ €}$

$15 \% \;\hat{=}\; 0,64 \text{ €} \cdot 15 = 9,60 \text{ €}$

$64 \text{ €} - 9,60 \text{ €} = 54,40 \text{ €}$

oder:

Die Artikel kosten nur noch $100 \% - 15 \% = 85 \%$.

$100 \% \;\hat{=}\; 64 \text{ €}$

$1 \% \;\hat{=}\; 64 \text{ €} : 100 = 0,64 \text{ €}$

$85 \% \;\hat{=}\; 0,64 \text{ €} \cdot 85 = 54,40 \text{ €}$

5 % Rabatt auf 54,40 €

Auf den verbilligten Preis bekommt Frau Ohlmüller nochmals 5 % Ermäßigung, weil sie zwei Artikel kauft. Der verbilligte Preis ist der neue Grundwert.
Berechne die Ermäßigung und den ermäßigten Preis.

$100 \% \;\hat{=}\; 54,40 \text{ €}$

$1 \% \;\hat{=}\; 54,40 \text{ €} : 100 = 0,544 \text{ €}$

$5 \% \;\hat{=}\; 0,544 \text{ €} \cdot 5 = 2,72 \text{ €}$

$54,40 \text{ €} - 2,72 \text{ €} = 51,68 \text{ €}$

oder:
- Frau Ohlmüller muss nur noch 100 % − 5 % = 95 % bezahlen.

   100 % ≙ 54,40 €
   1 % ≙ 54,40 € : 100 = 0,544 €
   95 % ≙ 0,544 € · 95 = 51,68 €
   Die Hose und der Gürtel kosten zusammen 51,68 €.

b) **Preisnachlass in Prozent**
- Der Preisnachlass in Euro ist der Prozentwert, der ursprüngliche Preis der
- Grundwert. Berechne den Prozentsatz.
- p % = P : G · 100 %

   44,50 € − 35,60 € = 8,90 €

   p % = 8,90 € : 44,50 € · 100 %
   p % = 20 %
   Auf das Brettspiel bekommt Frau Ohlmüller 20 % Preisnachlass.

c) **Kosten für das Brettspiel und das Kartenspiel**
- Lies den Text der Teilaufgabe c genau. Frau Ohlmüller erhält 2 % Skonto auf
- den ermäßigten Preis für das Brettspiel aus Teilaufgabe b und für das Kartenspiel.
- Addiere die beiden Preise und du erhältst den Grundwert.

   35,60 € + 5,90 € = 41,50 €

- Berechne die Ermäßigung und den ermäßigten Preis.

   100 % ≙ 41,50 €
   1 % ≙ 41,50 € : 100 = 0,415 €
   2 % ≙ 0,415 € · 2 = 0,83 €
   41,50 € − 0,83 € = 40,67 €

   oder:
- Wenn man 2 % Skonto erhält, muss man nur noch 100 % − 2 % = 98 % bezahlen.

   100 % ≙ 41,50 €
   1 % ≙ 41,50 € : 100 = 0,415 €
   98 % ≙ 0,415 € · 98 = 40,67 €
   Frau Ohlmüller muss 40,67 € an den Online-Shop überweisen.

Teil B – Aufgabengruppe II – Aufgabe 3

Flächeninhalt des Vollkreises
- Der Durchmesser des Halbkreises ist Teil der Grundlinie g des Parallelogramms.
- Die Fläche des Halbkreises ist gegeben. Du benötigst den Flächeninhalt des Vollkreises.

$2 \cdot 3{,}5325 \text{ cm}^2 = 7{,}065 \text{ cm}^2$

Durchmesser des Kreises
- Setze den Flächeninhalt in die Formel zur Berechnung der Kreisfläche ein und löse nach r auf.
- $A = r^2 \cdot \pi$
- Rechne mit $\pi = 3{,}14$.

$7{,}065 \text{ cm}^2 = r^2 \cdot 3{,}14 \quad |:3{,}14$
$2{,}25 \text{ cm}^2 = r^2 \quad |\sqrt{}$
$\quad r = 1{,}5 \text{ cm} \quad \Rightarrow \quad d = 3 \text{ cm}$

Länge der Grundseite g des Parallelogramms
- Addiere die Teilstrecken.

$g = 8 \text{ cm} + 3 \text{ cm}$
$g = 11 \text{ cm}$

Länge der Höhe h des Parallelogramms
- Im rechtwinkligen Dreieck ist die Länge der Hypotenuse und die Länge einer Kathete gegeben. Berechne die Länge der Höhe h mit dem Satz von Pythagoras.

$h^2 = (5 \text{ cm})^2 - (3 \text{ cm})^2$
$h^2 = 25 \text{ cm}^2 - 9 \text{ cm}^2$
$h^2 = 16 \text{ cm}^2 \quad |\sqrt{}$
$h = 4 \text{ cm}$

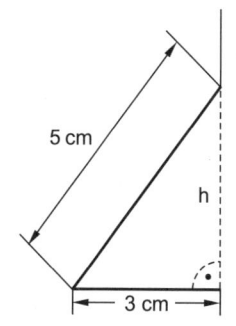

Flächeninhalt des Parallelogramms
- Bestimme mit den errechneten Werten den Flächeninhalt des Parallelogramms.
- $A = g \cdot h$

$A = 11 \text{ cm} \cdot 4 \text{ cm}$
$A = 44 \text{ cm}^2$

Teil B – Aufgabengruppe II – Aufgabe 4

a) Berechnen der gesuchten Werte

Setze die gegebenen Werte für C in die Formel ein und berechne F.

$C = 37\,°C$
$F = 37 \cdot 1,8 + 32$
$F = 66,6 + 32$
$F = 98,6$

$C = -15\,°C$
$F = -15 \cdot 1,8 + 32$
$F = -27 + 32$
$F = 5$

Setze die gegebenen Werte für F in die Formel ein und löse nach C auf.

$F = 50\,°F$
$50 = C \cdot 1,8 + 32 \quad |-32$
$18 = C \cdot 1,8 \quad |:1,8$
$C = 10$

$F = 32\,°F$
$32 = C \cdot 1,8 + 32 \quad |-32$
$0 = C \cdot 1,8 \quad |:1,8$
$C = 0$

C:	37 °C	10 °C	0 °C	–15 °C
F:	**98,6 °F**	50 °F	32 °F	**5 °F**

b) Grafische Darstellung

Zeichne ein Koordinatensystem mit der Einheit 1 cm.
Rechtswertachse: –3 cm bis +4 cm
Hochwertachse: –2 cm bis +5 cm
Beschrifte das Koordinatensystem nach der Vorgabe.
Rechtswertsachse: $10\,°C \,\hat{=}\, 1$ cm
Hochwertachse: $20\,°F \,\hat{=}\, 1$ cm
Wähle aus der Tabelle zwei Punkte, die du gut in das Koordinatensystem eintragen kannst, z. B.:
erster Punkt (10 °C | 50 °F): Gehe 1 cm nach rechts und 2,5 cm nach oben.
zweiter Punkt (–15 °C | 5 °F): Gehe 1,5 cm nach links und 0,25 cm nach oben.
Zeichne eine Gerade durch die beiden Punkte und du erhältst den Graphen.
Ergänze die fehlenden Wertepaare.

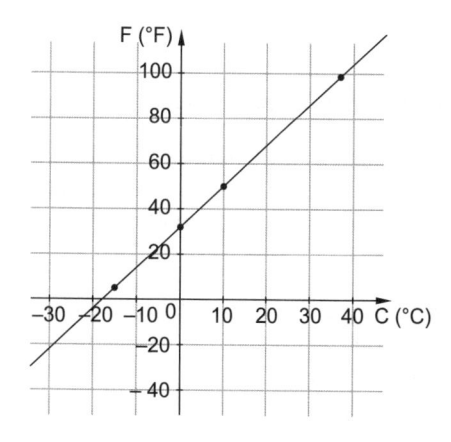

Teil B – Aufgabengruppe III – Aufgabe 1

$$\frac{6x+5}{10} - \frac{2x}{5} - \frac{1}{10} = \frac{1}{2} - \frac{x-5}{4}$$ | Setze die Terme im Zähler in Klammern. Multipliziere mit dem Hauptnenner 20.

$$\frac{\cancel{20}^2 \cdot (6x+5)}{\cancel{10}^1} - \frac{\cancel{20}^4 \cdot 2x}{\cancel{5}^1} - \frac{\cancel{20}^2 \cdot 1}{\cancel{10}^1} = \frac{\cancel{20}^{10} \cdot 1}{\cancel{2}^1} - \frac{\cancel{20}^5 \cdot (x-5)}{\cancel{4}^1}$$ | Kürze.

$$2 \cdot (6x+5) - 4 \cdot 2x - 2 = 10 - 5 \cdot (x-5)$$ | Multipliziere in die Klammern.

$$(12x+10) - 8x - 2 = 10 - (5x-25)$$ | Löse die Klammern auf. Achte auf die Vorzeichen.

$$12x + 10 - 8x - 2 = 10 - 5x + 25$$ | Fasse zusammen.

$$4x + 8 = 35 - 5x$$ | $-8; +5x$

$$9x = 27$$ | $:9$

$$x = 3$$

Teil B – Aufgabengruppe III – Aufgabe 2

a) Zeichne ein Koordinatensystem mit der Einheit 1 cm.
   x-Achse: –3 cm bis +5 cm
   y-Achse: –3 cm bis +8 cm
   Beschrifte das Koordinatensystem vollständig.
   Trage den Punkt A(–1 | –2) ein. Gehe dazu 1 cm nach links und 2 cm nach unten.
   Trage den Punkt B(4 | 3,5) ein. Gehe dazu 4 cm nach rechts und 3,5 cm nach oben. Verbinde die Punkte zur Strecke [AB].

b) Halbiere die Strecke [AB] mit dem Geodreieck. Trage den Punkt M ein.
oder:
Konstruiere mit dem Zirkel die Mittelsenkrechte. Trage den Punkt M ein.

c) Zeichne einen Kreisbogen um M mit dem Radius [AM] und einen Kreisbogen um A mit dem Radius [AM]. Der Schnittpunkt der beiden Kreisbögen ergibt die Dreiecksecke D. Verbinde die Punkte A und M jeweils mit dem Punkt D und du erhältst das gleichseitige Dreieck AMD.

d) In einem Parallelogramm sind gegenüberliegende Seiten parallel zueinander.
Zeichne mit dem Geodreieck die Parallele zur Strecke [AD] durch den Punk B und die Parallele zur Strecke [AB] durch den Punk D.
Der Schnittpunkt der Parallelen ergibt den Punkt C des Parallelogramms ABCD.
oder:
Zeichne einen Kreisbogen um D mit dem Radius [AB] und einen Kreisbogen um B mit dem Radius [AD]. Der Schnittpunkt der Kreisbögen ergibt den Punkt C.

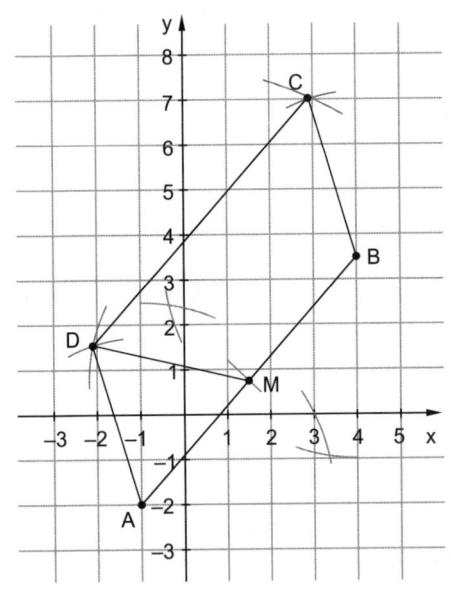

Teil B – Aufgabengruppe III – Aufgabe 3

Die schraffierte Fläche setzt sich aus einem Rechteck und einem Viertel eines Zylindermantels zusammen.

Flächeninhalt des Zylindermantels
Setze die gegebenen Werte in die Formel zur Berechnung des Zylindermantels ein.
$M_Z = 2 \cdot r \cdot \pi \cdot h_Z$
Rechne mit $\pi = 3{,}14$.

$r = 17 \text{ cm}$
$h_Z = 20 \text{ cm}$
$M_Z = 2 \cdot 17 \text{ cm} \cdot 3{,}14 \cdot 20 \text{ cm}$
$M_Z = 2135{,}2 \text{ cm}^2$

schraffierter Teil des Zylindermantels
$2135{,}2 \text{ cm}^2 : 4 = 533{,}8 \text{ cm}^2$

Länge der zweiten Rechteckseite
Vom schraffierten Rechteck ist eine Seite bekannt.
Im rechtwinkligen Dreieck sind die Längen der beiden Katheten bekannt. Die Länge der Hypotenuse (zweite Rechteckseite) kannst du mithilfe des Satzes von Pythagoras berechnen.
Runde auf zwei Dezimalstellen.

$a^2 = (33 \text{ cm})^2 + (17 \text{ cm})^2$
$a^2 = 1089 \text{ cm}^2 + 289 \text{ cm}^2$
$a^2 = 1378 \text{ cm}^2 \quad | \sqrt{}$
$a = 37{,}121\ldots \text{ cm}$
$a \approx 37{,}12 \text{ cm}$

Flächeninhalt des schraffierten Rechtecks
$A = 20 \text{ cm} \cdot 37{,}12 \text{ cm}$
$A = 742{,}4 \text{ cm}^2$

Flächeninhalt der gesamten schraffierten Fläche
$A = 533{,}8 \text{ cm}^2 + 742{,}4 \text{ cm}^2$
$A = 1276{,}2 \text{ cm}^2$

Teil B – Aufgabengruppe III – Aufgabe 4

a) **prozentuale höhere Lebenserwartung der Frauen**
In der Tabellenzeile Geburtsjahrgang 2000 findest du die durchschnittliche Lebenserwartung der Männer und Frauen. Die durchschnittliche Lebenserwartung der Männer ist der Grundwert, die Differenz aus der durchschnittlichen Lebenserwartung für Frauen und Männer der Prozentwert.
Berechne den Prozentsatz.
p % = P : G · 100 %
Runde den Prozentsatz auf eine Dezimalstelle.

81,12 Jahre – 75,04 Jahre = 6,08 Jahre
p % = 6,08 Jahre : 75,05 Jahre · 100 %
p % = 8,101… %
p % ≈ 8,1 %
Die Lebenserwartung der Frauen ist um 8,1 % höher als die der Männer.

b) **Lebenserwartung der Frauen des Geburtsjahrgangs 1980**
Die Lebenserwartung der Frauen 1980 entspricht 100 %. Die Lebenserwartung der Frauen ist 2010 um 8,63 % höher als 1980, sie entspricht also
100 % + 8,63 % = 108,63 %.
Runde den Tabellenwerten entsprechend auf zwei Dezimalstellen.

108,63 % ≙ 82,74 Jahre
　　1 % ≙ 82,74 Jahre : 108,63
　100 % ≙ 82,74 Jahre : 108,63 · 100
　　　　= 76,166… Jahre ≈ 76,17 Jahre
Die Lebenserwartung der Frauen des Geburtsjahrgangs 1980 beträgt 76,17 Jahre.

c) **Höhe der Säulen**
Berechne zuerst die Höhe der einzelnen Säulen. Runde die Daten dazu auf volle Lebensjahre. Zehn Lebensjahre sollen einem Zentimeter entsprechen.
1910: 47,41 Jahre ≈ 47 Jahre ≙ 4,7 cm
1950: 63,95 Jahre ≈ 64 Jahre ≙ 6,4 cm
2010: 77,70 Jahre ≈ 78 Jahre ≙ 7,8 cm

Säulendiagramm
Zu jedem Diagramm gehört eine Überschrift, eine Skalierung und eine Beschriftung. Zeichne das Säulendiagramm und beschrifte es vollständig. Arbeite sauber und genau.

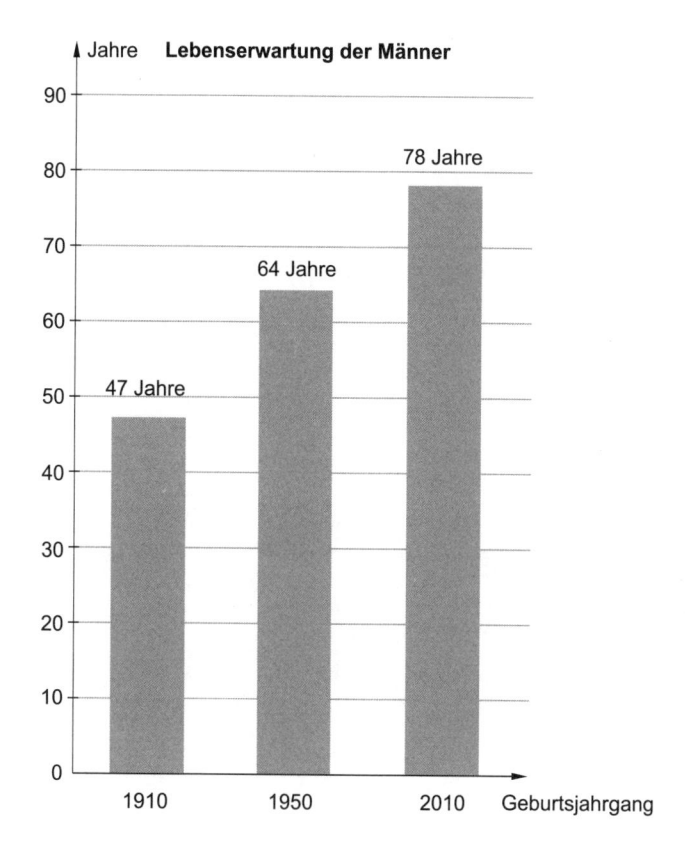

Lebenserwartung der Männer

Geburtsjahrgang	Lebenserwartung
1910	47 Jahre
1950	64 Jahre
2010	78 Jahre

M 2014-19

Qualifizierender Abschluss der Mittelschule Bayern 2015
Mathematik – Lösungen

Teil A – Hilfsmittelfrei – Aufgabe 1

Durchgeführte Rechenschritte
- Überlege, wie die Gleichung umgeformt wurde.
- Vergleiche Zeile 1 mit Zeile 2: Es wurde mit dem Hauptnenner multipliziert.
- Vergleiche Zeile 2 mit Zeile 3: Auf beiden Seiten wurde 8 subtrahiert.
- Vergleiche Zeile 3 mit Zeile 4: Auf beiden Seiten wurde 20x subtrahiert.
- Im letzten Schritt wurde nach x aufgelöst.

$$3,3x + \frac{2}{5} = x - \frac{3}{4} \qquad | \cdot 20$$
$$66x + 8 = 20x - 15 \qquad | -8$$
$$66x = 20x - 23 \qquad | -20x$$
$$46x = -23 \qquad | :46$$
$$x = -0,5$$

Teil A – Hilfsmittelfrei – Aufgabe 2

Symbole einsetzen
- In den Block rechts oben passt laut Vorschrift nur das Symbol □.
- Welches Symbol passt in die 3. Spalte? In einer Spalte dürfen keine gleichen Zeichen stehen.

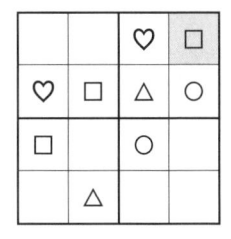

- Im Block links oben fehlen in der ersten Zeile die Symbole △ und ○. In jeder Spalte darf ein Symbol genau einmal vorkommen, daher muss das Symbol △ im 1. Kästchen stehen.
- Im Block links unten fehlen die Symbole ○ und ♡. Beachte die bereits vorhandenen Symbole in der 1. und 2. Spalte. Setze nach der Vorschrift ein.

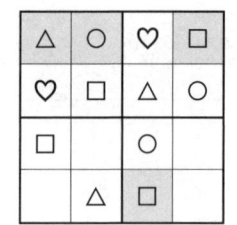

- Im Block rechts unten fehlt in der 3. und 4. Zeile jeweils ein Symbol.
- Setze nach der Vorschrift „keine gleichen Symbole in einer Zeile" und „keine gleichen Symbole in einer Spalte" die fehlenden Symbole ein.

Teil A – Hilfsmittelfrei – Aufgabe 3

Flächeninhalt eines 5-Euro-Scheines
- Ein 5-Euro-Schein ist ca. 12 cm lang und 6 cm hoch: $12 \text{ cm} \cdot 6 \text{ cm} = 72 \text{ cm}^2$

- [ ] 740 dm²
- [ ] 740 mm²
- [x] 74 cm²
- [ ] 74 mm²

Teil A – Hilfsmittelfrei – Aufgabe 4

Größe des Winkels an der Spitze
- In der Skizze erkennst du eine Symmetrieachse, es handelt sich also um ein gleichschenkliges Dreieck. Der zweite Basiswinkel hat daher ebenfalls eine Größe von 70°. Die Winkelsumme im Dreieck beträgt 180°.

$180° - 70° - 70° = 40°$

Größe des Winkels δ
- Wegen der Symmetrie ist der gesuchte Winkel δ halb so groß wie der Winkel an der Spitze des Dreiecks.

$40° : 2 = 20°$

Teil A – Hilfsmittelfrei – Aufgabe 5

Aussagen des Diagramms bewerten

a) Die Werte im Balkendiagramm sind in Prozent angegeben. Lies aus dem Diagramm ab, wie viel Prozent der Jungen gerne selbst Musik machen.

$25\ \% = \dfrac{25}{100} = \dfrac{1}{4}$

richtig

b) Im Diagramm findest du die Balken für „Familienunternehmungen". Vergleiche die Angaben in Prozent und entscheide.

falsch

c) Vergleiche die Prozentsätze von „Mit Freunden/Leuten treffen" mit den anderen Prozentsätzen im Diagramm und bewerte die Aussage.

richtig

d) Vergleiche die Prozentangaben an den Balken für „Sport" und „Ausruhen, nichts tun". Berechnet man den durchschnittlichen Wert bei Sport, erhält man:
$(78\ \% + 65\ \%) : 2 = 71{,}5\ \%$

falsch

Teil A – Hilfsmittelfrei – Aufgabe 6

Gewicht in Prozent

Wandle das Gewicht bei der Geburt in kg um: $1\ 000\ g = 1\ kg$

$3\ 500\ g = 3{,}5\ kg$

Das Geburtsgewicht ist der Prozentwert, das heutige Gewicht der Grundwert.

Berechne den Prozentsatz.

$3{,}5\ kg \text{ von } 70\ kg = \dfrac{3{,}5\ kg}{70\ kg} = \dfrac{0{,}5}{10} = \dfrac{5}{100} = 5\ \%$

Das Geburtsgewicht sind 5 % seines heutigen Gewichts.

Teil A – Hilfsmittelfrei – Aufgabe 7
Flächeninhalt des Segels
Bei dem Segel handelt es sich um ein rechtwinkliges Dreieck. Die Länge der Seite a und die Länge der Seite b sind bekannt. Berechne den Flächeninhalt.

$A = \dfrac{a \cdot b}{2}$

$a = 6$ cm
$b = 8$ cm

$A = \dfrac{6 \text{ cm} \cdot 8 \text{ cm}}{2}$

$A = 24 \text{ cm}^2$

Der Flächeninhalt des Segels beträgt 24 cm².

Teil A – Hilfsmittelfrei – Aufgabe 8
Flächeninhalt des weißen Quadrats
Die Seitenlängen der Quadrate sind gegeben. Berechne jeweils den Flächeninhalt des weißen und des grauen Quadrats.

$A = a \cdot a$

$A_{weiß} = 10 \text{ cm} \cdot 10 \text{ cm}$
$A_{weiß} = 100 \text{ cm}^2$

Flächeninhalt des grauen Quadrats
$A_{grau} = 5 \text{ cm} \cdot 5 \text{ cm}$
$A_{grau} = 25 \text{ cm}^2$

Anteil der grauen Fläche in %
Der Flächeninhalt des weißen Quadrats ist der Grundwert, der Flächeninhalt des grauen Quadrats der Prozentwert. Bestimme den Prozentsatz.

25 cm² von 100 cm² $= \dfrac{25 \text{ cm}^2}{100 \text{ cm}^2} = \dfrac{1}{4} = 25\,\%$

oder:

$p\,\% = P : G \cdot 100\,\%$
$p\,\% = 25 \text{ cm}^2 : 100 \text{ cm}^2 \cdot 100\,\%$
$p\,\% = 25\,\%$

Teil A – Hilfsmittelfrei – Aufgabe 9

Zeichnen der Spiegelachse

- Zu jedem Originalpunkt existiert ein Spiegelpunkt. Die Originalpunkte und die entsprechenden Spiegelpunkte haben von der Spiegelachse den gleichen Abstand.
- Verbinde einen Original- und den dazugehörigen Spiegelpunkt in der Skizze.
- Halbiere mit dem Geodreieck die Verbindungsstrecke und markiere den Mittelpunkt M. Zeichne mit dem Geodreieck eine Senkrechte durch den Punkt M und du erhältst die Spiegelachse.

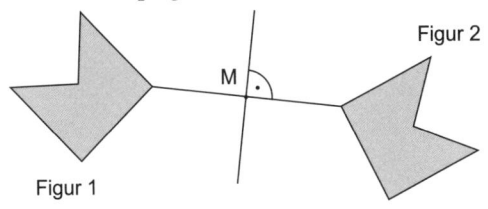

Figur 2

Figur 1

Teil A – Hilfsmittelfrei – Aufgabe 10

Chance, mit dem nächsten Wurf ein Zielfeld zu erreichen

- Beim Würfeln mit einem Spielwürfel sind sechs Ereignisse möglich. Welche Augenzahlen führen zum Erfolg? Nur die Augenzahlen 4, 5 und 6 sind günstige Ereignisse.
- Also bringen drei von sechs Ereignissen die Spielfigur in eines der Zielfelder.
- Berechne die Chance (Wahrscheinlichkeit).

3 von $6 = 3 : 6 = 0{,}5 = 50\,\%$

☐   ☒   ☐   ☐

25 %   50 %   75 %   100 %

Teil A – Hilfsmittelfrei – Aufgabe 11

Bananen

- Für eine direkt proportionale Zuordnung gilt: Je mehr …, umso mehr …
- Untersuche die Tabellen: dreifache Menge, dreifacher Preis

1 kg = 2,30 €
3 kg = 2,30 € · 3 = 6,90 €

nicht direkt proportional

Trüffel
doppelte Menge, doppelter Preis
0,5 g = 20 €
1 g = 20 € · 2 = 40 €
2 g = 40 € · 2 = 80 €
direkt proportional

Ananas
doppelte Menge, doppelter Preis; dreifache Menge, dreifacher Preis
1 Stück = 2 €
2 Stück = 2 € · 2 = 4 €
3 Stück = 2 € · 3 = 6 €
nicht direkt proportional

Teil A – Hilfsmittelfrei – Aufgabe 12

Anzahl der Weizenpflanzen
Wie viele m^2 hat 1 km^2?
1 km = 1 000 m
1 km^2 = 1 000 m · 1 000 m = 1 000 000 m^2
1 km^2 = 1 000 000 m^2

Auf 1 m^2 wachsen 500 Weizenpflanzen. Wie viele Weizenpflanzen wachsen auf 1 000 000 m^2? Schreibe das Ergebnis als Zehnerpotenz.
500 · 1 000 000 = 500 000 000 = 5 · 10^8

Teil B – Aufgabengruppe I – Aufgabe 1

Überlege, wie sich die gekauften Stühle auf die drei Farben aufteilen. Lege die Anzahl der grünen Stühle mit x fest. Drücke die Anzahl der roten und weißen Stühle mit x aus.
Halb so viele rote Stühle wie grüne Stühle: 0,5 ·
44 weiße Stühle weniger als grüne Stühle: – 44

grüne Stühle: x
rote Stühle: 0,5 · x   } 86 Stühle
weiße Stühle: x – 44

Stelle die Gleichung auf und löse sie.

$x + 0,5 \cdot x + x - 44 = 86$

$2,5x - 44 = 86 \quad |+44$

$2,5x = 130 \quad |:2,5$

$x = 52$

Berechne die Anzahlen der verschiedenfarbigen Stühle.

grüne Stühle: 52
rote Stühle: $52 \cdot 0,5 = 26$
weiße Stühle: $52 - 44 = 8$

Teil B – Aufgabengruppe I – Aufgabe 2

a) Zu zahlender Preis bei Angebot A
Auf den ausgezeichneten Preis gibt es 15 % Rabatt. Berechne den Rabatt und den verbilligten Preis in €. Rechne mit dem Dreisatz.

$100 \% \triangleq 999$ €

$1 \% \triangleq 999$ € $: 100 = 9,99$ €

$15 \% \triangleq 9,99$ € $\cdot 15 = 149,85$ € (Rabatt)

999 € $- 149,85$ € $= 849,15$ € (Endpreis)

oder:
Es gibt 15 % Rabatt, d. h., es sind noch zu zahlen: $100 \% - 15 \% = 85 \%$

$100 \% \triangleq 999$ €

$1 \% \triangleq 999$ € $: 100 = 9,99$ €

$85 \% \triangleq 9,99$ € $\cdot 85 = 849,15$ € (Endpreis)

oder:
Rechne mit dem Faktor: $100 \% - 15 \% = 85 \% = 0,85$

999 € $\cdot 0,85$ € $= 849,15$ € (Endpreis)

Es sind 849,15 € zu zahlen.

b) Preis bei Ratenzahlung
Bei Angebot B findest du die Anzahl der Raten und die Höhe einer Rate für das Fernsehgerät. Wie teuer kommt das Fernsehgerät bei Ratenzahlung?

110 € $\cdot 10 = 1\,100$ €

Preiserhöhung in €
Die Differenz aus dem normalen Preis und dem erhöhten Preis bei Ratenzahlung ist der Prozentwert.

$1\,100$ € $- 949$ € $= 151$ €

Preiserhöhung in Prozent
Der normale Preis für das Fernsehgerät ist der Grundwert. Berechne den Prozentsatz: $p\% = P : G \cdot 100\%$
Runde den Prozentsatz sinnvoll (hier: ganze Prozent).

$p\% = 151\ € : 949\ € \cdot 100\%$
$p\% = 15{,}911\ldots\%$
$p\% \approx 16\%$

Bei Ratenzahlung erhöht sich der Preis um 16 %.

c) **Preis ohne MwSt. in €**
Im zu zahlenden Preis sind 19 % MwSt. enthalten. Der Grundwert wurde also um 19 % vermehrt: $100\% + 19\% = 119\%$
Der Preis ohne Mehrwertsteuer beträgt 100 %. Berechne den Preis ohne Mehrwertsteuer in €. Rechne mit dem Dreisatz und runde den Endbetrag sinnvoll.

$119\% \mathrel{\hat{=}} 979\ €$
$1\% \mathrel{\hat{=}} 979\ € : 119 = 8{,}226\ldots\ €$
$100\% \mathrel{\hat{=}} 8{,}226\ldots\ € \cdot 100 = 822{,}689\ldots\ € \approx 822{,}69\ €$

Der Preis ohne MwSt. beträgt 822,69 €.

Teil B – Aufgabengruppe I – Aufgabe 3
Flächeninhalt eines Rechtecks
Die Oberfläche des dargestellten Körpers setzt sich aus der Mantelfläche sowie aus der Grund- und Deckfläche zusammen.
Ein regelmäßiges Sechseck setzt sich aus sechs gleichseitigen Bestimmungsdreiecken zusammen.
Die Mantelfläche besteht also aus 7 kongruenten Rechtecken. In der Skizze findest du die Maße für die Rechteckseiten.

$A_{Rechteck} = a \cdot b$
$a = 30\text{ cm}$
$b = 150\text{ cm}$

$A_{Rechteck} = 30\text{ cm} \cdot 150\text{ cm}$
$A_{Rechteck} = 4\,500\text{ cm}^2$

Mantelfläche
$4\,500\text{ cm}^2 \cdot 7 = 31\,500\text{ cm}^2$

Höhe eines Bestimmungsdreiecks

- Die Grund- und Deckfläche besteht aus kongruenten regelmäßigen Sechsecken.
- In den gleichseitigen Bestimmungsdreiecken halbiert die Höhe die Grundseite.
- Im rechtwinkligen Dreieck sind die Länge der Hypotenuse und die Länge einer Kathete bekannt.
- Berechne die Höhe des Dreiecks mithilfe des Satzes von Pythagoras.
- Runde die Länge der Höhe sinnvoll (hier: ganze cm).

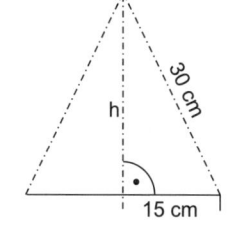

$h^2 = (30 \text{ cm})^2 - (15 \text{ cm})^2$
$h^2 = 900 \text{ cm}^2 - 225 \text{ cm}^2$
$h^2 = 675 \text{ cm}^2 \qquad |\sqrt{}$
$h = 25,980... \text{ cm}$
$h \approx 26 \text{ cm}$

Flächeninhalt eines Bestimmungsdreiecks

- Berechne den Flächeninhalt des Bestimmungsdreiecks.

$A_{\text{Dreieck}} = \dfrac{g \cdot h}{2}$

$A_{\text{Dreieck}} = \dfrac{30 \text{ cm} \cdot 26 \text{ cm}}{2}$

$A_{\text{Dreieck}} = 390 \text{ cm}^2$

Flächeninhalt der Grund- und Deckfläche

- Berechne den Flächeninhalt der Grund- und Deckfläche. Bei jeder Sechseckfläche fehlt ein Bestimmungsdreieck. Insgesamt sind es also zehn Bestimmungsdreiecke.

$390 \text{ cm}^2 \cdot 10 = 3\,900 \text{ cm}^2$

Oberfläche des Körpers

- Addiere die Teilflächen und du erhältst die Oberfläche des Körpers.

$O = 3\,900 \text{ cm}^2 + 31\,500 \text{ cm}^2$
$O = 35\,400 \text{ cm}^2$

Teil B – Aufgabengruppe I – Aufgabe 4

a) **Ergänzen der fehlenden Werte in der Tabelle**
- Übertrage die Tabelle und berechne die fehlenden Werte. Du benötigst jeweils zwei Rechenschritte, um die restliche Wassermenge bzw. die vergangene Zeit zu berechnen.

Vergangene Zeit in Minuten	0,5	3	5,5
Restliche Wassermenge in der Wanne in Liter	140	90	40

1. Spalte:
1. Schritt: abgeflossene Wassermenge in ℓ nach 0,5 Minuten
- Wie viel Wasser fließt in 0,5 Minuten ab?
- Es handelt sich um eine direkt proportionale Zuordnung. Je mehr Zeit vergeht, umso mehr Wasser fließt ab. Es gilt: halbe Zeit – halbe Wassermenge

$1 \text{ Minute} \triangleq 20 \, \ell$
$0,5 \text{ Minuten} \triangleq 20 \, \ell : 2 = 10 \, \ell$

2. Schritt: Restliche Wassermenge nach 0,5 Minuten in der Wanne in ℓ
- Subtrahiere die abgeflossene Wassermenge von der Ausgangsmenge. Du erhältst die restliche Wassermenge in der Wanne. Trage das Ergebnis in die Tabelle ein.

$150 \, \ell - 10 \, \ell = 140 \, \ell$

2. Spalte:
1. Schritt: abgeflossene Wassermenge
- Wie viele Liter Wasser sind abgeflossen, wenn noch 90 ℓ Wasser in der Wanne sind?

$150 \, \ell - 90 \, \ell = 60 \, \ell$

2. Schritt: Zeit für 60 ℓ
- Wie lange dauert es, bis 60 ℓ Wasser abgeflossen sind?
- Es gilt: dreifache Wassermenge – dreifache Zeit
- Trage das Ergebnis in die Tabelle ein.

$20 \, \ell \triangleq 1 \text{ Minute}$
$60 \, \ell \triangleq 3 \text{ Minuten}$

3. Spalte:
1. Schritt: abgeflossene Wassermenge in ℓ nach 5,5 Minuten

Wie viel Wasser fließt in 5,5 Minuten ab? Es gilt: 5,5-fache Zeit – 5,5-fache Wassermenge

1 Minute $\hat{=}$ 20 ℓ

5,5 Minuten $\hat{=}$ 20 $\ell \cdot 5,5 = 110$ ℓ

2. Schritt: Restliche Wassermenge nach 5,5 Minuten in der Wanne in ℓ

Subtrahiere die abgeflossene Wassermenge von der Ausgangsmenge und du erhältst die restliche Wassermenge in der Wanne. Trage das Ergebnis in die Tabelle ein.

150 ℓ – 110 ℓ = 40 ℓ

b) Grafische Darstellung

Lege ein Koordinatensystem mit der Einheit 1 cm an.

Rechtswertachse: 8 cm

Hochwertachse: 15 cm

Beschrifte das Koordinatensystem.

Rechtwertsachse: 1 Minute $\hat{=}$ 1 cm

Hochwertachse: 10 Liter $\hat{=}$ 1 cm

Zu Beginn des Vorgangs sind 150 ℓ Wasser in der Wanne. Der Graph beginnt bei 150 ℓ an der Hochwertachse und verläuft nach rechts unten.

Trage die Tabellenwerte in das Koordinatensystem ein.

(0,5 Minuten | 140 ℓ): Gehe 0,5 cm nach rechts und 14 cm nach oben.

(3 Minuten | 90 ℓ): Gehe 3 cm nach rechts und 9 cm nach oben.

(5,5 Minuten | 40 ℓ): Gehe 5,5 cm nach rechts und 4 cm nach oben.

Verbinde die Punkte zu einer Strecke, die im Schnittpunkt mit der Rechtsachse endet.

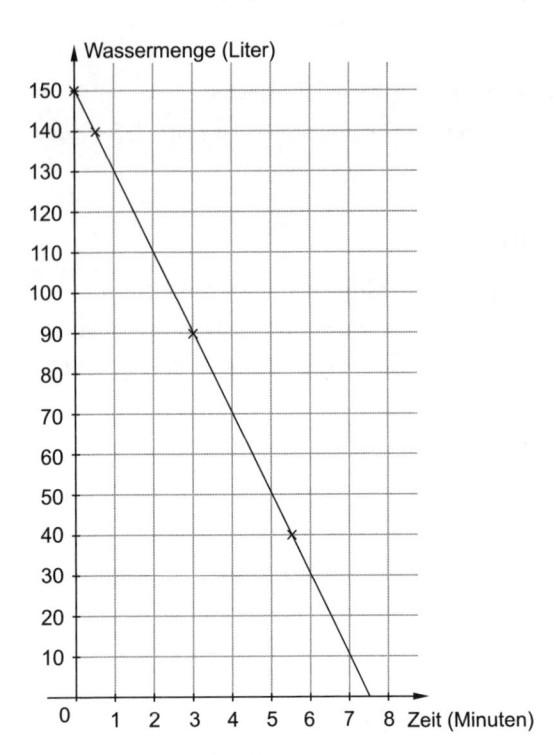

c) Vergangene Zeit in Minuten

In 1 Minute laufen 40 ℓ ab. 3 000 ℓ sollen ablaufen.

Dividiere die Wassermenge des gefüllten Gartenpools durch die Menge Wasser, die pro Minute abläuft, und du erhältst die Zeit in Minuten, die vergeht, bis der Pool leer ist.

$$3\,000\ \ell : 40\ \frac{\ell}{\min} = 75\ \min$$

Vergangene Zeit in Stunden und Minuten

Rechne die Zeit in Stunden und Minuten um: 1 h = 60 min

75 min = 1 h 15 min

Vergangene Zeit in Stunden

$$15\ \min = \frac{1}{4}\ h = 0{,}25\ h$$

Du hast zwei Möglichkeiten, die Zeit in Stunden anzugeben.

$$1\ h\ 15\ \min = 1\frac{1}{4}\ h = 1{,}25\ h$$

Teil B – Aufgabengruppe II – Aufgabe 1

$11x - 3,5 \cdot (2x - 4) = \dfrac{\cancel{12}^{\,4} \cdot (x+6)}{\cancel{3}^{\,1}} - \dfrac{3x}{2} + 8$ | Kürze den ersten Bruch mit 3.
 | Schreibe den Bruch $\tfrac{3}{2}$ als Dezimalbruch.

$11x - 3,5 \cdot (2x - 4) = 4 \cdot (x+6) - 1,5x + 8$ | Multipliziere in die Klammern.

$11x - (7x - 14) = (4x + 24) - 1,5x + 8$ | Löse die Klammern auf.
 | Achte auf die Vorzeichenregel.

$11x - 7x + 14 = 4x + 24 - 1,5x + 8$ | Fasse zusammen.

$4x + 14 = 2,5x + 32$ | $-14; -2,5x$

$1,5x = 18$ | $: 1,5$

$x = 12$

Teil B – Aufgabengruppe II – Aufgabe 2

a) Zeichne ein Koordinatensystem mit der Einheit 1 cm.
   x-Achse: 0 bis +6
   y-Achse: −3 bis +6
   Beschrifte das Koordinatensystem vollständig.
   Trage den Punkt B(4|1) ein: Gehe 4 cm nach rechts und 1 cm nach oben.
   Trage den Punkt D(1|2,5) ein: Gehe 1 cm nach rechts und 2,5 cm nach oben.

b) Zeichne um B einen Kreis mit r = 5 cm. Zeichne um D einen Kreis mit r = 5 cm.
   Die Schnittpunkte der Kreise sind die Eckpunkte A und C der gesuchten Raute.
   Verbinde die Punkte nacheinander.

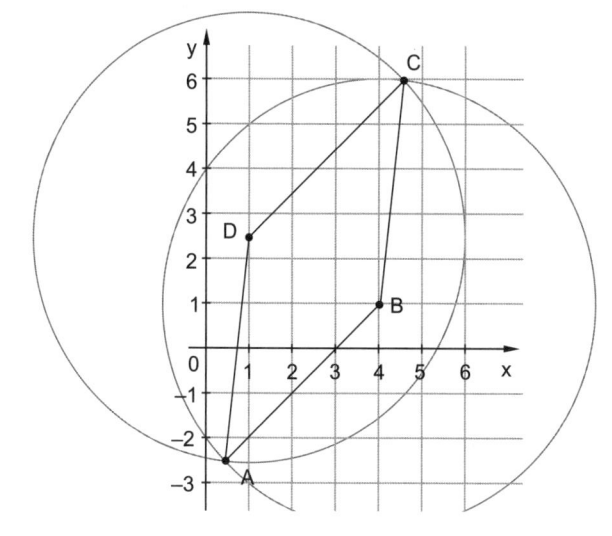

Teil B – Aufgabengruppe II – Aufgabe 3

a) Unterschied der Ausgaben von 2013 und 2014 in Euro
Im Diagramm findest du zwei Säulen für Reisen innerhalb Deutschlands.
1 702 € – 1 521 € = 181 €

Unterschied der Ausgaben von 2013 und 2014 in %
Die Ausgaben im Jahr 2013 sind der Grundwert G. Der Unterschied der Ausgaben in den Jahren 2013 und 2014 ist der Prozentwert P.
Berechne den Prozentsatz: p % = P : G · 100 %
Runde den Prozentsatz sinnvoll (hier: ganze Prozent).

p % = 181 € : 1 702 € · 100 %
p % = 10,634… % ≈ 11 %

Die Ausgaben für einen Urlaub innerhalb Deutschlands veränderten sich von 2013 auf 2014 um 11 %.

b) Ausgaben in Deutschland für Urlaubsreisen im Jahr 2013
Bereite die Daten für das Kreisdiagramm auf. Das Kreisdiagramm soll die durchschnittlichen Ausgaben für alle Urlaubsreisen im Jahr 2013 darstellen.

   1 702 € Reisen innerhalb Deutschlands
 + 2 292 € Reisen ins übrige Europa
 + 3 936 € Reisen in Länder außerhalb Europas
 ─────────
   7 930 € gesamte Ausgaben

Berechnung der Winkel für das Kreisdiagramm
Die gesamten Ausgaben entsprechen 360°. Runde die Winkel auf ganze Grad.
Reisen innerhalb Deutschlands:
7 930 € $\stackrel{\wedge}{=}$ 360°
     1 € $\stackrel{\wedge}{=}$ 360° : 7 930
1 702 € $\stackrel{\wedge}{=}$ 360° : 7 930 · 1 702 = 77,26…° ≈ 77°

Reisen ins übrige Europa:
7 930 € $\stackrel{\wedge}{=}$ 360°
     1 € $\stackrel{\wedge}{=}$ 360° : 7 930
2 292 € $\stackrel{\wedge}{=}$ 360° : 7 930 · 2 292 = 104,05…° ≈ 104°

Reisen in Länder außerhalb Europas:
7 930 € $\stackrel{\wedge}{=}$ 360°
     1 € $\stackrel{\wedge}{=}$ 360° : 7 930
3 936 € $\stackrel{\wedge}{=}$ 360° : 7 930 · 3 936 = 178,68…° ≈ 179°

Zeichne einen Kreis mit r = 3 cm. Der Kreismittelpunkt ist der Scheitel der Winkel für die Kreissegmente. Zeichne mit dem Geodreieck die berechneten Winkel in den Kreis ein. Färbe die Kreissegmente mit verschiedenen Farben. Beschrifte die Kreissegmente. Jedes Diagramm hat einen Diagrammtitel.

Durchschnittliche Ausgaben in Deutschland für Urlaubsreisen im Jahr 2013

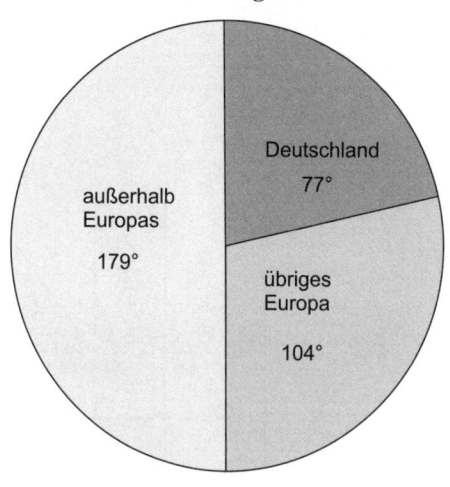

Teil B – Aufgabengruppe II – Aufgabe 4

Flächeninhalt des Kreises

Der Flächeninhalt der Blume setzt sich aus einem Kreis, einem Rechteck und zwei kongruenten rechtwinkligen Dreiecken zusammen. Berechne den Flächeninhalt der Teilflächen. Zur Berechnung des Flächeninhaltes des Kreises benötigst du den Radius. Die Länge des Durchmessers findest du am unteren Ende der Skizze.

$A_{Kreis} = r^2 \cdot \pi$

Rechne mit $\pi = 3{,}14$.

d = 160 mm

r = 160 mm : 2 = 80 mm

$A_{Kreis} = (80 \text{ mm})^2 \cdot 3{,}14$

$A_{Kreis} = 20\,096 \text{ mm}^2$

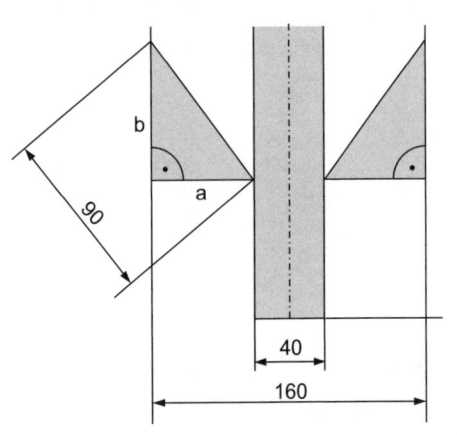

Flächeninhalt des Rechtecks
- Die Länge einer Rechteckseite kannst du sofort aus der Zeichnung ablesen.
- In der Skizze ist die gesamte Länge der Figur gegeben. Diese setzt sich aus dem Durchmesser des Kreises und der zweiten Rechteckseite zusammen. Die Länge des Durchmessers ist bekannt. Berechne die Länge der zweiten Rechteckseite.
- Berechne den Flächeninhalt des Rechtecks: $A_{Rechteck} = a \cdot b$

$a = 40$ mm
$b = 380$ mm $- 160$ mm $= 220$ mm

$A_{Rechteck} = 40$ mm $\cdot 220$ mm
$A_{Rechteck} = 8\,800$ mm^2

Länge der waagrechten Kathete a
- Im rechtwinkligen Dreieck ist die Länge der Hypotenuse gegeben. Du kannst die Länge der waagrechten Kathete a mit den Maßen aus der Skizze bestimmen, da die Figur symmetrisch ist.

$a = 80$ mm $- 20$ mm
$a = 60$ mm

oder:
$a = (160$ mm $- 40$ mm$) : 2$
$a = 60$ mm

Länge der senkrechten Kathete b
- Berechne die Länge der senkrechten Kathete b mithilfe des Satzes von Pythagoras.
- Runde sinnvoll (hier: ganze mm).

$b^2 = (90$ mm$)^2 - (60$ mm$)^2$
$b^2 = 8\,100$ mm$^2 - 3\,600$ mm^2
$b^2 = 4\,500$ mm^2 $\quad |\sqrt{}$
$b = 67{,}08\ldots$ mm
$b \approx 67$ mm

Flächeninhalt der rechtwinkligen Dreiecke
- Berechne den Flächeninhalt der beiden rechtwinkligen Dreiecke.

$A_{rechtwinkliges\ Dreieck} = \dfrac{a \cdot b}{2}$

$A_{rechtwinklige\ Dreiecke} = 2 \cdot \dfrac{60\ \text{mm} \cdot 67\ \text{mm}}{2}$

$A_{rechtwinklige\ Dreiecke} = 4\,020$ mm^2

Flächeninhalt der Blume

Addiere die Flächeninhalte der Teilflächen und du erhältst den Flächeninhalt der Blume.

$A_{gesamt} = 20\,096 \text{ mm}^2 + 8\,800 \text{ mm}^2 + 4\,020 \text{ mm}^2$
$A_{gesamt} = 32\,916 \text{ mm}^2$

Teil B – Aufgabengruppe III – Aufgabe 1

$28x - 60,5 - (11x - 182) = 6 \cdot (5 - 0,25x) + 3 \cdot (2x + 58)$ | Multipliziere in die Klammern.
$28x - 60,5 - (11x - 182) = (30 - 1,5x) + (6x + 174)$ | Löse die Klammern auf. Beachte die Vorzeichenregel.
$28x - 60,5 - 11x + 182 = 30 - 1,5x + 6x + 174$ | Fasse zusammen
$17x + 121,5 = 204 + 4,5x$ | $-121,5; -4,5x$.
$12,5x = 82,5$ | $: 12,5$
$x = 6,6$

Teil B – Aufgabengruppe III – Aufgabe 2

a) Mittelpunktswinkel γ

Berechne die Größe des Mittelpunktswinkels für ein Bestimmungsdreieck in einem regelmäßigen Neuneck.

$\gamma = \dfrac{360°}{9}$
$\gamma = 40°$

Basiswinkel α

Berechne damit die Größe der Basiswinkel im Bestimmungsdreieck.

$2\alpha + 40° = 180°$ | $-40°$
$2\alpha = 140°$ | $: 2$
$\alpha = 70°$

Zeichnung

Zeichne die Strecke [AB] mit der Länge 4 cm. Trage die Basiswinkel mit dem Geodreieck an den Enden der Strecke an und konstruiere so das Bestimmungsdreieck (wsw). Der Schnittpunkt der Schenkel ergibt den Mittelpunkt M des Umkreises. Zeichne einen Kreis um M mit r = $\overline{MA}$. Trage die Länge der Strecke [AB] mit dem Zirkel auf der Kreislinie ab. Arbeite genau! Verbinde die Schnittpunkte mit der Kreislinie der Reihe nach. Dann erhältst du das regelmäßige Neuneck.

Zeichnung hier im Maßstab 1:2:

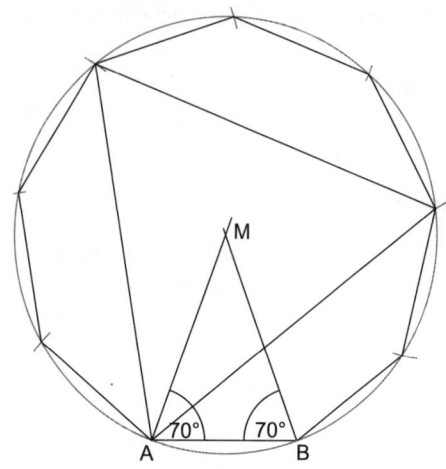

b) Ein gleichseitiges Dreieck ist auch ein regelmäßiges Vieleck. Die Eckpunkte liegen auf dem Umkreis. Verbinde von A aus im Uhrzeigersinn (auch gegen den Uhrzeigersinn möglich) jede dritte Ecke des Neunecks miteinander. Dann erhältst du ein gleichseitiges Dreieck.

Teil B – Aufgabengruppe III – Aufgabe 3

Länge der Kathete x

- Du erhältst das Volumen des symmetrischen Körpers, wenn du zum Volumen des Quaders das Volumen der beiden Dreiecksprismen addierst.
- Die Grundflächen der Prismen sind rechtwinklige Dreiecke.
- Die gestrichelte Linie (x) ist eine Kathete im rechtwinkligen Dreieck. Die Länge der Hypotenuse und die Länge der anderen Kathete sind gegeben.
- Berechne die Länge der Kathete x mithilfe des Satzes von Pythagoras.

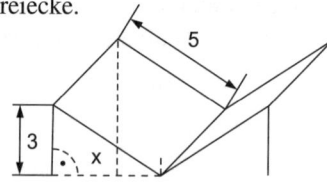

$x^2 = (5\,\text{cm})^2 - (3\,\text{cm})^2$
$x^2 = 25\,\text{cm}^2 - 9\,\text{cm}^2$
$x^2 = 16\,\text{cm}^2 \qquad |\sqrt{}$
$x = 4\,\text{cm}$

Volumen des Dreiecksprismas

Das rechtwinklige Dreieck bildet die Grundfläche des Dreiecksprismas, die Kante b des Quaders ist die Körperhöhe des Prismas.

V_{Prisma} = Grundfläche · Körperhöhe

$V_{Prisma} = \dfrac{3\,cm \cdot 4\,cm}{2} \cdot 6\,cm$

$V_{Prisma} = 36\,cm^3$

Volumen des Quaders

Wegen der Symmetrie des Körpers ist die Kante a des Quaders doppelt so lang wie die gestrichelte Kathete x im rechtwinkligen Dreieck.
Bestimme das Volumen des Quaders.

$V_{Quader} = a \cdot b \cdot c$

$a = 4\,cm \cdot 2 = 8\,cm$
$b = 6\,cm$
$c = 12\,cm$

$V_{Quader} = 8\,cm \cdot 6\,cm \cdot 12\,cm$
$V_{Quader} = 576\,cm^3$

Volumen des symmetrischen Körpers

Addiere zum Volumen des Quaders das Volumen der beiden Dreiecksprismen.

$V_{Körper} = 576\,cm^3 + 2 \cdot 36\,cm^3$
$V_{Körper} = 576\,cm^3 + 72\,cm^3$
$V_{Körper} = 648\,cm^3$

Teil B – Aufgabengruppe III – Aufgabe 4

a) Anstieg der Personen in Haushalten in Deutschland von 1991 bis 2013

Entnimm die benötigten Daten aus der ersten Tabellenzeile.

2013	39 933 000 Personen
1991	35 256 000 Personen
Anstieg:	4 677 000 Personen

Anstieg in %

Die Anzahl der Personen 1991 ist der Grundwert G, die zahlenmäßige Zunahme von 1991 bis 2013 der Prozentwert P. Berechne den Prozentsatz.
$p\,\% = P : G \cdot 100\,\%$
Runde sinnvoll (hier: ganze Prozent).

p % = 4 677 000 : 35 256 000 · 100 %
p % = 13,265… %
p % ≈ 13 %
Die Anzahl der Haushalte stieg von 1991 bis 2013 um 13 %.

b) **Anzahl der Dreipersonenhaushalte 2013**
Berechne zunächst die Anzahl der Dreipersonenhaushalte für das Jahr 2013.
Du findest in der dritten Tabellenspalte den prozentualen Wert (p %) der Dreipersonenhaushalte im Jahr 2013. Der Grundwert G für das Jahr 2013 steht in der ersten Tabellenzeile. Berechne den Prozentwert mit dem Dreisatz oder mit dem Faktor.

100 % $\hat{=}$ 39 933 000
1 % $\hat{=}$ 39 933 000 : 100 = 399 330
12,5 % $\hat{=}$ 399 330 · 12,5 = 4 991 625

oder:
12,5 % = 0,125
39 933 000 · 0,125 = 4 991 625

Anzahl der Menschen in Dreipersonenhaushalten 2013
In einem Dreipersonenhaushalt leben drei Menschen.
4 991 625 · 3 = 14 974 875
2013 lebten 14 974 875 Menschen in Dreipersonenhaushalten.

c) **Balkendiagramm Haushalte 2013**
Bereite die Daten für das Balkendiagramm auf.
10 % entsprechen 1 cm = 10 mm.
1 % entspricht also einem mm.
Genauer kannst du nicht zeichnen. Runde daher die Balkenlängen auf ganze mm.

Einpersonenhaushalte:
40,5 % $\hat{=}$ 40,5 mm ≈ 41 mm

Zweipersonenhaushalte:
34,4 % $\hat{=}$ 34,4 mm ≈ 34 mm

Dreipersonenhaushalte:
12,5 % $\hat{=}$ 12,5 mm ≈ 13 mm

Haushalte mit vier und mehr Personen:
12,6 % $\hat{=}$ 12,6 mm ≈ 13 mm

- Wähle eine einheitliche Balkenbreite. Zeichne das Balkendiagramm. Achte dabei auf Sauberkeit.
- Beschrifte das Diagramm und wähle einen passenden Diagrammtitel.

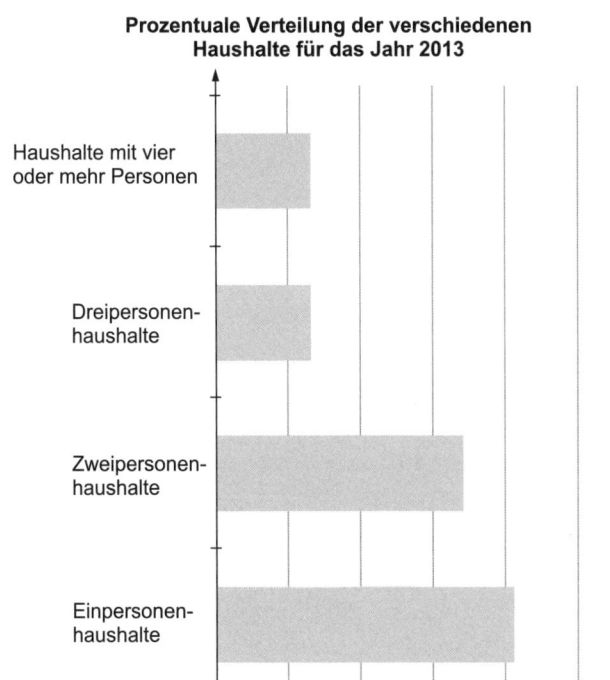

Prozentuale Verteilung der verschiedenen Haushalte für das Jahr 2013

Haushalte mit vier oder mehr Personen	ca. 12 %
Dreipersonenhaushalte	ca. 12 %
Zweipersonenhaushalte	ca. 34 %
Einpersonenhaushalte	ca. 41 %

Qualifizierender Abschluss der Mittelschule Bayern 2016
Mathematik – Lösungen

Teil A – Hilfsmittelfrei – Aufgabe 1

Preis für zehn Flaschen

🖋 Löse mit dem Dreisatz. Berechne zuerst, was eine Flasche kostet. Rechne dann auf
🖋 zehn Flaschen hoch.

Sechs Flaschen kosten 4,20 €.
Eine Flasche kostet 4,20 € : 6 = 0,70 €.
Zehn Flaschen kosten 0,70 € · 10 = 7,00 €.

Teil A – Hilfsmittelfrei – Aufgabe 2

Markierung für 700 ℓ Heizöl

🖋 Die Vorderseite des Öltanks ist in fünf gleich große Abschnitte eingeteilt.
🖋 Wie viele Liter fasst ein Abschnitt? Welchen Anteil eines Abschnitts nehmen 100 ℓ
🖋 ein? Zeichne die Markierung bei 700 ℓ ein.

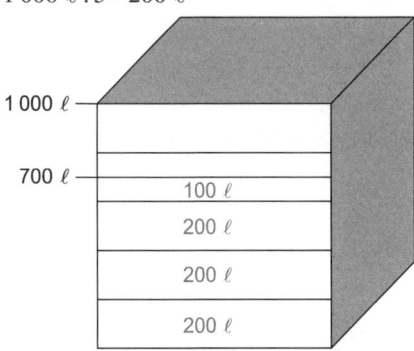

1 000 ℓ : 5 = 200 ℓ

Teil A – Hilfsmittelfrei – Aufgabe 3

Ausführliche Schreibweise

🖋 $10^7 = 10\,000\,000$
🖋 Das Komma wird um sieben Stellen nach rechts verschoben.

☐ 7 300 000   ☒ 73 000 000
☐ 7 300   ☐ 0,00000073

Teil A – Hilfsmittelfrei – Aufgabe 4

a) Auf der Rechtsachse findest du die Startzeiten des Joggers und der Radfahrerin. Lies diese Zeiten ab. Berechne den Zeitunterschied zwischen den beiden Startzeiten.

Startzeit des Joggers: 16:00 Uhr
Startzeit der Radfahrerin: 16:30 Uhr
Zeitunterschied: 30 Minuten

Der Jogger startet **30** Minuten vor der Radfahrerin.

b) Die Radfahrerin startet um 16:30 Uhr. Gehe auf der Zeitachse eine Stunde nach rechts bis zum Zeitpunkt 17:30 Uhr.
Gehe senkrecht so weit nach oben, bis du auf den Graph, der zur Radfahrerin gehört, triffst. Auf der Hochachse kannst du nun die zurückgelegte Strecke nach einer Stunde ablesen.

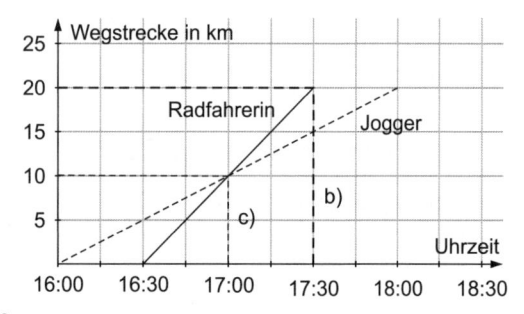

In einer Stunde schafft die Radfahrerin **20** Kilometer.

c) Der Schnittpunkt der beiden Graphen gibt die Uhrzeit des Treffpunkts und die zurückgelegte Strecke bis dahin an. Lies die Strecke an der Hochachse ab.
Nach **zehn** Kilometern treffen sie sich.

Teil A – Hilfsmittelfrei – Aufgabe 5

Fehlende Kombinationen

Jede der Ziffern 1, 3 und 7 kann zweimal an der ersten Stelle der Zahlenkombination stehen. Die beiden anderen Ziffern wechseln dann zwischen der zweiten und der dritten Stelle ihre Position.
Untersuche die vorhandenen Kombinationen. Die Ziffer 1 steht bereits einmal an der ersten Stelle. Tausche für die zweite Möglichkeit die Positionen der Ziffern 3 und 7.
Bei den anderen beiden fehlenden Kombinationen muss die 7 an erster Stelle stehen.
Ergänze die Ziffern 3 und 1 jeweils entsprechend.

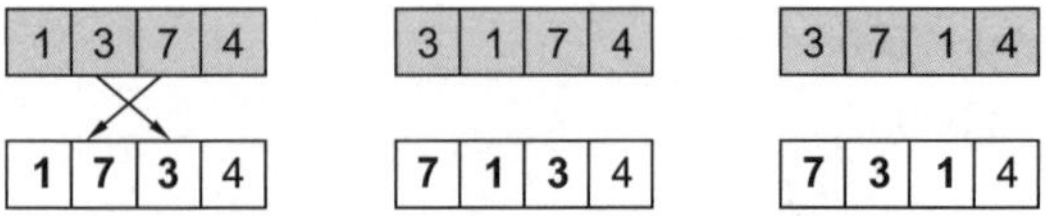

1	3	7	4		3	1	7	4		3	7	1	4
---	---	---	---		---	---	---	---		---	---	---	---
1	7	3	4		7	1	3	4		7	3	1	4

Teil A – Hilfsmittelfrei – Aufgabe 6

☐ Ja   ☒ Nein

Mögliche Begründung
Flächeninhalt des Rechtecks
✓ Wähle für das Beispiel möglichst einfache Seitenlängen.
✓ Flächeninhalt des Rechtecks: $A = a \cdot b$

$a = 1$ cm
$b = 2$ cm
$A = a \cdot b$
$A = 1 \text{ cm} \cdot 2 \text{ cm}$
$A = 2 \text{ cm}^2$

Flächeninhalt des neuen Rechtecks
✓ Verdopple die beiden Seitenlängen. Setze die verdoppelten Seitenlängen in die
✓ Formel für den Flächeninhalt eines Rechtecks ein.

$a = 2$ cm
$b = 4$ cm
$A = 2 \text{ cm} \cdot 4 \text{ cm}$
$A = 8 \text{ cm}^2$

8 cm^2 ist nicht das Doppelte von 2 cm^2.

✓ Allgemeine Begründung:
✓ Seitenlängen des Rechtecks: a; b ⇒ Flächeninhalt des Rechtecks: $A = a \cdot b$
✓ verdoppelte Seitenlängen des Rechtecks: $2 \cdot a$; $2 \cdot b$ ⇒
✓ Flächeninhalt des neuen Rechtecks: $A = 2 \cdot a \cdot 2 \cdot b = 4 \cdot a \cdot b$
✓ Verdoppeln sich die Seitenlängen, vervierfacht sich der Flächeninhalt.

Teil A – Hilfsmittelfrei – Aufgabe 7

Flächeninhalt des Rechtecks
✓ Der Durchmesser d und die Rechteckseite b besitzen die gleiche Länge. Die Durch-
✓ messer der beiden gleich großen Kreise haben zusammen eine Länge von 4 m.
✓ Berechne den Flächeninhalt des Rechtecks.
✓ $A_{Rechteck} = a \cdot b$

$a = 4$ m
$b = d = 4 \text{ m} : 2 = 2$ m
$A_{Rechteck} = 4 \text{ m} \cdot 2 \text{ m}$
$A_{Rechteck} = 8 \text{ m}^2$

Flächeninhalt der beiden Kreise

/ $A_{Kreis} = r \cdot r \cdot \pi$
/ Rechne mit $\pi = 3$.

$d = 2\,m \;\Rightarrow\; r = 1\,m$

$A_{Kreise} = 2 \cdot 1\,m \cdot 1\,m \cdot 3$

$A_{Kreise} = 6\,m^2$

Flächeninhalt der grau gefärbten Fläche

/ Du erhältst den Flächeninhalt der grau gefärbten Fläche, wenn du vom Flächeninhalt
/ des Rechtecks den Flächeninhalt der beiden Kreise subtrahierst.

$A_{grau} = 8\,m^2 - 6\,m^2$
$A_{grau} = 2\,m^2$

Teil A – Hilfsmittelfrei – Aufgabe 8

Freie Gesprächsminuten

/ Aus wie vielen Kästchen setzt sich das gesamte Diagramm zusammen?
/ Wie viele Kästchen im Diagramm sind noch verfügbar?
/ Das gesamte Diagramm entspricht 400 Gesprächsminuten. Berechne die Anzahl der
/ noch freien Gesprächsminuten, indem du zuerst berechnest, wie viele Gesprächs-
/ minuten einem Kästchen entsprechen.

gesamtes Diagramm: 20 Kästchen
noch verfügbar: 6 Kästchen

Gesprächsminuten, die einem Kästchen entsprechen:
400 Minuten : 20 = 20 Minuten

Gesprächsminuten, die sechs Kästchen entsprechen:
20 Minuten · 6 = 120 Minuten

Sie hat noch 120 Gesprächsminuten frei.

Teil A – Hilfsmittelfrei – Aufgabe 9

/ **a)** Der Fehler wurde in der zweiten Zeile gemacht.

$8x + 10 + 7 = 20 - 2x + \mathbf{8}$

/
/ Verbessere diese Zeile: Löse die Klammern auf. In der Klammer auf der rechten
Seite gilt die Punkt-vor-Strich-Regel.

$4 \cdot (2x + 2{,}5) + 7 = 20 - 2x + (4 \cdot 5 - 3)$
$\quad 8x + 10 + 7 = 20 - 2x + 20 - 3$
$\quad 8x + 10 + 7 = 20 - 2x + 17$

b) Berechne die Klammer und fasse zusammen. Forme die Gleichung dann um.

$10x + 3 \cdot 5 = 7 \cdot (3+1) - 2x$
$10x + 15 = 7 \cdot 4 - 2x$
$10x + 15 = 28 - 2x \qquad | -15; +2x$
$\mathbf{12x = 13}$

Kreuze den entsprechenden Lösungssatz an. Es wurde nicht auf beiden Seiten 2x addiert.

☐ Klammern werden zuerst berechnet
☐ Punkt- vor Strichrechnung
☒ Auf beiden Seiten der Gleichung muss die gleiche Rechenoperation durchgeführt werden.

Teil A – Hilfsmittelfrei – Aufgabe 10
Richtiges Schaubild für den Füllvorgang

Die Teetasse hat die Form eines geraden Zylinders. Sie ist zu Beginn des Füllvorgangs leer, der Graph beginnt daher im Ursprung. Der überall gleich breite Becher wird gleichmäßig gefüllt. Der Füllvorgang entspricht also einer proportionalen Zuordnung. Der Graph einer proportionalen Zuordnung ist eine Halbgerade.

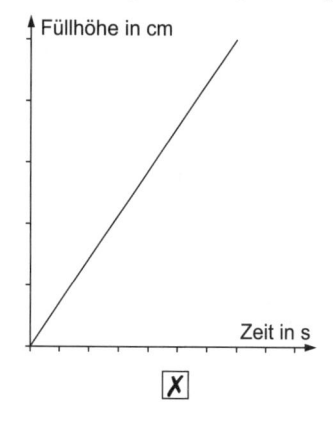

☒

Teil A – Hilfsmittelfrei – Aufgabe 11
a) Ungefähre Anzahl der Kaffeebohnen je Feld

Das Raster teilt die Fläche mit den Kaffeebohnen in 16 gleich große Felder ein. Zähle die Anzahl der Kaffeebohnen in einem Feld. Kontrolliere dein Ergebnis an zwei anderen Feldern.

ca. 12–18

Anzahl der Kaffeebohnen insgesamt
mindestens: $12 \cdot 16 = 192$ Kaffeebohnen
höchstens: $18 \cdot 16 = 288$ Kaffeebohnen

/ Alle Ergebnisse zwischen 192 Kaffeebohnen und 288 Kaffeebohnen sind richtig.
/ Du musst nur eine mögliche Lösung angeben.

b) **Gewicht einer Packung mit 2 500 Bohnen**
/ Multipliziere die Anzahl der Bohnen in der Packung mit dem Gewicht einer
/ Bohne und du erhältst das Gewicht einer Packung mit 2 500 Bohnen.

$2\,500 \cdot 0{,}2\text{ g} = 500\text{ g}$

Teil B – Aufgabengruppe I – Aufgabe 1

$3 \cdot (1{,}5x - 2{,}5) - (3x - 5) + (3{,}5x + 7) : 0{,}2 = 12{,}5x$	Berechne die Klammerterme.
$(4{,}5x - 7{,}5) - (3x - 5) + (17{,}5x + 35) = 12{,}5x$	Löse die Klammern auf. Beachte die Vorzeichenregel.
$4{,}5x - 7{,}5 - 3x + 5 + 17{,}5x + 35 = 12{,}5x$	Fasse zusammen.
$19x + 32{,}5 = 12{,}5x$	$\mid -32{,}5;\ -12{,}5x$
$6{,}5x = -32{,}5$	$\mid : 6{,}5$
$x = -5$	

Teil B – Aufgabengruppe I – Aufgabe 2

a) **Gesparter Betrag**
/ Berechne zuerst den Betrag, den Raphael gespart hat.

$120 \text{ €} \cdot 9 = 1\,080 \text{ €}$

Geschenk der Oma
/ Die Oma schenkt Raphael ein Drittel des gesparten Betrages.

$1\,080 \text{ €} : 3 = 360 \text{ €}$

Zur Verfügung stehender Betrag
/ Addiere die Teilbeträge.

$1\,080 \text{ €} + 360 \text{ €} = 1\,440 \text{ €}$

Raphael hat insgesamt 1 440 € zur Verfügung.

b) **Jahreszinsen**
Berechne zuerst die Jahreszinsen mit dem Dreisatz.

$100\ \% \mathrel{\widehat{=}} 1\,500\ €$

$1\ \% \mathrel{\widehat{=}} 1\,500\ € : 100 = 15\ €$

$1,2\ \% \mathrel{\widehat{=}} 15\ € \cdot 1,2 = 18\ €$

Zinsen für neun Monate

$18\ € : 12 \cdot 9 = 13,50\ €$

oder:

Löse mit der Zinsformel.

$Z = \dfrac{K \cdot p \cdot t}{100 \cdot 12}$

Setze die gegebenen Werte ein und berechne die Zinsen.

$K = 1\,500\ €$; $p\ \% = 1,2\ \%$; $t = 9$ Monate

$Z = \dfrac{1\,500\ € \cdot 1,2 \cdot 9}{100 \cdot 12}$

$Z = 13,50\ €$

Guthaben nach neun Monaten
Das gesamte Guthaben setzt sich aus den Zinsen und dem ursprünglich angelegten Betrag zusammen.

$1\,500\ € + 13,50\ € = 1\,513,50\ €$

Raphael erhält von seinen Eltern $1\,513,50\ €$.

c) **Prozentsatz des Taschengeldes an den gesamten Reisekosten**
Die gesamten Reisekosten sind der Grundwert, das Taschengeld ist der Prozentwert. Berechne den Prozentsatz.

$p\ \% = P : G \cdot 100\ \%$

Runde den Prozentsatz sinnvoll (hier: eine Dezimalstelle).

$G = 3\,500\ €$
$P = 500\ €$

$p\ \% = 500\ € : 3\,500\ € \cdot 100\ \%$
$p\ \% = 14,285\ldots\ \%$
$p\ \% \approx 14,3\ \%$

Der Prozentsatz des Taschengeldes an den gesamten Reisekosten liegt bei $14,3\ \%$.

Teil B – Aufgabengruppe I – Aufgabe 3

a) **Fehlende Werte in den Tabellen**
Die Zuordnung „Pedalumdrehungen – zurückgelegte Strecke" ist eine proportionale Zuordnung.

Herr Huber

$$900 \text{ m} : 4{,}50 \frac{\text{m}}{\text{Umdrehung}} = 200 \text{ Umdrehungen}$$

Sofia

$$40 \text{ Umdrehungen} \cdot 2{,}5 \frac{\text{m}}{\text{Umdrehung}} = 100 \text{ m}$$

b) **Grafische Darstellung**
Lege ein Koordinatensystem mit der Einheit 1 cm an.
Rechtswertachse: 8 cm
Hochwertachse: 10 cm
Beschrifte das Koordinatensystem nach der Vorgabe.
Rechtswertachse: 1 cm $\hat{=}$ 50 Pedalumdrehungen
Hochwertachse: 1 cm $\hat{=}$ 100 Meter
Wähle aus den Tabellen Punkte, die du gut in das Koordinatensystem eintragen kannst. Herr Huber legt mit 200 Pedalumdrehungen 900 Meter zurück. Trage den Punkt in das Koordinatensystem ein und verbinde ihn mit dem Koordinatenursprung. Sofia legt mit 150 Pedalumdrehungen 375 Meter zurück. 375 m entsprechen auf der Hochwertachse 3,75 cm. Trage den Punkt in das Koordinatensystem ein und verbinde ihn mit dem Koordinatenursprung.

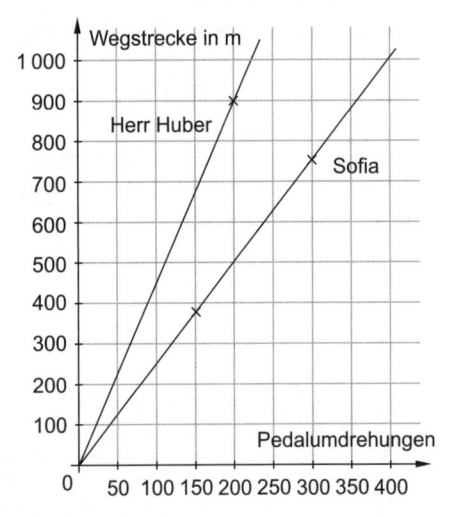

oder:
Berechne einen Punkt, den du gut eintragen kannst.
doppelte Umdrehungen – doppelte Wegstrecke

$\cdot 2 \begin{pmatrix} 150 \text{ Umdrehungen} \triangleq 375 \text{ m} \\ 300 \text{ Umdrehungen} \triangleq 750 \text{ m} \end{pmatrix} \cdot 2$

c) Wandle die Kilometer in Meter um: 1 km = 1 000 m
3,6 km = 3 600 m

Pedalumdrehungen des Vaters

$3\,600 \text{ m} : 4,50 \dfrac{\text{m}}{\text{Umdrehung}} = 800 \text{ Umdrehungen}$

oder:
Entnimm der Tabelle Zahlenpaare, mit denen du gut rechnen kannst.
zehnfache Strecke – zehnfache Umdrehungen

$\cdot 10 \begin{pmatrix} 360 \text{ m} \triangleq 80 \text{ Umdrehungen} \\ 3\,600 \text{ m} \triangleq 800 \text{ Umdrehungen} \end{pmatrix} \cdot 10$

Pedalumdrehungen von Sofia

$3\,600 \text{ m} : 2,50 \dfrac{\text{m}}{\text{Umdrehung}} = 1\,440 \text{ Umdrehungen}$

oder:
36-fache Strecke – 36-fache Umdrehungen

$\cdot 36 \begin{pmatrix} 100 \text{ m} \triangleq 40 \text{ Umdrehungen} \\ 3\,600 \text{ m} \triangleq 1\,440 \text{ Umdrehungen} \end{pmatrix} \cdot 36$

Anzahl der Umdrehungen, die Sofia mehr macht
Subtrahiere von den Pedalumdrehungen Sofias die Pedalumdrehungen des Vaters.
1 440 Umdrehungen – 800 Umdrehungen = 640 Umdrehungen
Sofia musste 640 Pedalumdrehungen mehr machen als ihr Vater.

Teil B – Aufgabengruppe I – Aufgabe 4

Länge der Grundkante der quadratischen Pyramide
Die Höhe der Pyramide h_P, die halbe Kantenlänge der Pyramide x
und die Dreieckshöhe h_S bilden ein rechtwinkliges Dreieck.
Berechne die Länge x mithilfe des Satzes von Pythagoras.

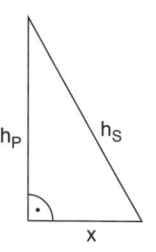

$$x^2 = h_S^2 - h_P^2$$
$$x^2 = (20\ cm)^2 - (16\ cm)^2$$
$$x^2 = 400\ cm^2 - 256\ cm^2$$
$$x^2 = 144\ cm^2 \qquad |\sqrt{}$$
$$x = 12\ cm$$

$a = 2 \cdot 12\ cm$
$a = 24\ cm$

Volumen der Pyramide
- Setze die gegebenen Werte in die Formel zur Berechnung des Volumens einer Pyramide ein.

$$V_{Pyramide} = \frac{1}{3} \cdot a \cdot a \cdot h_P$$

$$V_{Pyramide} = \frac{1}{3} \cdot 24\ cm \cdot 24\ cm \cdot 16\ cm$$

$$V_{Pyramide} = 3\,072\ cm^3$$

Volumen des Halbzylinders
- Die Kantenlänge der quadratischen Pyramide ist die Körperhöhe des Halbzylinders,
- die halbe Kantenlänge ist der Radius des Halbzylinders.
- Setze die bekannten Werte in die Formel zur Berechnung des Volumens eines Zylinders ein.
- $V_{Zylinder} = r \cdot r \cdot \pi \cdot h_Z$
- Beachte, dass es sich um einen halben Zylinder handelt.
- Rechne mit $\pi = 3{,}14$.

$r = 12\ cm$
$h_Z = 24\ cm$

$$V_{Halbzylinder} = \frac{1}{2} \cdot 12\ cm \cdot 12\ cm \cdot 3{,}14 \cdot 24\ cm$$

$$V_{Halbzylinder} = 5\,425{,}92\ cm^3$$

Volumen des Werkstücks
- Addiere die Teilvolumen.

$V_{ges} = 5\,425{,}92\ cm^3 + 3\,072\ cm^3$
$V_{ges} = 8\,497{,}92\ cm^3$

Teil B – Aufgabengruppe II – Aufgabe 1

🖉 Lege für die Anzahl der Kugeln einer Eissorte die Variable x fest. Die Anzahl der
🖉 Zitroneneiskugeln eignet sich hier besonders gut.
🖉 Drücke die Anzahl der anderen Eiskugeln mithilfe von x aus.
🖉 40 Kugeln weniger Vanilleeis als Zitroneneis: -40
🖉 Viermal so viele Erdbeereiskugeln wie Vanilleeiskugeln: $4\cdot$
🖉 Berücksichtige auch die 80 Kugeln Schokoladeneis.

Anzahl der ...
Zitroneneiskugeln: x
Vanilleeiskugeln: $x-40$ $\Big\}$ 540 Eiskugeln
Erdbeereiskugeln: $4\cdot(x-40)$
Schokoladeneiskugeln: 80

🖉 Stelle eine Gleichung auf und löse sie.

$$x + x - 40 + 4\cdot(x-40) + 80 = 540$$
$$x + x - 40 + 4x - 160 + 80 = 540$$
$$6x - 120 = 540 \quad |+120$$
$$6x = 660 \quad |:6$$
$$x = 110$$

🖉 Berechne die Anzahlen der verschiedenen Eiskugeln.

Anzahl der ...
Zitroneneiskugeln: 110
Vanilleeiskugeln: $110 - 40 = 70$
Erdbeereiskugeln: $4\cdot(110-40) = 4\cdot 70 = 280$
Schokoladeneiskugeln: 80

Teil B – Aufgabengruppe II – Aufgabe 2

a) Regelmäßiges Sechseck

🖉 Ein regelmäßiges Sechseck setzt sich aus sechs gleichseitigen Dreiecken zu-
🖉 sammen. Der Radius des Umkreises hat die gleiche Länge wie eine Seite des
🖉 regelmäßigen Sechsecks.
🖉 Zeichne einen Kreis um M mit dem Radius $r = 5$ cm.
🖉 Trage mit dem Zirkel den Radius auf der Kreislinie ab. Arbeite genau!
🖉 Verbinde jeweils benachbarte Schnittpunkte auf der Kreislinie miteinander und
🖉 du erhältst das regelmäßige Sechseck.

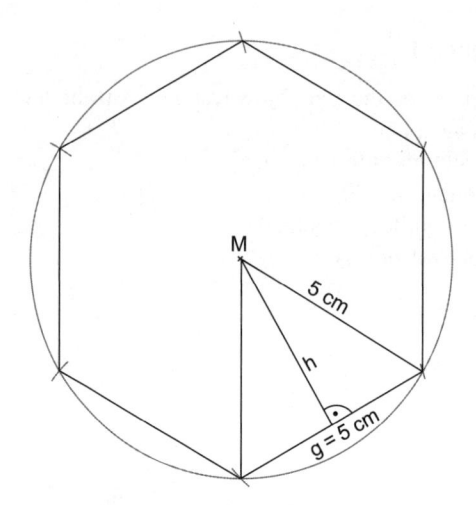

b) **Höhe eines Bestimmungsdreiecks**
Zeichne in das regelmäßige Sechseck ein Bestimmungsdreieck ein. Trage die bekannten Längen ein.
Die Höhe h teilt die Grundseite g in der Mitte. Berechne die Höhe mithilfe des Satzes von Pythagoras.
Runde das Ergebnis sinnvoll (hier: zwei Dezimalstellen).

$h^2 = (5 \text{ cm})^2 - (2,5 \text{ cm})^2$
$h^2 = 25 \text{ cm}^2 - 6,25 \text{ cm}^2$
$h^2 = 18,75 \text{ cm}^2 \quad | \sqrt{}$
$h = 4,3301... \text{ cm}$
$h \approx 4,33 \text{ cm}$

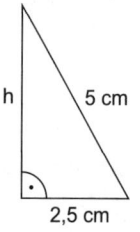

Flächeninhalt des regelmäßigen Sechsecks
Die Länge der Grundseite und die Länge der Höhe sind nun bekannt. Das regelmäßige Sechseck besteht aus sechs solchen Bestimmungsdreiecken. Berechne den Flächeninhalt des regelmäßigen Sechsecks.

$A_{\text{Sechseck}} = 6 \cdot \dfrac{g \cdot h}{2}$

$A_{\text{Sechseck}} = 6 \cdot \dfrac{5 \text{ cm} \cdot 4,33 \text{ cm}}{2}$

$A_{\text{Sechseck}} = 64,95 \text{ cm}^2$

Teil B – Aufgabengruppe II – Aufgabe 3

a) Neuer Fahrradpreis

Der Preis für das Mountainbike ist gegeben. Auf den Preis gibt es 12 % Rabatt.
Berechne den Rabatt und den verbilligten Preis in €. Rechne mit dem Dreisatz.

12 % Rabatt auf 550 €

100 % ≙ 550 €
  1 % ≙ 550 € : 100 = 5,50 €
 12 % ≙ 5,50 € · 12 = 66,00 € (Rabatt)

550 € − 66,00 € = 484,00 € (Endpreis)

oder:

Es gibt 12 % Rabatt, d. h., es sind noch zu zahlen: 100 % − 12 % = 88 %

100 % ≙ 550 €
  1 % ≙ 550 € : 100 = 5,50 €
 88 % ≙ 5,50 € · 88 = 484,00 € (Endpreis)

oder:

Rechne mit dem Faktor: 88 % = 0,88

550 € · 0,88 = 484,00 € (Endpreis)

Der neue Fahrradpreis beträgt 484,00 €.

b) Ersparnis beim Kauf des Helms

Der Helm ist um 20 % reduziert.
Der reduzierte Preis entspricht 100 % − 20 % = 80 % des ursprünglichen Preises.
Die Ersparnis beträgt 20 % des ursprünglichen Preises. Rechne mit dem Dreisatz.

80 % ≙ 79,00 €
 1 % ≙ 79,00 € : 80 = 0,9875 €
20 % ≙ 0,9875 € · 20 = 19,75 € (Ersparnis)

oder:

Rechne mit dem Faktor: 80 % = 0,8
Die Differenz aus dem alten Preis und dem reduzierten Preis ist die Ersparnis.

79,00 € : 0,8 = 98,75 € (alter Preis)
98,75 € − 79,00 € = 19,75 € (Ersparnis)

Charlotte spart beim Kauf des Helms 19,75 €.

c) **Aktionspreis für die Knieschoner**
Im zu zahlenden Preis sind 19 % Mehrwertsteuer enthalten. Der Grundwert wurde also um 19 % vermehrt.
100 % + 19 % = 119 %
Der Preis ohne Mehrwertsteuer beträgt 100 %. Berechne den Preis ohne Mehrwertsteuer in €. Rechne mit dem Dreisatz.

119 % $\,\hat{=}\,$ 49,98 €
 1 % $\,\hat{=}\,$ 49,98 € : 119 = 0,42 €
100 % $\,\hat{=}\,$ 0,42 € · 100 = 42,00 €

Der Aktionspreis für die Knieschoner beträgt 42,00 €.

d) **Barzahlungspreis für den Helm**
Auf den reduzierten Preis gibt es bei Barzahlung 2 % Skonto. Berechne das Skonto und den Barzahlungspreis in €. Rechne mit dem Dreisatz.

2 % Skonto auf 79 €
100 % $\,\hat{=}\,$ 79 €
 1 % $\,\hat{=}\,$ 79 € : 100 = 0,79 €
 2 % $\,\hat{=}\,$ 0,79 € · 2 = 1,58 €

79 € – 1,58 € = 77,42 € (Barzahlung)

oder:
Es gibt 2 % Skonto, d. h., es sind noch 100 % – 2 % = 98 % zu zahlen.

100 % $\,\hat{=}\,$ 79 €
 1 % $\,\hat{=}\,$ 79 € : 100 = 0,79 €
98 % $\,\hat{=}\,$ 0,79 € · 98 = 77,42 € (Barzahlung)

oder:
Rechne mit dem Faktor: 98 % = 0,98
79,00 € · 0,98 = 77,42 €

Charlotte muss bar 77,42 € bezahlen.

Teil B – Aufgabengruppe II – Aufgabe 4

Flächeninhalt der zwei Dreiviertelkreise
Zerlege die Oberfläche des Körpers in berechenbare Teilflächen. Die Oberfläche besteht aus zwei kongruenten Dreiviertelkreisen, zwei kongruenten Rechtecken und einem drei viertel Zylindermantel. Berechne den Flächeninhalt der Teilflächen.
$A_{Kreis} = r \cdot r \cdot \pi$
Rechne mit $\pi = 3{,}14$.

$r = 5$ dm

$A_{Dreiviertelkreise} = 2 \cdot \frac{3}{4} \cdot 5 \text{ dm} \cdot 5 \text{ dm} \cdot 3{,}14$

$A_{Dreiviertelkreise} = 117{,}75 \text{ dm}^2$

Flächeninhalt der zwei Rechtecke

$A_{Rechteck} = a \cdot b$

$a = r = 5$ dm
$b = h_k = 12$ dm

$A_{Rechtecke} = 2 \cdot 5 \text{ dm} \cdot 12 \text{ dm}$

$A_{Rechtecke} = 120 \text{ dm}^2$

Flächeninhalt des drei viertel Zylindermantels

$A_{Mantel} = 2 \cdot r \cdot \pi \cdot h_k$

Rechne mit $\pi = 3{,}14$.

$r = 5$ dm
$h_k = 12$ dm

$A_{Zylindermantel} = \frac{3}{4} \cdot 2 \cdot 5 \text{ dm} \cdot 3{,}14 \cdot 12 \text{ dm}$

$A_{Zylindermantel} = 282{,}6 \text{ dm}^2$

Oberfläche des entstandenen Körpers

Addiere alle Teilflächen.

$A_O = 117{,}75 \text{ dm}^2 + 120 \text{ dm}^2 + 282{,}6 \text{ dm}^2$
$A_O = 520{,}35 \text{ dm}^2$

Teil B – Aufgabengruppe III – Aufgabe 1

$\dfrac{1}{8} \cdot (2x+6) = \dfrac{1}{2} - 2x + 2 + \dfrac{3x+8}{4}$ | Setze den Term im Zähler auf der rechten Seite in Klammern.
Multipliziere mit dem Hauptnenner 8.

$\dfrac{\cancel{8} \cdot 1}{\cancel{8}} \cdot (2x+6) = \dfrac{\cancel{8}^4 \cdot 1}{\cancel{2}} - 8 \cdot 2x + 8 \cdot 2 + \dfrac{\cancel{8}^2 \cdot (3x+8)}{\cancel{4}}$ | Kürze.
Multipliziere aus.

$2x + 6 = 4 - 16x + 16 + 6x + 16$ | Fasse zusammen.

$2x + 6 = 36 - 10x$ | $+10x; -6$

$12x = 30$ | $:12$

$x = 2{,}5$

oder:

$\dfrac{1}{8} \cdot (2x+6) = \dfrac{1}{2} - 2x + 2 + \dfrac{3x+8}{4}$ | Wandle die Brüche in Dezimalbrüche um.

$0{,}125 \cdot (2x+6) = 0{,}5 - 2x + 2 + 0{,}25 \cdot (3x+8)$ | Multipliziere die Klammern aus.

$0{,}25x + 0{,}75 = 0{,}5 - 2x + 2 + 0{,}75x + 2$ | Fasse zusammen.

$0{,}25x + 0{,}75 = 4{,}5 - 1{,}25x$ | $+1{,}25x; -0{,}75$

$1{,}5x = 3{,}75$ | $:1{,}5$

$x = 2{,}5$

Teil B – Aufgabengruppe III – Aufgabe 2

a) Zeichne ein Koordinatensystem mit der Einheit 1 cm.
x-Achse: 0 bis +8
y-Achse: 0 bis +10
Beschrifte das Koordinatensystem vollständig.
Trage den Punkt A(7|5) ein: Gehe dazu 7 cm nach rechts und 5 cm nach oben.
Trage den Punkt C(5|7) ein: Gehe dazu 5 cm nach rechts und 7 cm nach oben.
Verbinde die beiden Punkte.

b) Zeichne mit dem Geodreieck die Senkrechte zur Strecke [AC] durch den A.

c) Trage den Punkt D(5|3) ein: Gehe dazu 5 cm nach rechts und 3 cm nach oben.
Verbinde die Punkte C und D zur Strecke [CD].
In einem Parallelogramm sind gegenüberliegende Seiten parallel zueinander.
Zeichne mit dem Geodreieck die Parallele zur Strecke [AD] durch den Punkt C.
Zeichne mit dem Geodreieck die Parallele zur Strecke [CD] durch den Punkt A.
Der Schnittpunkt der Parallelen ergibt den Punkt B des Parallelogramms ABCD.

d) Zeichne einen Kreisbogen um D mit dem Radius r = [AD]. Der Schnittpunkt des Kreisbogens mit der Senkrechten durch A ergibt den Punkt H. Gib die Koordinaten von Punkt H an.

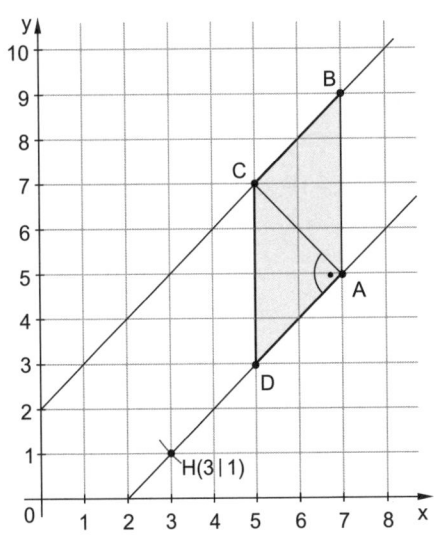

H(3|1)

Teil B – Aufgabengruppe III – Aufgabe 3

Länge der Diagonalen e
Flächeninhalt einer Raute:

$$A_{Raute} = \frac{e \cdot f}{2}$$

Dabei ist e die Länge der längeren Diagonalen und f die Länge der kürzeren Diagonalen. Berechne die Länge der Diagonalen. Entnimm benötigte Maße der Skizze.

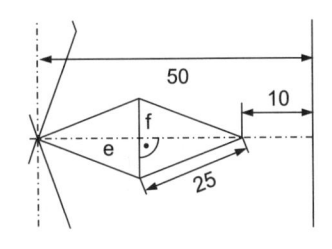

e = 50 cm − 10 cm
e = 40 cm

Länge der Diagonalen f
Im rechtwinkligen Dreieck sind die Länge der Hypotenuse und die Länge einer Kathete $\left(\frac{e}{2}\right)$ bekannt. Die Länge der zweiten Kathete $\left(\frac{f}{2}\right)$ kannst du mithilfe des Satzes von Pythagoras berechnen.

$e = 40 \text{ cm} \Rightarrow \frac{e}{2} = 20 \text{ cm}$

$\left(\frac{f}{2}\right)^2 = (25 \text{ cm})^2 - (20 \text{ cm})^2$

$\left(\frac{f}{2}\right)^2 = 625 \text{ cm}^2 - 400 \text{ cm}^2$

$\left(\frac{f}{2}\right)^2 = 225 \text{ cm}^2 \qquad |\sqrt{}$

$\frac{f}{2} = 15 \text{ cm} \qquad |\cdot 2$

$f = 30 \text{ cm}$

Flächeninhalt einer Raute
Berechne den Flächeninhalt einer Raute.

$A_{Raute} = \dfrac{40 \text{ cm} \cdot 30 \text{ cm}}{2}$

$A_{Raute} = 600 \text{ cm}^2$

Gesamtfläche des farbigen Glases
Berechne die Gesamtfläche des farbigen Glases.

$A_{ges} = 600 \text{ cm}^2 \cdot 4$
$A_{ges} = 2\,400 \text{ cm}^2$

Teil B – Aufgabengruppe III – Aufgabe 4

a) Anstieg der Smartphone-Besitzer von 2012 auf 2014

In der linken Säulengruppe findest du die Anzahl der Smartphone-Besitzer in der Altersgruppe der 14- bis 15-Jährigen.

$1\,080 - 564 = 516$

Anstieg der Smartphone-Besitzer von 2012 auf 2014 in %

Die Anzahl der Smartphone-Besitzer im Jahr 2012 ist der Grundwert. Der Unterschied der Anzahl der Smartphone-Besitzer zwischen 2012 und 2014 ist der Prozentwert P. Berechne den Prozentsatz.

$p\% = P : G \cdot 100\%$

Runde den Prozentsatz sinnvoll (hier: eine Dezimalstelle).

$G = 564$
$P = 516$

p % = 516 : 564 · 100 %
p % = 91,489... %
p % ≈ 91,5 %

Der prozentuale Anstieg der Anzahl der Smartphone-Besitzer von 2012 auf 2014 in der Altersgruppe der 14- bis 15-Jährigen beträgt 91,5 %.

b) **Smartphone-Besitzer in der Altersgruppe der 18- bis 19-Jährigen im Jahr 2014**

Du findest den Grundwert G für das Jahr 2013 in der rechten Säulengruppe.
Der prozentuale Anstieg p % von 2013 auf 2014 ist gegeben.
Berechne den Prozentwert mit dem Dreisatz oder mit dem Faktor.

100 % + 11,25 % = 111,25 %
100 % $\hat{=}$ 960
1 % $\hat{=}$ 960 : 100 = 9,6
111,25 % $\hat{=}$ 9,6 · 111,25 = 1 068

oder:

111,25 % = 1,1125
960 · 1,1125 = 1 068

2014 besaßen 1 068 Jugendliche in der Altersgruppe der 18- bis 19-Jährigen ein Smartphone.

c) **Ergebnis der Umfrage**

Die Aufgabe ist überbestimmt, die Anzahl der Jugendlichen spielt für die Erstellung des Kreisdiagramms keine Rolle.
80 % besitzen ein Smartphone.
15 % besitzen kein Smartphone.
100 % − 80 % − 15 % = 5 % machten keine Angabe.

Berechnen der Winkel für das Kreisdiagramm

Bereite die Daten für das Kreisdiagramm auf. Alle Jugendlichen (100 %) entsprechen 360°.

100 % $\hat{=}$ 360°
1 % $\hat{=}$ 360° : 100 = 3,6°
80 % $\hat{=}$ 3,6° · 80 = 288°   (besitzen Smartphone)
15 % $\hat{=}$ 3,6° · 15 = 54°   (besitzen kein Smartphone)
5 % $\hat{=}$ 3,6° · 5 = 18°   (keine Angabe)

Zeichne einen Kreis mit Radius r = 4 cm. Trage die Winkel für die Kreissegmente mit dem Geodreieck ein. Beschrifte das Schaubild vollständig.

Wie viele 12- bis 13-Jährige besitzen ein Smartphone?

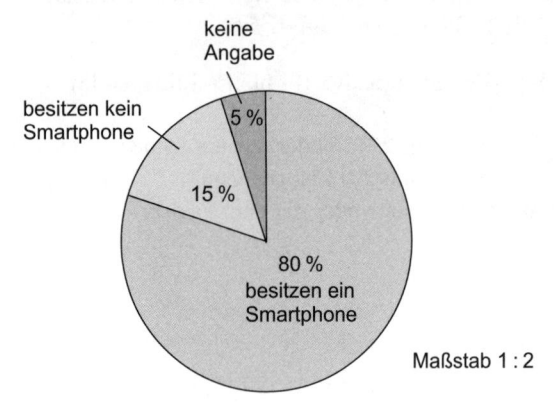

keine Angabe
5 %

besitzen kein Smartphone
15 %

80 % besitzen ein Smartphone

Maßstab 1 : 2

Qualifizierender Abschluss der Mittelschule Bayern 2017
Mathematik – Lösungen

Teil A – Hilfsmittelfrei – Aufgabe 1

Anzahl der nicht anwesenden Jugendlichen

✓ Wie viel Prozent der Jugendlichen waren nicht da? Wandle den Prozentsatz in einen Bruch um. Berechne damit die Anzahl der nicht anwesenden Jugendlichen.

25 % von 24 Jugendlichen

$25\% = \dfrac{1}{4}$

$\dfrac{1}{4}$ von 24 Jugendlichen = 24 Jugendliche : 4 = 6 Jugendliche

Anzahl der anwesenden Jugendlichen

✓ Subtrahiere die Anzahl der nicht anwesenden Jugendlichen von der Anzahl der Jugendlichen in der 9a und du erhältst die Anzahl der anwesenden Jugendlichen.

24 − 6 = 18

Es waren 18 Jugendliche anwesend.

oder:

Anwesende Jugendliche in Prozent

✓ Wie viel Prozent der Jugendlichen waren anwesend? Wandle den Prozentsatz in einen Bruch um.

$100\% - 25\% = 75\% = \dfrac{3}{4}$

Anzahl der anwesenden Jugendlichen

✓ Berechne die Anzahl der anwesenden Jugendlichen.

$\dfrac{3}{4}$ von 24 Jugendlichen = 24 Jugendliche : 4 · 3 = 18 Jugendliche

Es waren 18 Jugendliche anwesend.

Teil A – Hilfsmittelfrei – Aufgabe 2

Netze, die zu einem Quader gefaltet werden können

✓ Falte die Netze gedanklich zu einem Quader.
✓ Bei Netz A ist das markierte „Seitenteil" an der falschen Stelle gezeichnet.
✓ Bei Netz D liegt das markierte Rechteck mit den beiden Quadraten zu tief.

```
        A       B       C       D
        ○       ⊗       ⊗       ○
```

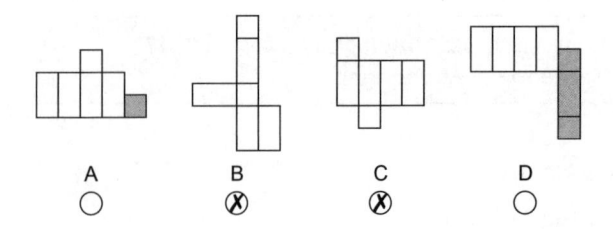

Teil A – Hilfsmittelfrei – Aufgabe 3

Passender Platzhalter

✓ Schreibe die Prozentangaben als Dezimalbrüche. Fasse dann zusammen und löse
✓ nach ☐ auf.

$35\,\% - 0{,}08 + 0{,}25 + \boxed{} = 100\,\%$

$0{,}35 - 0{,}08 + 0{,}25 + \boxed{} = 1$

$\phantom{0{,}35 - 0{,}08 + {}}0{,}52 + \boxed{} = 1 \qquad |-0{,}52$

$\phantom{0{,}35 - 0{,}08 + 0{,}52 + {}}\boxed{} = 0{,}48$

oder:

✓ Schreibe die Dezimalbrüche als Prozentangaben. Fasse dann zusammen und löse
✓ nach ☐ auf.

$35\,\% - 0{,}08 + 0{,}25 + \boxed{} = 100\,\%$

$35\,\% - 8\,\% + 25\,\% + \boxed{} = 100\,\%$

$\phantom{35\,\% - 8\,\% + {}}52\,\% + \boxed{} = 100\,\% \qquad |-52\,\%$

$\phantom{35\,\% - 8\,\% + 52\,\% + {}}\boxed{} = 48\,\%$

Teil A – Hilfsmittelfrei – Aufgabe 4

Länge der Basis (Grundseite)

✓ Achtung! Es ist nicht der Flächeninhalt der grauen Fläche, sondern der Umfang
✓ gesucht.
✓ Es handelt sich dabei um den Umfang eines gleichschenkligen Dreiecks. Die Basis
✓ (Grundseite) des gleichschenkligen Dreiecks besteht aus 4 gleich langen Teil-
✓ strecken. Berechne die Länge der Basis.

$8\text{ cm} \cdot 4 = 32\text{ cm}$

Länge eines Schenkels
Die Schenkel des gleichschenkligen Dreiecks bestehen aus je 2 gleich langen
Teilstrecken.
Im rechtwinkligen Dreieck sind die Längen der beiden
Katheten gegeben. Berechne die Länge der Hypotenuse a
mithilfe des Satzes von Pythagoras.

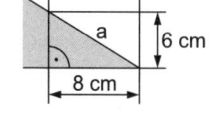

$a^2 = (8\,\text{cm})^2 + (6\,\text{cm})^2$

$a^2 = 64\,\text{cm}^2 + 36\,\text{cm}^2$

$a^2 = 100\,\text{cm}^2 \quad | \sqrt{}$

$a = 10\,\text{cm}$

$10\,\text{cm} \cdot 2 = 20\,\text{cm}$

Umfang u der grau gefärbten Fläche
Addiere die Längen der Dreiecksseiten und du erhältst den Umfang der grau gefärbten Fläche.

$u = 32\,\text{cm} + 2 \cdot 20\,\text{cm}$

$u = 32\,\text{cm} + 40\,\text{cm}$

$u = 72\,\text{cm}$

Teil A – Hilfsmittelfrei – Aufgabe 5

a) **Zeitraum in Tagen, für den das Futter für 3 Meerschweinchen reicht**
   Bei Teilaufgabe a handelt es sich um eine indirekt proportionale Zuordnung.
   Je mehr Meerschweinchen an einer Packung Futter knabbern, umso weniger
   Tage reicht eine Packung. Rechne mit dem Dreisatz.
   Für 2 Meerschweinchen reicht das Futter 30 Tage.
   Für 1 Meerschweinchen reicht das Futter 30 Tage $\cdot$ 2 = 60 Tage.
   Für 3 Meerschweinchen reicht das Futter 60 Tage : 3 = 20 Tage.

b) **Preis für 6 Packungen Futter**
   Der Preis für eine Packung Futter ist bekannt. Berechne den Preis für
   6 Packungen Futter.
   Rechne zunächst, ohne auf das Komma zu achten. Das Ergebnis hat so viele
   Stellen nach dem Komma wie die beiden Faktoren zusammen.
   4,95 € $\cdot$ 6 = 29,70 €
   Martina muss für 6 Packungen 29,70 € bezahlen.

Teil A – Hilfsmittelfrei – Aufgabe 6

Einzeichnen des Koordinatensystems

- Wie viele Kästchenlängen im Koordinatensystem entsprechen 1 cm?
- Der Punkt A(3|1) wird in das Koordinatensystem eingezeichnet, wenn man vom Koordinatenursprung 3 cm nach rechts und 1 cm nach oben geht. Von Punkt A(3|1) kommst du also zum Koordinatenursprung zurück, wenn du 3 cm nach links und 1 cm nach unten gehst.
- Zeichne den Koordinatenursprung in das Koordinatensystem ein und bezeichne ihn mit 0. Die x-Achse (waagrechte Achse) und die y-Achse (senkrechte Achse) schneiden sich im Koordinatenursprung und stehen senkrecht zueinander. Zeichne die beiden Achsen ein. Beschrifte das Koordinatensystem vollständig.
- Überprüfe, ob du den Koordinatenursprung richtig eingezeichnet hast. Gehe dazu von Punkt B(5|2) 5 cm nach links und 2 cm nach unten.

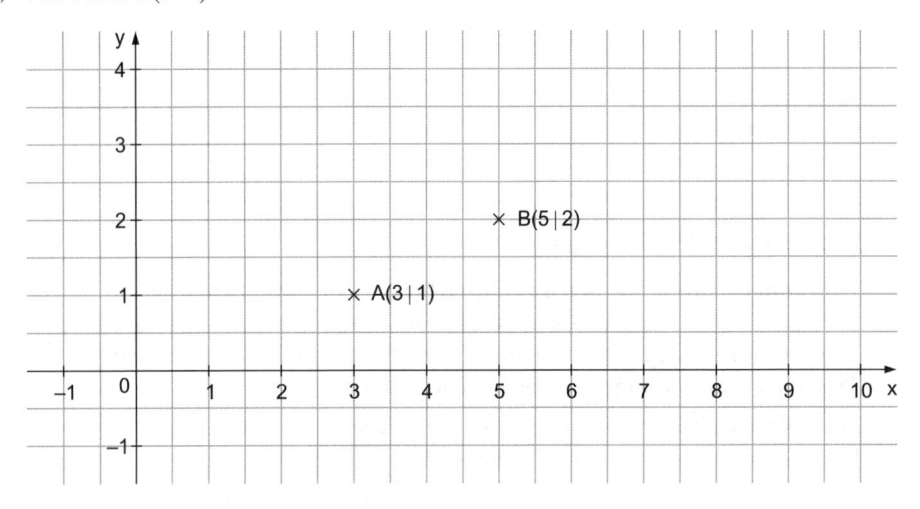

Teil A – Hilfsmittelfrei – Aufgabe 7

Berichtigen der fehlerhaften Zeile

- Der Fehler wurde in der dritten Zeile gemacht. Verbessere diese Zeile.
- Fasse dazu richtig zusammen: $-15 - 9 = -24$

$$5 \cdot (6x - 3) - 3 \cdot (4x + 3) = 12$$
$$30x - 15 - 12x - 9 = 12$$
$$18x - \mathbf{24} = 12$$

Teil A – Hilfsmittelfrei – Aufgabe 8

Fehlerhafte Aussage
✓ Gehe nach dem Ausschlussverfahren vor.
✓ 100 % entsprechen einem Vollkreis.
✓ 50 % entsprechen einem Halbkreis.
✓ 25 % entsprechen einem Viertelkreis.

☐ 15 % kommen mit dem Rad.
☐ 11 % kommen mit den Eltern.
☒ 25 % kommen mit dem Bus.
☐ 9 % kommen mit dem Moped.
☐ 40 % kommen zu Fuß.

Begründung:
25 % entsprechen einem Viertelkreis. Der Winkel für einen Viertelkreis beträgt 90°.
Der gezeichnete Anteil für die Buskinder ist aber deutlich größer als 25 % (90°).

Teil A – Hilfsmittelfrei – Aufgabe 9

✓ a) $\sqrt{144} = 12$; $5^2 = 25$

$\sqrt{144} < 5^2$

✓ b) Wandle den Bruch in einen Dezimalbruch um.
✓
✓ $\dfrac{2}{50} = \dfrac{4}{100} = 0,04$

$\dfrac{2}{50} = 0,04$

✓ c) Die Umrechnungszahl für Längen ist 10.
✓ 0,02 m = 0,2 dm = 2 cm

0,02 m = 2 cm

✓ d) $10^4 = 10\,000$; $2,7 \cdot 10\,000 = 27\,000$

$2,7 \cdot 10^4 > 4\,300$

Teil A – Hilfsmittelfrei – Aufgabe 10

Abschätzen der Größen

/ Bei dieser Aufgabe musst du deine Annahmen auch begründen!
/ Welche durchschnittliche Körpergröße hat ein erwachsener Mann? Wähle einen
/ realistischen Wert, mit dem du gut rechnen kannst.

Als Bezugsgröße dient die durchschnittliche Größe eines Erwachsenen: ca. 1,80 m

/ Miss die Größe des Erwachsenen in der Zeichnung.

Länge des Erwachsenen in der Zeichnung: 3 cm

/ Du benötigst den Flächeninhalt der Werbetafel. Miss dazu die Länge und die Höhe
/ der Werbetafel in der Zeichnung.

Länge der Werbetafel in der Zeichnung: 9 cm
Höhe der Werbetafel in der Zeichnung: 4,5 cm

Länge der Werbetafel in Wirklichkeit

/ Rechne die Maße aus der Zeichnung in die Längen in Wirklichkeit um.
/ Runde das Ergebnis so, dass du gut damit weiterrechnen kannst.

3 cm $\triangleq$ 1,80 m
1 cm $\triangleq$ 1,80 m : 3 = 0,60 m
9 cm $\triangleq$ 0,60 m · 9 = 5,40 m ≈ 5 m

Höhe der Werbetafel in Wirklichkeit

3 cm $\triangleq$ 1,80 m
1 cm $\triangleq$ 1,80 m : 3 = 0,60 m
4,5 cm $\triangleq$ 0,60 m · 4,5 = 2,70 m ≈ 3 m

Flächeninhalt der Werbetafel

/ Berechne den Flächeninhalt der rechteckigen Werbetafel.
/ A = a · b

A = 5 m · 3 m
A = 15 m^2

Die Werbetafel hat einen Flächeninhalt von rund 15 m^2.

/ Je nach Grundannahme und Rundung kann dein Ergebnis zwischen 10 m^2 und
/ 20 m^2 variieren.

Teil A – Hilfsmittelfrei – Aufgabe 11

Richtige Aussagen zur Anzahl der Smartphone-Nutzer und Einwohner 2015

✓ a) Lies aus dem Säulendiagramm die Einwohnerzahl für Deutschland ab:
✓ 81 Millionen
✓ 50 % von 81 Millionen = 40,5 Millionen
✓ 44,5 Millionen nutzen ein Smartphone. Das ist mehr als die Hälfte.
richtig

✓ b) Die Säulendiagramme für die USA und Indien liegen nebeneinander. Vergleiche
✓ die Säulen für die Einwohnerzahlen.
✓ Indien: 1 314 Millionen
✓ USA: 321 Millionen
✓ In Indien leben fast 1 Milliarde Menschen mehr als in den USA.
falsch

✓ c) Vergleiche die Anzahl der Smartphone-Nutzer.
✓ Japan: 57,4 Millionen
✓ China: 574,2 Millionen
✓ 574,2 Millionen ist etwa das Zehnfache von 57,4 Millionen.
richtig

✓ d) Runde die Zahl der Smartphone-Nutzer in Brasilien.
✓ 48,6 Millionen ≈ 50 Millionen
✓ 50 Millionen Smartphone-Nutzer sind weniger als ein Viertel von 205 Millionen
✓ Einwohnern. Mehr als drei Viertel der Einwohner nutzen also kein Smartphone.
richtig

Teil B – Aufgabengruppe I – Aufgabe 1

$$\frac{x}{2} - 4 \cdot (7-x) = \frac{1}{5} \cdot (75 - 3x) + 8 \qquad \text{| Multipliziere mit dem Hauptnenner 10.}$$

$$\frac{10 \cdot x}{2} - 10 \cdot 4 \cdot (7-x) = \frac{10}{5} \cdot (75 - 3x) + 10 \cdot 8 \qquad \text{| Kürze.}$$

$$5x - 40 \cdot (7-x) = 2 \cdot (75 - 3x) + 80 \qquad \text{| Multipliziere aus. Achte auf die Vorzeichen.}$$

$$5x - 280 + 40x = 150 - 6x + 80 \qquad \text{| Fasse zusammen.}$$

$$45x - 280 = 230 - 6x \qquad \text{| +280; +6x}$$

$$51x = 510 \qquad \text{| :51}$$

$$x = 10$$

oder:

$\frac{x}{2} - 4 \cdot (7-x) = \frac{1}{5} \cdot (75-3x) + 8$ | Wandle die Brüche in Dezimalbrüche um.
$0,5x - 4 \cdot (7-x) = 0,2 \cdot (75-3x) + 8$ | Multipliziere aus. Achte auf die Vorzeichen.
$0,5x - 28 + 4x = 15 - 0,6x + 8$ | Fasse zusammen.
$4,5x - 28 = 23 - 0,6x$ | $+0,6x; +28$
$5,1x = 51$ | $:5,1$
$x = 10$

Teil B – Aufgabengruppe I – Aufgabe 2

a) Volumen des Kegels

Setze die gegebenen Werte in die Formel zur Berechnung des Volumens eines Kegels ein. Rechne mit $\pi = 3{,}14$.

$V = \frac{1}{3} \cdot r \cdot r \cdot \pi \cdot h_K$

$r = 10$ cm; $h_K = 24$ cm

$V = \frac{1}{3} \cdot 10 \text{ cm} \cdot 10 \text{ cm} \cdot 3{,}14 \cdot 24 \text{ cm}$

$V = 2\,512 \text{ cm}^3$

b) Länge der Mantellinie s

Im rechtwinkligen Dreieck ist die Mantellinie s die Hypotenuse, die Körperhöhe h_K und der Radius sind die Katheten. Berechne die Länge der Mantellinie s mithilfe des Satzes von Pythagoras.

$s^2 = h_K^2 + r^2$

$s^2 = (24 \text{ cm})^2 + (10 \text{ cm})^2$

$s^2 = 576 \text{ cm}^2 + 100 \text{ cm}^2$

$s^2 = 676 \text{ cm}^2$ $| \sqrt{}$

$s = 26$ cm

c) Radius der Grundfläche des zweiten Kegels

Die Grundfläche eines Kegels bildet ein Kreis. Setze die gegebenen Werte in die Formel zur Berechnung des Flächeninhalts eines Kreises ein und berechne r. Rechne mit $\pi = 3{,}14$.

$A_{Kreis} = r^2 \cdot \pi$

$G = 706{,}5 \text{ cm}^2$

$706{,}5 \text{ cm}^2 = r^2 \cdot 3{,}14 \quad |:3{,}14$

$\quad 225 \text{ cm}^2 = r^2 \quad\quad |\sqrt{}$

$\quad\quad\quad r = 15 \text{ cm}$

Umfang der Grundfläche des zweiten Kegels
Setze den errechneten Wert für r in die Formel zur Berechnung des Umfangs eines Kreises ein. Rechne mit $\pi = 3{,}14$.

$u = d \cdot \pi$

$r = 15 \text{ cm}$
$d = 2 \cdot 15 \text{ cm}$
$d = 30 \text{ cm}$

$u = 30 \text{ cm} \cdot 3{,}14$
$u = 94{,}2 \text{ cm}$

Teil B – Aufgabengruppe I – Aufgabe 3

a) Zeichne ein Koordinatensystem mit der Einheit 1 cm.
   x-Achse: –1 cm bis +9 cm
   y-Achse: –1 cm bis +9 cm
   Beschrifte das Koordinatensystem vollständig.
   Trage den Punkt A(1|2) ein. Gehe dazu 1 cm nach rechts und 2 cm nach oben.
   Trage den Punkt C(6|7) ein. Gehe dazu 6 cm nach rechts und 7 cm nach oben.
   Verbinde die Punkte A und C zur Strecke [AC].

b) In einem gleichschenkligen Dreieck halbiert die Höhe die Basis.
   Halbiere die Basis [AC] mit dem Geodreieck. Bezeichne den Mittelpunkt mit M.
   Zeichne mit dem Geodreieck die Mittelsenkrechte zur Basis durch den Punkt M.
   Bezeichne den Schnittpunkt der Mittelsenkrechten mit der x-Achse mit F.
   Verbinde den Punkt F jeweils mit den Punkten A und C und du erhältst das gleichschenklige Dreieck AFC.
   oder:
   Zeichne jeweils einen Kreisbogen um A und C mit beliebigem Radius (hier: 7 cm). Verbinde die Schnittpunkte der Kreisbögen miteinander und du erhältst die Mittelsenkrechte zur Strecke [AC] durch den Punkt M. Verfahre dann wie oben beschrieben.

c) In jedem Quadrat stehen die Diagonalen senkrecht zueinander und halbieren sich.
Miss mit dem Geodreieck die Strecke [AM].
Trage die Länge der Strecke [AM] von M aus auf der Mittelsenkrechten in beide
Richtungen ab. Bezeichne die Endpunkte mit B und D. Verbinde die Punkte von
Punkt A aus nacheinander und du erhältst das Quadrat ABCD.
oder:
Zeichne einen Kreisbogen um M mit dem Radius [AM]. Die Schnittpunkte des
Kreisbogens mit der Mittelsenkrechten ergeben die Eckpunkte B und D des
Quadrats.

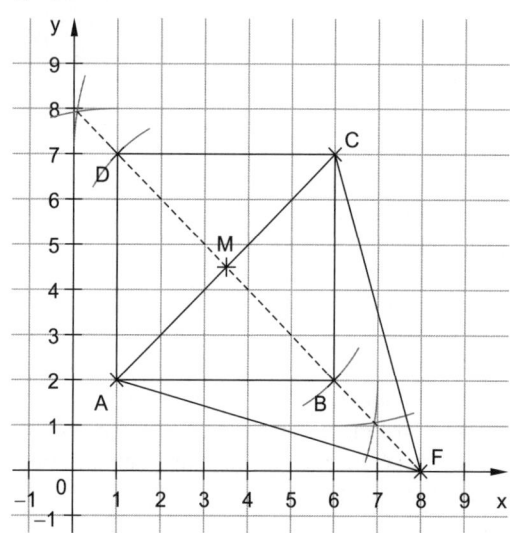

Teil B – Aufgabengruppe I – Aufgabe 4

a) **Anzahl der Schülerinnen und Schüler in der Tabelle**
51 Schülerinnen und Schüler wurden befragt.
Wie viele Schülerinnen und Schüler listet die Tabelle auf?
$18 + 4 + 16 + 2 + 6 = 46$

Fehlende Angabe für die Klasse 9a
Subtrahiere die Anzahl der Schülerinnen und Schüler in der Tabelle von den
insgesamt 51 Schülerinnen und Schülern der 9. Klassen und du erhältst die fehlende Angabe in der Klasse 9a.
$51 - 46 = 5$

5 Schülerinnen und Schüler der Klasse 9a wollen einen mittleren Schulabschluss
erwerben.

b) **Unterschied der Jugendlichen mit dem Wunsch nach einer Berufsausbildung in %**

Die Werte für den Wunsch nach einer Berufsausbildung findest du in der Tabellenspalte „Ausbildung". Den Grundwert G bilden die Jugendlichen der 9b. Der Unterschied zwischen den Jugendlichen der 9a und 9b ist der Prozentwert P. Berechne den Prozentsatz.

$p\% = P : G \cdot 100\%$

18 Jugendliche − 16 Jugendliche = 2 Jugendliche
$p\% = 2 : 16 \cdot 100\%$
$p\% = 12{,}5\%$

In der 9a wollen 12,5 % mehr Jugendliche eine Berufsausbildung beginnen als in der 9b.

c) **Berechnen der Winkel für das Kreisdiagramm**

Bereite die Daten für das Kreisdiagramm auf.
Alle Schülerinnen und Schüler der 9b entsprechen 360°.

16 + 2 + 6 = 24 Schülerinnen und Schüler (S)
24 S ≙ 360°
1 S ≙ 360° : 24 = 15°
16 S ≙ 15° · 16 = 240°   Ausbildung
2 S ≙ 15° · 2 = 30°   Mittlerer Schulabschluss
6 S ≙ 15° · 6 = 90°   Sonstiges

Zeichne einen Kreis mit r = 6 cm. Trage die Winkel für die Kreissegmente mit dem Geodreieck ein. Beschrifte das Schaubild vollständig.

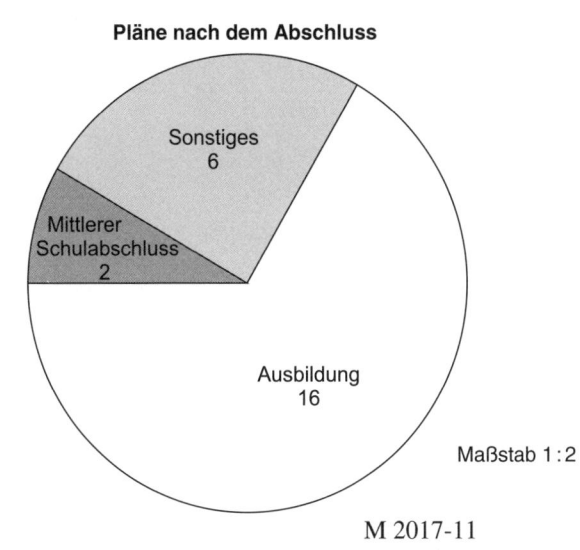

Pläne nach dem Abschluss

Sonstiges 6
Mittlerer Schulabschluss 2
Ausbildung 16
Maßstab 1 : 2

M 2017-11

Teil B – Aufgabengruppe II – Aufgabe 1

$0,8 \cdot (7,5x - 12) - 10x + 51,6 = 6 - 16 \cdot (13x - 40,5)$	Multipliziere in die Klammern.
$(6x - 9,6) - 10x + 51,6 = 6 - (208x - 648)$	Löse die Klammern auf. Beachte die Vorzeichenregel.
$6x - 9,6 - 10x + 51,6 = 6 - 208x + 648$	Fasse zusammen.
$-4x + 42 = -208x + 654$	$+208x;\ -42$
$204x = 612$	$:204$
$x = 3$	

Teil B – Aufgabengruppe II – Aufgabe 2

a) Zu zahlender Preis bei Angebot 1

- Auf den ausgezeichneten Preis gibt es 12 % Rabatt.
- Berechne den Rabatt und den verbilligten Preis in €.
- Rechne mit dem Dreisatz.

12 % Rabatt auf 4 275 €

$100\ \% \stackrel{\wedge}{=} 4\ 275$ €

$1\ \% \stackrel{\wedge}{=} 4\ 275$ € $: 100 = 42,75$ €

$12\ \% \stackrel{\wedge}{=} 42,75$ € $\cdot 12 = 513$ €   (Rabatt)

4 275 € – 513 € = 3 762 €   (Endpreis)

oder:

- Es gibt 12 % Rabatt, d. h., es sind noch zu zahlen: 100 % – 12 % = 88 %

$100\ \% \stackrel{\wedge}{=} 4\ 275$ €

$1\ \% \stackrel{\wedge}{=} 4\ 275$ € $: 100 = 42,75$ €

$88\ \% \stackrel{\wedge}{=} 42,75$ € $\cdot 88 = 3\ 762$ €   (Endpreis)

oder:

- Rechne mit dem Faktor.

100 % – 12 % = 88 % = 0,88
4 275 € · 0,88 = 3 762 €   (Endpreis)

Bei Angebot 1 sind 3 762 € zu zahlen.

Zu zahlender Preis bei Angebot 2

- Auf den ausgezeichneten Preis gibt es bei Barzahlung 3 % Skonto.
- Berechne den Skonto und den verbilligten Preis in €. Rechne mit dem Dreisatz.

3 % Rabatt auf 3 995 €

100 % ≙ 3 995 €

  1 % ≙ 3 995 € : 100 = 39,95 €

  3 % ≙ 39,95 € · 3 = 119,85 €   (Skonto)

3 995 € − 119,85 € = 3 875,15 €   (Endpreis)

oder:

Es gibt 3 % Skonto, d. h., es sind noch zu zahlen: 100 % − 3 % = 97 %

100 % ≙ 3 995 €

  1 % ≙ 3 995 € : 100 = 39,95 €

97 % ≙ 39,95 € · 97 = 3 875,15 €   (Endpreis)

oder:

Rechne mit dem Faktor.

100 % − 3 % = 97 % = 0,97

3 995 € · 0,97 = 3 875,15 €   (Endpreis)

Bei Angebot 2 sind 3 875,15 € zu zahlen.

Angebot 1 ist günstiger als Angebot 2.

b) **Preisnachlass in €**

Die Differenz aus dem normalen Preis und dem ermäßigten Preis ist der Prozentwert P.

4 100 € − 3 567 € = 533 €

Preisnachlass in %

Der normale Preis für den Roller ist der Grundwert G.

Berechne den Prozentsatz.

p % = P : G · 100 %

p % = 533 € : 4 100 € · 100 %

p % = 13 %

Der Rabatt für den Roller beträgt 13 %.

c) **Jahreszinsen**

Berechne zuerst die Jahreszinsen.

K = 3 300 €; p % = 4,5 %

100 % ≙ 3 300 €

  1 % ≙ 3 300 € : 100 = 33,00 €

4,5 % ≙ 33,00 € · 4,5 = 148,50 €

Zinsen für 10 Monate
Berechne dann die Zinsen für 10 Monate mit dem Dreisatz.

12 Monate $\triangleq$ 148,50 €

1 Monat $\triangleq$ 148,50 € : 12 = 12,375 €

10 Monate $\triangleq$ 12,375 € · 10 = 123,75 €

oder:
Löse mit der Zinsformel.
Setze die gegebenen Werte ein und berechne die Zinsen.

$$Z = \frac{K \cdot p \cdot t}{100 \cdot 12}$$

K = 3 300 €; p % = 4,5 %; t = 10 Monate

$$Z = \frac{3\,300\,€ \cdot 4,5 \cdot 10}{100 \cdot 12}$$

Z = 123,75 €

Tatsächliche Anschaffungskosten für den Roller
Die tatsächlichen Anschaffungskosten für den Roller setzen sich aus den Zinsen und dem reduzierten Kaufpreis für den Roller zusammen.

3 567 € + 123,75 € = 3 690,75 €

Die tatsächlichen Anschaffungskosten für Katis Roller betragen 3 690,75 €.

Teil B – Aufgabengruppe II – Aufgabe 3

a) **Länge der Grundlinie eines Parallelogramms**
Der Richtungspfeil besteht aus 7 flächeninhaltsgleichen Teilflächen.
Eine Teilfläche setzt sich aus 2 flächeninhaltsgleichen Parallelogrammen zusammen.

g = 140 cm : 7
g = 20 cm

Höhe eines Parallelogramms
h = 40 cm : 2
h = 20 cm

Flächeninhalt eines Parallelogramms
Berechne den Flächeninhalt eines Parallelogramms.
$A_{\text{Parallelogramm}} = g \cdot h$

$A_{\text{Parallelogramm}} = 20 \text{ cm} \cdot 20 \text{ cm}$
$A_{\text{Parallelogramm}} = 400 \text{ cm}^2$

Flächeninhalt der gefärbten Flächen in cm²
Die gefärbte Fläche setzt sich aus 8 flächeninhaltsgleichen Parallelogrammen zusammen. Berechne die gefärbte Fläche.

$400 \text{ cm}^2 \cdot 8 = 3\,200 \text{ cm}^2$

oder:

Flächeninhalt des Rechtecks
Ergänze den Richtungspfeil zu einem flächeninhaltsgleichen Rechteck.

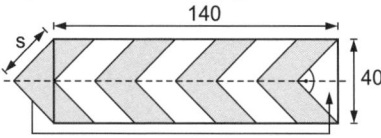

$A = a \cdot b$
Berechne den Flächeninhalt des Rechtecks.
$a = 140 \text{ cm}$
$b = 40 \text{ cm}$

$A = 140 \text{ cm} \cdot 40 \text{ cm}$
$A = 5\,600 \text{ cm}^2$

Flächeninhalt der aufgeklebten Folie in cm²
Der Richtungspfeil besteht aus 7 flächeninhaltsgleichen Teilflächen.
Auf 4 Teilflächen wird dunkle Folie aufgeklebt.
Berechne den Flächeninhalt der aufgeklebten Folie.

$5\,600 \text{ cm}^2 : 7 \cdot 4 = 3\,200 \text{ cm}^2$

Flächeninhalt der gefärbten Fläche in m²
Die Umrechnungszahl für Flächeninhalte ist 100.

$3\,200 \text{ cm}^2 = 32 \text{ dm}^2 = 0{,}32 \text{ m}^2$

Es werden 0,32 m² Folie aufgeklebt.

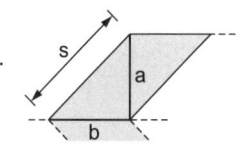

b) **Länge der Kathete a**
Die Höhe teilt ein Parallelogramm in zwei rechtwinklige Dreiecke. Im rechtwinkligen Dreieck ist s die Hypotenuse. a und b sind die Katheten.
Bestimme die Länge der beiden Katheten a und b.

$40 \text{ cm} : 2 = 20 \text{ cm}$

Länge der Kathete b

140 cm : 7 = 20 cm

Länge der Strecke s

Berechne die Länge der Strecke s mithilfe des Satzes von Pythagoras.
Runde die Länge der Strecke s sinnvoll (hier: 1 Dezimalstelle).

$s^2 = (20 \text{ cm})^2 + (20 \text{ cm})^2$

$s^2 = 400 \text{ cm}^2 + 400 \text{ cm}^2$

$s^2 = 800 \text{ cm}^2 \qquad |\sqrt{}$

$s = 28,284\ldots \text{ cm}$

$s \approx 28,3 \text{ cm}$

Die Länge der Strecke s beträgt 28,3 cm.

Teil B – Aufgabengruppe II – Aufgabe 4

a) Volumen des Würfels

Du erhältst das Volumen des zu entfernenden Holzes, wenn du vom Volumen des Würfels das Volumen des Zylinders subtrahierst.

$V_{\text{Würfel}} = a \cdot a \cdot a$

$a = 20 \text{ cm}$

$V_{\text{Würfel}} = 20 \text{ cm} \cdot 20 \text{ cm} \cdot 20 \text{ cm}$

$V_{\text{Würfel}} = 8\,000 \text{ cm}^3$

Volumen des Zylinders

Die Höhe des Zylinders entspricht der Kantenlänge des Würfels.
Setze die bekannten Werte in die Formel zur Berechnung des Volumens eines Zylinders ein und berechne das Volumen. Rechne mit $\pi = 3,14$.

$V_{\text{Zylinder}} = r \cdot r \cdot \pi \cdot h_{\text{Zylinder}}$

$d = 20 \text{ cm}$

$r = 20 \text{ cm} : 2$

$r = 10 \text{ cm}$

$h_{\text{Zylinder}} = 20 \text{ cm}$

$V_{\text{Zylinder}} = 10 \text{ cm} \cdot 10 \text{ cm} \cdot 3,14 \cdot 20 \text{ cm}$

$V_{\text{Zylinder}} = 6\,280 \text{ cm}^3$

Volumen des zu entfernenden Holzes
Berechne das Volumen des zu entfernenden Holzes.

$V_{Holz} = 8\,000 \text{ cm}^3 - 6\,280 \text{ cm}^3$

$V_{Holz} = 1\,720 \text{ cm}^3$

Es müssen 1 720 cm³ Holz entfernt werden.

b) **Flächeninhalt der Grund- und Deckfläche**
Der Oberflächeninhalt eines Zylinders besteht aus der Grundfläche, der Deckfläche und der Mantelfläche. Berechne den Flächeninhalt der Grund- und Deckfläche. Rechne mit $\pi = 3{,}14$.

$A_{Kreis} = r \cdot r \cdot \pi$

$d = 20 \text{ cm}$
$r = 20 \text{ cm} : 2$
$r = 10 \text{ cm}$

$A_{Kreis} = 10 \text{ cm} \cdot 10 \text{ cm} \cdot 3{,}14$

$A_{Kreis} = 314 \text{ cm}^2$

$314 \text{ cm}^2 \cdot 2 = 624 \text{ cm}^2$

Flächeninhalt der Mantelfläche
$A_{Mantel} = d \cdot \pi \cdot h_{Zylinder}$
Die Werte für d und $h_{Zylinder}$ sind aus Teilaufgabe a bekannt.
Berechne den Flächeninhalt der Mantelfläche. Rechne mit $\pi = 3{,}14$.

$d = 20 \text{ cm}$

$h_{Zylinder} = 20 \text{ cm}$

$A_{Mantel} = 20 \text{ cm} \cdot 3{,}14 \cdot 20 \text{ cm}$

$A_{Mantel} = 1\,256 \text{ cm}^2$

Oberflächeninhalt des entstehenden Zylinders
Addiere die Flächeninhalte der Teilflächen und du erhältst den Oberflächeninhalt des Zylinders.

$A_O = 624 \text{ cm}^2 + 1\,256 \text{ cm}^2$

$A_O = 1\,880 \text{ cm}^2$

Teil B – Aufgabengruppe III – Aufgabe 1

✎ Lege für die Anzahl einer Lieferung Eier die Variable x fest. Die Anzahl der Eier des Händlers A eignet sich hier besonders gut.
✎ Drücke die Lieferungen der anderen Händler mit x aus.
✎ Händler B: 4 600 Eier mehr als Händler A: +4 600
✎ Händler C: doppelt so viele Eier wie Händler B: 2·
✎ Berücksichtige auch die 4 100 Eier von Händler D.

Anzahl der gelieferten Eier von …
Händler A: x ⎫
Händler B: x + 4 600 ⎬ 48 700 Eier
Händler C: 2·(x + 4 600) ⎪
Händler D: 4 100 ⎭

$$x + x + 4\,600 + 2\cdot(x + 4\,600) + 4\,100 = 48\,700 \quad \text{Klammer auflösen}$$
$$x + x + 4\,600 + 2x + 9\,200 + 4\,100 = 48\,700 \quad \text{Zusammenfassen}$$
$$4x + 17\,900 = 48\,700 \quad | -17\,900$$
$$4x = 30\,800 \quad | :4$$
$$x = 7\,700$$

✎ Berechne die Anzahl der Eier, die jeder Händler liefert.

Anzahl der gelieferten Eier von …
Händler A: 7 700
Händler B: 7 700 + 4 600 = 12 300
Händler C: 2·(7 700 + 4 600) = 24 600
Händler D: 4 100

Teil B – Aufgabengruppe III – Aufgabe 2

Grundseite des hellgrauen Dreiecks

✎ Der Flächeninhalt und die Höhe des hellgrauen Dreiecks sind gegeben.
✎ Setze die bekannten Werte in die Formel zur Berechnung des Flächeninhalts eines Dreiecks ein und löse nach g auf.

$$A_{\text{Dreieck}} = \frac{g \cdot h}{2}$$

$A_{\text{Dreieck}} = 144 \text{ cm}^2$
$h = 12 \text{ cm}$

$$144 \text{ cm}^2 = \frac{g \cdot 12 \text{ cm}}{2} \qquad |\cdot 2; \ :12 \text{ cm}$$
$$g = 24 \text{ cm}$$

Länge der Quadratseite a
- Die Quadratseite a ist eine Kathete im rechtwinkligen Dreieck.
- Die Länge der Hypotenuse und die Länge der Kathete g sind gegeben. Berechne die Länge der Kathete a mithilfe des Satzes von Pythagoras.

$a^2 = (40 \text{ cm})^2 - (24 \text{ cm})^2$
$a^2 = 1\,600 \text{ cm}^2 - 576 \text{ cm}^2$
$a^2 = 1\,024 \text{ cm}^2 \qquad |\sqrt{\ }$
$a = 32 \text{ cm}$

Flächeninhalt des dunkelgrauen Quadrats
- Berechne den Flächeninhalt des Quadrats.
- $A_{\text{Quadrat}} = a \cdot a$

$A_{\text{Quadrat}} = 32 \text{ cm} \cdot 32 \text{ cm}$
$A_{\text{Quadrat}} = 1\,024 \text{ cm}^2$

Umfang des dunkelgrauen Quadrats
- Berechne den Umfang des Quadrats.
- $u_{\text{Quadrat}} = 4 \cdot a$

$u_{\text{Quadrat}} = 4 \cdot 32 \text{ cm}$
$u_{\text{Quadrat}} = 128 \text{ cm}$

Teil B – Aufgabengruppe III – Aufgabe 3

a) Benötigte Menge Äpfel für 35 ℓ Apfelsaft
- Bei dem Sachverhalt „Herstellung von Apfelsaft aus Äpfeln" handelt es sich um eine direkt proportionale Zuordnung. Es gilt:
- je mehr Äpfel – umso mehr Apfelsaft
- je weniger Äpfel – umso weniger Apfelsaft
- Rechne mit dem Dreisatz.

$500 \ \ell \ \hat{=} \ 1\,350 \text{ kg}$
$\quad 1 \ \ell \ \hat{=} \ 1\,350 \text{ kg} : 500 = 2,7 \text{ kg}$
$\ 35 \ \ell \ \hat{=} \ 2,7 \text{ kg} \cdot 35 = 94,5 \text{ kg}$

Zur Herstellung von 35 ℓ Apfelsaft werden 94,5 kg Äpfel benötigt.

b) **Menge Apfelsaft aus 540 kg Äpfeln**
Berechne zunächst die Menge Apfelsaft, die aus 1 kg Äpfeln gewonnen wird.
Runde das Zwischenergebnis nicht!

$1350 \text{ kg} \mathrel{\hat{=}} 500 \ \ell$

$\phantom{1350 \text{ kg}} 1 \text{ kg} \mathrel{\hat{=}} 500 \ \ell : 1350 = 0{,}3703\ldots \ \ell$

$540 \text{ kg} \mathrel{\hat{=}} 0{,}3703\ldots \ \ell \cdot 540 = 200 \ \ell$

Aus 540 kg Äpfeln kann man 200 ℓ Apfelsaft herstellen.

c) **Anzahl der abgefüllten 0,7-ℓ-Flaschen**
Wie viele Flaschen zu je 0,7 ℓ kann man mit 35 ℓ Apfelsaft abfüllen?

$35 : 0{,}7 = 50$ Flaschen

Anzahl der vollen Getränkekisten
In eine Getränkekiste passen 12 Flaschen. Gib die **vollen** Getränkekisten an.

$50 : 12 = 4{,}1666\ldots \approx 4$ Getränkekisten

35 ℓ Apfelsaft ergeben 4 volle Getränkekisten.

Teil B – Aufgabengruppe III – Aufgabe 4

a) **Durchschnittlicher Monatslohn einer Floristin in den 3 Ausbildungsjahren**
In der Tabellenzeile „Florist/-in" findest du den Monatslohn während der Ausbildung. Addiere den Monatslohn für die 3 Ausbildungsjahre. Dividiere die Summe durch die Anzahl der Ausbildungsjahre und du erhältst den durchschnittlichen Monatslohn.

539 € + 580 € + 642 € = 1 761 €
1 761 € : 3 = 587 €

Der durchschnittliche Monatslohn einer Floristin während der 3 Ausbildungsjahre beträgt 587 €.

b) **Unterschied des Monatslohns eines Bäckers vom 1. zum 2. Ausbildungsjahr in €**
Der Grundwert G ist der Monatslohn im 1. Ausbildungsjahr, der Prozentwert P ist der Unterschied zwischen den Monatslöhnen im 1. und im 2. Ausbildungsjahr.

600 € – 470 € = 130 €

Unterschied des Monatslohns eines Bäckers vom 1. zum 2. Ausbildungsjahr in %

Berechne den Prozentsatz.

$p\% = P : G \cdot 100\%$

Runde den Prozentsatz sinnvoll (hier: 1 Dezimalstelle).

$G = 470$ €; $P = 130$ €

$p\% = 130$ € $: 470$ € $\cdot 100\%$

$p\% = 27{,}659\ldots \%$

$p\% = 27{,}7\%$

Ein Bäcker verdient im 2. Ausbildungsjahr 27,7 % mehr als im 1. Ausbildungsjahr.

c) **Monatslohn eines Friseurs im 2. Ausbildungsjahr**

Der Monatslohn eines Friseurs im 2. Ausbildungsjahr entspricht 100 %.
Der Monatslohn eines Friseurs steigt im 3. Ausbildungsjahr um 21 % auf
100 % + 21 % = 121 %. Der Monatslohn von 596 € im 3. Ausbildungsjahr
entspricht also 121 %.
Berechne den Lohn für das 2. Ausbildungsjahr. Runde den Lohn nach der
Vorgabe auf ganze €.

$121\% \triangleq 596$ €

$1\% \triangleq 596$ € $: 121 = 4{,}92561\ldots$ €

$100\% \triangleq 4{,}92561\ldots$ € $\cdot 100 = 492{,}561\ldots$ € ≈ 493 €

Der Monatslohn eines Friseurs im 2. Ausbildungsjahr beträgt 493 €.

Qualifizierender Abschluss der Mittelschule Bayern 2013
Deutsch – Lösungen

Teil A: Rechtschreibung I

Hinweis: Nach dem Diktieren bekommst du noch einmal **zehn** Minuten Zeit, um deinen Text mithilfe der gelernten Rechtschreibstrategien und durch Nachschlagen im Wörterbuch zu überarbeiten.
Für fehlende Satzzeichen, Umlautzeichen und i-Punkte wird je ein halber Punkt abgezogen. Falsche, fehlende oder nicht eindeutig lesbare Wörter sowie Trennungsfehler gelten als ganze Fehler. Wiederholungsfehler und mehrere Fehler in einem Wort werden nur einmal als Fehler gewertet.

Zu wenig Schlaf
Im Rahmen einer Studie / wurden rund 8 800 Jugendliche / hinsichtlich ihrer Schlafgewohnheiten befragt. / Schüler und Auszubildende in Deutschland / schlafen demnach wochentags / weniger als sieben Stunden. / Auch am Wochenende schlafen die jungen Leute / im Vergleich zu Erwachsenen deutlich weniger. / Dieser permanente Schlafmangel wirkt sich ungünstig / auf Gesundheit, Wohlbefinden und Leistungsfähigkeit aus. / Die an der Untersuchung beteiligten Professoren erläuterten, / dass die Jugendlichen eigentlich / in dieser Lebensphase mehr Schlaf bräuchten. *(69 Wörter)*

Teil A: Rechtschreibung II

1. *Hinweis:* Bei den ersten drei Wörtern führt dich der Blick auf die Wortendung zur richtigen Lösung: -keit, -ung, und -heit kennzeichnen Nomen und erklären die Großschreibung.
   Bei den Wörtern mit Doppelmitlaut musst du auf die Länge des vorausgehenden Vokals achten. Nach einem kurz gesprochenen Vokal wird der folgende Konsonant verdoppelt (nn, mm, pp).
   Für jede richtig angekreuzte Lösungsstrategie gibt es einen halben Punkt. Kreuzt du bei einem Beispiel mehr als eine Strategie an, erhältst du dafür null Punkte.

Beispielwörter	Lösungsstrategie
Müdigkeit Leistungsminderung Krankheit	☐ die Grundform bilden ☐ deutlich sprechen ☒ auf die Endung achten ☐ ein verwandtes Wort suchen
Verspannungen Schlafzimmer Tipp	☐ die Artikelprobe durchführen ☐ das Wort steigern ☐ auf ein Signalwort achten ☒ auf den vorausgehenden Vokal achten

2. ✎ *Hinweis:* Der erste Satz ist ein Fragesatz, der durch ein Fragezeichen abgeschlossen wird. Du erkennst ihn an der gebeugten Verbform am Satzanfang (sind). Nebensätze werden durch Kommas von anderen Sätzen abgetrennt. Der Aussagesatz endet mit einem Punkt.
Jedes richtig gesetzte Satzzeichen ergibt einen halben Punkt. Wenn du mehr als vier Satzzeichen setzt, wird dir für jedes zusätzliche Satzzeichen ein halber Punkt abgezogen. Die geringste Punktzahl ist null.

Sind Sie eine Eule oder eine Lerche?
Wer sich nun fragt, was damit gemeint ist, sollte wissen, dass es sich hierbei um verschiedene Schlaftypen handelt. In jedem Menschen tickt eine innere Uhr, die bestimmt, wann wir müde werden.

3. ✎ *Hinweis:* Der senkrechte Strich im Wort gibt an, an welcher Stelle getrennt werden kann. Nach dem Wort selbst folgen die Artikelangabe und die Endungen im Genitiv und im Plural. Anschließend ist in Klammern die Sprache angegeben, aus der das Wort stammt. Danach folgt die Bedeutung des Wortes sowie weitere Wörter aus der gleichen Wortfamilie. Für die Aufgabe ist es wichtig, dass du das Verb vom Adjektiv unterscheidest. Achte dazu auf die Verbendung -ieren. Für jede richtige Lösung wird ein halber Punkt vergeben.

a) Rhythmen
b) aus dem Griechischen
c) Trennung, Trennstrich
d) rhythmisieren

4. *Hinweis: Korrigiere den Text mithilfe der gelernten Rechtschreibstrategien. Wenn du dir bei der Schreibung einzelner Wörter unsicher bist, schlage sie im Wörterbuch nach. Jedes richtige Wort wird mit einem halben Punkt bewertet. Werden mehr als sechs Wörter notiert, wird für jede falsche Lösung ein halber Punkt abgezogen. Weniger als null Punkte können nicht vergeben werden.*

a) erhöht
b) Risiko
c) morgendlichen
d) übermäßiger
e) Garant
f) Fitness

Teil B: Text 1

1. *Hinweis: Lies den Text zunächst aufmerksam durch. Fasse dann stichpunktartig die einzelnen Textabschnitte am Rand zusammen. Beginne die Zusammenfassung des Inhalts mit einem einleitenden Satz, der über Textsorte, Titel und Autor informiert. Sage außerdem, worum es allgemein im gesamten Text geht. Anschließend fasst du die wesentlichen Inhalte der Kurzgeschichte zusammen. Nutze dazu deine Notizen und achte darauf, im Präsens zu formulieren. Damit du dich nicht in Details verlierst, solltest du jeden Textabschnitt vorher noch einmal lesen.*

In der Kurzgeschichte „Nie mehr" von Susanne Kilian lässt uns die Autorin an den Gedanken und Gefühlen der Schülerin Marion teilhaben, die täglich die Ereignisse auf dem Balkon eines Seniorenheims beobachtet.
Dort füttert eine alte, schwer gehbehinderte Bewohnerin jeden Tag die Vögel. Da Marion in dieser Zeit am Fenster sitzt und Hausaufgaben macht, kann sie das immer gleich ablaufende „Ritual" gut beobachten: Zuerst geht die Frau einige Schritte auf dem Balkon hin und her, dann holt sie den Futterbeutel hervor und zerkrümelt das Brot für die Vögel. Nachdem sie diesen beim Aufpicken zugeschaut hat, kehrt sie wieder zur Balkontür zurück. Wie sehr sich Marion an dieses Geschehen gewöhnt hat, wird ihr erst bewusst, als die „Vogelalte", wie sie die alte Frau in Gedanken nennt, eines Tages nicht mehr auf den Balkon kommt. Weil die Frau auch in den Folgetagen nicht mehr erscheint, vermutet Marion schließlich, dass die „Vogelalte" gestorben sein muss. Das junge Mädchen vermisst das tägliche Ritual auf dem Balkon und bedauert es, die alte Dame nicht persönlich kennengelernt zu haben. Zum ersten Mal in ihrem Leben gehen ihr Gedanken über das Altern und das unausweichliche Sterben durch den Kopf.

2. ✏ *Hinweis: Zu a: Bestimmt hast du auch schon einmal einem Menschen eine Art „Spitznamen" gegeben, weil er ein besonderes Aussehen hatte oder ein ungewöhnliches Verhalten gezeigt hat. Suche nach Textstellen, in denen das Aussehen und Verhalten der Frau beschrieben werden. Mit diesen Textaussagen kannst du den Namen „Vogelalte" ganz leicht erklären.*
Zu b: Bei der Bearbeitung von Aufgabe a sind dir schon passende Textstellen begegnet. Vier kurze Beschreibungen zitierst du. Achte darauf, die Textstellen als Zitate zu kennzeichnen.

a) Die Frau, die Marion täglich beobachtet, ist alt und füttert gerne die Vögel. Der Name „Vogelalte" passt daher sehr gut zu ihr.

b) Mögliche Textstellen:
- „Eine dicke, alte Frau, auf zwei Stöcke gestützt [...] watschelt auf den Balkon." (Z. 21–25)
- „An ihrem unförmigen, dicken Körper hängen, krumm und nach innen gebogen, die Beine, als würden sie sich biegen unter dem Gewicht." (Z. 25–28)
- „Marion hat sie noch nie in einem anderen Mantel gesehen. Schwarz, oben ein kleiner Pelzkragen, mit drei riesigen, glänzenden Knöpfen zugeknöpft. Und so altmodisch!" (Z. 44–48)
- „Stückchen für Stückchen wird es mit zittrigen, runzeligen Händen zerkrümelt [...]." (Z. 52–54)
- „Jetzt ist sie dick und alt und ganz allein [...]." (Z. 77/78)

3. ✏ *Hinweis: Sprachliche Bilder dienen dazu, bestimmte Aussagen für den Leser besonders anschaulich zu machen. Dabei gibt es neben der wörtlichen Bedeutung immer eine übertragene, die du erklären sollst. Überlege dir zunächst, was du siehst, wenn du einen Film rückwärts abspielst. Im Text wird eine „Szene" beschrieben, die sich gut damit vergleichen lässt. Überlege, was mit diesem Sprachbild veranschaulicht wird.*

Wenn ein Film rückwärts läuft, sieht man genau die gleichen Bewegungen und Handlungsabläufe noch einmal, aber in umgekehrter Reihenfolge: Das Ende wird zum Anfang und umgekehrt. In der Kurzgeschichte geht die alte Frau zwar vermutlich nicht rückwärts zur Tür zurück, aber alle ihre Bewegungen und Handlungen, von der Balkontür bis zur Futterstelle, wiederholen sich offensichtlich auf ihrem Rückweg in nahezu gleicher Art und Weise. Im übertragenen Sinn bewegt sich die „Vogelalte" also so wie in einem Film, den man rückwärts laufen lässt.

4. ✏ *Hinweis: Zu a: Mache dir bewusst, dass sich der Herbst von den anderen Jahreszeiten vor allem durch das Wetter unterscheidet. Suche also nach Textstellen, die diese Wetterlage beschreiben. Vergiss nicht, im Text auch nach dem Wort „Herbst" zu suchen.*
   Zu b: Mit jeder Jahreszeit werden bestimmte Vorgänge und Veränderungen in der Natur verknüpft. So erwacht z. B. im Frühling die Natur aus ihrem Winterschlaf und die ersten Blumen beginnen zu blühen. Vergleicht man die Lebensabschnitte eines Menschen von seiner Geburt bis zum Tod mit den Jahreszeiten, stellt man ähnliche Abläufe und Veränderungen fest. Den Frühling verbindet man in der Literatur z. B. mit der Kindheit, der Wachstumsphase eines Menschen. Überlege dir also, welche Veränderungen die Natur im Herbst zeigt und übertrage dies auf den Menschen.

   a) Mögliche Textstellen:
   - „Manchmal guckt Marion durchs Fenster in den trüben, grauen Oktobernachmittag." (Z. 5/6)
   - „Die bunten Blumenkästen haben sie längst reingebracht. Der Balkon ist leer und glänzt dunkel vor Feuchtigkeit." (Z. 9–12)
   - „Jeden Nachmittag im Herbst und Winter füttert sie die Vögel." (Z. 16–18)

   b) Jede Jahreszeit hat ihre besonderen Merkmale: Im Herbst werden die Nächte länger, die Blumen verwelken, die Bäume verlieren ihre Blätter und viele Tiere bleiben in ihrem Unterschlupf oder ziehen Richtung Süden. Im Wald und auf den Feldern wird es dadurch immer ruhiger. Außerdem machen Nebel, Nässe und zunehmende Kälte deutlich, dass der Winter vor der Tür steht.
   So wie es in der Natur im Herbst allmählich ruhiger wird und die Pflanzen sterben, ergeht es auch alternden Menschen: Die Lebensenergie lässt nach und die Beweglichkeit ist zunehmend eingeschränkt. Viele ältere Menschen werden krank, ziehen sich aus dem Leben zurück und suchen Ruhe. Auf vielen Sterbebildern ist deshalb z. B. fallendes Laub als Symbol für die Vergänglichkeit abgebildet.

5. ✏ *Hinweis: Gehe die Merkmale für Kurzgeschichten der Reihe nach durch und suche für jedes von ihnen nach passenden Textstellen. Die zwei Merkmale, die du am sichersten erkannt hast, wählst du aus und erklärst in eigenen Worten, warum sie an den entsprechenden Textstellen erfüllt sind. Im Folgenden werden dir Lösungen für alle genannten Merkmale präsentiert. Bedenke aber, dass du in der Prüfung nur zwei davon aufzeigen sollst. Auch wenn du mehr schreibst, bekommst du nur für die ersten beiden Merkmale Punkte.*

Lösungsmöglichkeiten für alle fünf Merkmale:
- Ein unvermittelter Beginn versetzt den Leser sofort mitten in das Geschehen. Es gibt keine einleitende Hinführung, in der die Umstände der Handlung erläutert werden. Die Hauptfigur Marion wird einfach benannt und das, was sie tut, beschrieben. Über ihren Wohnort, ihre familiären Verhältnisse oder ihren Charakter erfährt der Leser nichts.
- Der Schluss der Kurzgeschichte ist offen. Mit den Gedanken über die Vogelalte und den Tod bleibt Marion allein zurück. Ob sie Vorsätze oder Schlussfolgerungen aus ihren Überlegungen zieht, erfährt man nicht. Auch der weitere Verlauf von Marions Geschichte bleibt unklar.
- Die Kurzgeschichte öffnet den Blick auf eine Alltagssituation: Eine Schülerin beobachtet während der Hausaufgaben eine alte Frau beim Vogelfüttern. Dabei fällt ihr manches auf und sie kommt ein wenig ins Grübeln. Diese Situation ist ein Ausschnitt aus dem wirklichen Leben. Nichts Spektakuläres ereignet sich, sondern es handelt sich um einen ganz alltäglichen Vorgang.
- ✒ *Hinweis: Ein Satz ist in der Regel dann unvollständig, wenn ein Prädikat und/oder ein Subjekt fehlt. Hier sind alle unvollständigen Sätze aufgelistet, in deiner Lösung sollst du aber nur eine Textstelle aufzeigen.*

    Der Text enthält viele kurze, und teilweise auch unvollständige Sätze. Dazu gehören z. B.:
    - „Nach dem Mittagessen, ab zwei bis ungefähr vier, halb fünf, je nachdem." (Z. 3/4)
    - „Kein bisschen. Eher beschwerlich." (Z. 32/33)
    - „Langsam. Ganz langsam. Wie das Pendel einer riesigen Uhr. Hin-tick, nach links, her-tack, nach rechts." (Z. 35–37)
    - „Direkt am Geländer." (Z. 38)
    - „Schwarz, oben ein kleiner Pelzkragen, mit drei riesigen, glänzenden Knöpfen zugeknöpft. Und so altmodisch!" (Z. 46–48)
    - „Schaukelt vor, zurück am Geländer. Nimmt die Stöcke wieder. Läuft hin, her, hin. Und geht vom Balkon […]." (Z. 63–66)
    - „Und wie viele?" (Z. 72)
    - „Bestimmt verstohlen und heimlich." (Z. 81/82)
- An zahlreichen Stellen im Text gibt es Aufzählungen und Wiederholungen. So wird beispielsweise die Uhrzeit, in der die „Vogelalte" für gewöhnlich auf den Balkon kommt wiederholt (Z. 19/20: „Irgendwann zwischen drei und vier, immer zwischen drei und vier, […]"). Eine Aufzählung findet man dagegen in Z. 54/55, wenn es heißt: „eine aufgeregt flatternde, nickende, pickende Vogelversammlung".

6. ✏ *Hinweis: Du sollst einen inneren Monolog schreiben, das heißt, du musst die Gedanken und Fragen der alten Dame möglichst treffend formulieren. Dazu versetzt du dich in sie hinein. Aus der Sicht Marions hast du bereits erfahren, wie sich die „Vogelalte" benimmt. Versuche, aus diesem Verhalten die Gedanken und Gefühle der alten Frau abzuleiten, wenn sie zu Marions Fenster hinüberschaut. Schreibe in der Ich-Form.*

   Ah ja! Mein Mädchen sehe ich auch schon wieder hinterm Fenster sitzen. Um diese Zeit, nach dem Mittagessen, dürften die Hausaufgaben dran sein. Auf meine Vögelchen, die ich gleich füttere, freue ich mich sehr, aber auch auf mein Mädchen. Jeden Tag sehe ich sie und immer denke ich dann gleich an meine eigene Tochter, die stets am Küchentisch saß, um die Hausaufgaben zu erledigen. Später waren es dann meine Enkel. Das war eine schöne Zeit. Mein Mädchen erinnert mich so sehr daran …
   – Na, die wird sich was denken, wenn sie mich so sieht! „Die Alte ist ja nicht so gut drauf", wird sie sagen, „und wie dick die ist". Sie kann ja nicht wissen, dass mir jetzt die Krankheit so zusetzt und dass ich auch mal schlank und hübsch war. Ob ihre Eltern wohl in der Nähe sind? Ob ihr die Mutter ein wenig helfen kann bei den Hausaufgaben, wie ich es auch immer getan habe?
   Bestimmt würde sie jetzt auch lieber die Vögel füttern als Hausaufgaben machen. Vielleicht hat sie ja sogar einen Wellensittich? Schade, dass ich nicht mal ihren Namen kenne. Aber vielleicht möchte sie mit einer alten Frau wie mir gar nichts zu tun haben. Schließlich hat sie mir noch nie zugewunken oder mir auf andere Weise gezeigt, dass sie mich bemerkt. Aber schön wäre es schon, wenn sie mich mal besuchen käme. Meine eigene Tochter und ihre Familie kommen ja nur noch ganz selten zu mir, seit sie nach Amerika gezogen sind. Naja, als Kind habe ich mich auch nicht für Altenheime interessiert.
   Ich freue mich schon auf morgen, wenn ich wieder nach meinem Mädchen sehen darf. Dann winke ich ihr mal zu. Ganz bestimmt winke ich ihr zu! Und vielleicht besucht sie mich dann doch einmal.

7. ✏ *Hinweis: Zu a: Das Bild zeigt eine Möglichkeit, wie alte und junge Menschen eben doch etwas miteinander zu tun haben könnten. Aus der Zusammenarbeit ziehen beide Seiten einen Vorteil. Schreibe zunächst ein bis zwei Sätze darüber, was allgemein in der Karikatur dargestellt ist, und beschreibe dann Einzelheiten. Gehe auch auf den Text in der Sprechblase ein.*
   Zu b: Bei dieser Aufgabe helfen dir eigene Erfahrungen und Beobachtungen aus verschiedenen Lebensbereichen. In der eigenen Familie, im Freundeskreis, aber auch in den Medien findest du zahlreiche Beispiele für die gegenseitige Unterstützung von Jung und Alt. Am besten du notierst deine Ideen zunächst auf einem Extrablatt und wählst anschließend die drei Beispiele aus, zu denen dir am meisten einfällt.

a) Die Karikatur zeigt, dass die Aussage, Jung und Alt hätten heutzutage nur noch wenig Kontakt miteinander, nicht allgemeingültig ist. Im Bild ist nämlich ein Beispiel für eine gelungene Zusammenarbeit der unterschiedlichen Altersgruppen dargestellt. Links sieht man einen älteren Herrn, der in einem Sessel sitzt und die Stirn in tiefe Falten gelegt hat. Auf seinen Knien ruht ein Laptop. Ganz offensichtlich hat er Schwierigkeiten beim Bedienen des Geräts, denn er hat überlegend einen Finger auf die Lippen gelegt. Dass er trotz seiner Probleme lächelt, liegt vermutlich an dem Vorschlag des Jungen, der rechts neben ihm steht. Dieser wäre bereit, ihm den Computer zu erklären, wenn der ältere Mann ihm bei der Hausaufgabe helfen würde. Der Junge trägt einen Ordner, ein Buch und einen Stift unter dem linken Arm, während er mit der rechten Hand eine einladende Geste macht.

b) Es gibt viele Möglichkeiten, wie sich Jung und Alt sinnvoll gegenseitig unterstützen und wie sie das Leben des jeweils anderen bereichern können. So ist es eine Erleichterung für ältere Menschen, wenn ihnen Einkäufe und Botengänge abgenommen werden. Viele Senioren sind durch eine Gehbehinderung oder eine Erkrankung geschwächt und eingeschränkt. Sie haben deshalb Probleme beim Gehen und beim Tragen schwerer Einkaufstüten. Die ältere Generation kann den jungen Leuten aber auch helfen. Ihre Erfahrungen im Umgang mit Schicksalsschlägen können sie beispielsweise dazu einsetzen, junge Menschen, die sich gerade in einer Krise befinden, zu trösten und ihnen Mut zuzusprechen.

Alte Menschen können zudem einen Einblick in frühere Jahre geben. Wenn heute eine Großmutter ihren Enkeln von der Zeit erzählt, in der es noch kein Internet und kein Handy gab, veranschaulichen ihre kleinen Geschichten die Lebensumstände dieser Zeit vermutlich besser als jeder Geschichtsunterricht. Häufig wird den jungen Menschen dann erst klar, wie gut sie es heute haben und wie sehr sie das schätzen sollten. Oft wecken diese Erzählungen auch ein Verständnis für Ansichten und Verhaltensweisen alter Menschen, die vorher nicht nachvollziehbar waren. Die Enkel können ihren Großeltern im Gegenzug erklären, wie moderne Kommunikationsgeräte funktionieren. Die schier unbegrenzten Möglichkeiten, heutzutage miteinander in Kontakt zu treten, überfordern die älteren Generationen oft, sodass sie sich von diesem technischen Fortschritt ausgeschlossen fühlen. Wenn sich jüngere Leute aber die Zeit nehmen, um älteren Menschen neue technische Geräte zu erklären, können diese auch an der modernen Kommunikation teilnehmen.

Ein besonders gutes Beispiel für eine gelungen Zusammenarbeit zwischen Jung und Alt stellen Mehrgenerationenhäuser dar. Obwohl die Generationen in getrennten Wohnungen leben, können sie sich trotzdem auf die Hilfe ihrer Hausmitbewohner verlassen. Die Senioren pflegen z. B. den gemeinsamen

Garten oder passen auf die Kinder auf, während die Eltern in der Arbeit sind. Umgekehrt sind die älteren Menschen in die Hausgemeinschaft eingebunden und nehmen an Grillabenden und Festen teil oder sind dabei, wenn man einfach zusammensitzt und redet. Sollte einer der älteren Bewohner krank werden oder keine Besorgungen mehr machen können, ist immer jemand von den jungen Leuten in der Nähe und gerne zur Hilfe bereit.

Teil B: Text 2

1. *Hinweis:* Lies den Text zunächst aufmerksam durch. Fasse dann jeden Textabschnitt stichpunktartig am Rand zusammen. Beginne die Zusammenfassung des Inhalts mit einem einleitenden Satz, der über Textsorte, Titel, Autor und Quelle informiert. Sage außerdem, worum es allgemein im gesamten Text geht. Anschließend fasst du die wesentlichen Inhalte des Zeitungsartikels zusammen. Nutze dazu deine Notizen und achte darauf, im Präsens zu formulieren. Damit du dich nicht in Details verlierst, solltest du jeden Textabschnitt vorher noch einmal lesen.

In der Reportage „Deutschlands fleißige Kids", die am 15. Juli 2012 in der Frankfurter Allgemeinen Sonntagszeitung erschienen ist, lenkt die Autorin Gerlinde Unverzagt die Aufmerksamkeit des Lesers auf ein Thema, das die Meinungen spaltet: Erwerbstätigkeit von Kindern in Deutschland. Dabei lässt sie sowohl Befürworter als auch Gegner der Kinderarbeit zu Wort kommen.
Am Beispiel des 14-jährigen Robert zeigt die Autorin wie Kinderarbeit in Deutschland normalerweise aussieht: Um eine zusätzliche Einnahmequelle zum Taschengeld zu haben, werden z. B. Zeitungen und Prospekte ausgetragen. Dass man diese Tätigkeit als Kinderarbeit bezeichnen kann, scheint ungewöhnlich, denn mit Blick auf die teils unmenschlichen Bedingungen der Kinderarbeit in Entwicklungsländern, stellt sie sich in Deutschland eher wie ein angenehmer Ausgleich dar. Das liegt daran, dass die Beschäftigung von Kindern in Deutschland streng geregelt ist. So dürfen Kinder unter 13 Jahren gar nicht arbeiten, und im Alter zwischen 13 und 15 Jahren gibt es genaue gesetzliche Vorgaben für die Dauer und Art der möglichen Erwerbstätigkeiten. Während die Kinder stolz auf ihre Arbeit und die Entlohnung sind und ihre Eltern sie in diesem Gefühl bestärken, beklagen sich Kinderschützer empört über die Profitgier der Arbeitgeber und berufen sich dabei auf das Jugendschutzgesetz. Im letzten Absatz des Artikels zieht die Autorin ein Fazit: Kinderarbeit in Deutschland hat viele gute Seiten und wird von den Kindern selbst in der Regel auch positiv gesehen. Allerdings müsste die Einhaltung der gesetzlichen Vorgaben besser kontrolliert werden.

2. ✒ *Hinweis:* Du sollst den vorgegebenen Wörtern die entsprechenden Fremdwörter aus dem Text zuordnen. Lies den Text dazu noch einmal aufmerksam durch und markiere alle Fremdwörter. Vielleicht kannst du nach diesem Schritt einige von ihnen schon den deutschen Begriffen zuordnen. Wenn du unsicher bist oder die Bedeutung eines Fremdwortes nicht kennst, kann dir der Duden eine Hilfe sein, weil er die Bedeutung von Fremdwörtern angibt. Beachte aber, dass ein Wort manchmal mehrere Bedeutungen haben kann. Der Textzusammenhang spielt dann eine entscheidende Rolle.

a) vormerken, belegen   – reservieren (vgl. Z. 19)
b) höchstens   – maximal (vgl. Z. 45)
c) nicht beachten   – ignorieren (vgl. Z. 90)
d) Werbeschrift, Beilage – Prospekt (vgl. Z. 34)

3. ✒ *Hinweis:* Lies den Text abschnittweise durch und notiere vier Tätigkeiten stichpunktartig. Achte aber darauf, dass es ausschließlich Beispiele für Kinderarbeit in Deutschland sind.

Mögliche Tätigkeiten:
- Zeitungen, Prospekte austragen (vgl. Z. 34/35, Z. 44)
- Hunde ausführen, Gassi gehen (vgl. Z. 34, Z. 43)
- auf Kinder aufpassen (vgl. Z. 33/34, Z. 42)
- Rasen mähen (vgl. Z. 43)
- Nachhilfestunden geben (vgl. Z. 55)
- Botengänge erledigen (vgl. Z. 55/56)
- Medikamente ausliefern (vgl. Z. 56/57)

4. ✒ *Hinweis:* Die Aufgabe stellt dir frei, wie du deine Lösung darstellen willst. Am besten wählst du die Form, mit der du schon viel Erfahrung hast. Der Text liefert dir Informationen über die Kinderarbeit in Deutschland und in Entwicklungsländern. Zwei davon musst du einander gegenüberstellen. Du darfst auch eigene Ideen und Einfälle einbringen.

Tabelle:

	Deutschland	Entwicklungsländer
Zweck, Ziel	Taschengeld aufbessern	Überleben der Familie sichern
Einstellung zur Arbeit	freiwillig	sind gezwungen
Art der Arbeit	einfache Tätigkeiten	schwere Arbeit im Bergbau, in Fabriken oder auf dem Feld
Arbeitsdauer	begrenzt auf wenige Stunden	lange Arbeitstage
Entlohnung	verhältnismäßig gut	schlecht, unangemessen

(Kinderarbeit)

Cluster:

Deutschland
- einfache Tätigkeiten
- freiwillig
- Taschengeld aufbessern
- begrenzt auf wenige Stunden
- verhältnismäßig gute Bezahlung

Kinderarbeit

Entwicklungsländer
- Überleben der Familie sichern
- sind gezwungen zu arbeiten
- schwere Arbeiten: Bergbau, Fabrik …
- schlechte Bezahlung
- lange Arbeitstage

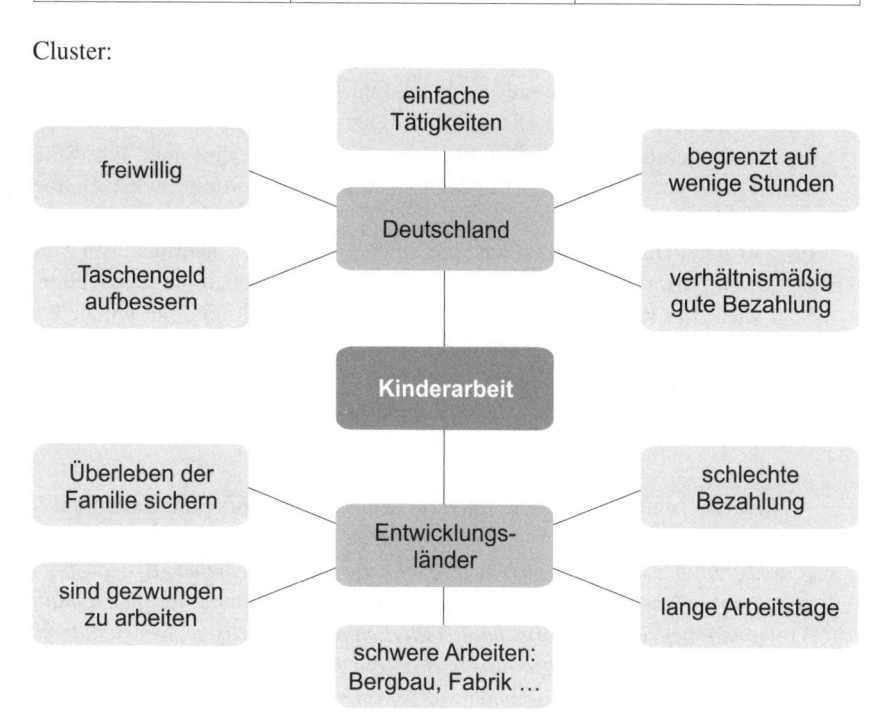

5. ✒ **Hinweis:** *Zunächst liest du dir die Auszüge aus dem Jugendarbeitsschutzgesetz (Abb. 2) aufmerksam durch und markierst alle Stellen, die sich auf 14-Jährige beziehen. Danach wählst du drei Einschränkungen aus und überlegst dir passende Beispiele aus der Arbeitswelt. Hier greifst du am besten auf deine bisherigen Erfahrungen zurück, die du beispielsweise während der Praktika oder während verschiedener Erwerbstätigkeiten gemacht hast.*

Die Möglichkeiten für 14-Jährige, eine Erwerbstätigkeit auszuüben, sind durch § 2 und § 5 des Jugendarbeitsschutzgesetzes eingeschränkt. Das liegt daran, dass 14-Jährige laut Gesetz noch Kinder sind, die vor Ausbeutung geschützt werden müssen. Deshalb ist ihre Beschäftigung durch gewisse Vorgaben geregelt, die die Umstände, die Dauer und den Zeitpunkt der Tätigkeit betreffen.

So scheiden z. B. alle Arbeiten aus, die die Sicherheit, Gesundheit und Entwicklung der Kinder gefährden. Das bedeutet: Auch wenn ein 14-Jähriger gerne in einer Kfz-Werkstatt bei der Reparatur eines Autos helfen würde, ist dies ausgeschlossen. Sich bewegende Hebebühnen, ein- und ausfahrende Autos, gefährliche und schwere Werkzeuge oder Bauteile stellen ein Risiko für die Sicherheit und Gesundheit dar.

Des Weiteren darf die Tätigkeit nur zu bestimmten Zeiten ausgeübt werden. Es darf weder vor noch während des Schulunterrichts gearbeitet werden und auch nicht in der Zeit zwischen 18 und 8 Uhr. Daraus folgt: Eine 14-Jährige, die gerne vor der Schule als Postbotin arbeiten würde, könnte dies nicht tun, weil ihre Arbeit dann vor dem Unterricht wäre und weil sie dann vermutlich auch noch zu spät in die Schule käme.

Ebenso scheiden Tätigkeiten aus, die einen 14-Jährigen mehr als zwei Stunden täglich in Anspruch nehmen. Dazu gehören z. B. Arbeiten als Erntehelfer. Als Spargelstecher beispielsweise fährt man meist in der Gruppe mit einem Traktor zu abgelegenen Feldern und erntet dort den ganzen Tag Spargel. Der 14-Jährige müsste aber nach zwei Stunden das Arbeiten einstellen und den anderen dann stundenlang beim Spargelstechen zusehen oder sich von seinen Eltern abholen lassen.

6. ✒ **Hinweis:** *In dieser Aufgabe sollst du zum Thema „Sollte die Erwerbstätigkeit von Schülern grundsätzlich verboten werden?" Stellung nehmen. Dazu musst du zuerst einmal darstellen, welche Position du vertreten willst. Bist du für oder gegen ein solches Verbot? Du musst deine Meinung dann mithilfe stichhaltiger Argumente begründen. Dabei kannst du dich auf den Artikel „Deutschlands fleißige Kids" beziehen. Denke daran, dass ein Argument immer aus Behauptung, Begründung und Beispiel bestehen sollte. Am besten legst du dir auf einem Extrablatt eine Tabelle an, in der du Argumente für, aber auch gegen deine Meinung einträgst. Nutze dazu die Informationen aus dem Text und bringe zusätzlich ei-*

gene Erfahrungen und Ideen ein. Lege dann eine Reihenfolge für die Argumente fest, die deine Meinung unterstützen. Stelle das aussagekräftigste Argument an den Schluss. Besonders gelungen ist die Stellungnahme, wenn du zuerst ein Gegenargument ansprichst und entkräftest.
Eine andere Möglichkeit wäre es, dialektisch vorzugehen. Dann führst du zuerst alle Argumente der Gegenseite an, wobei du das wichtigste von ihnen zuerst ausformulierst. Danach folgen die Argumente der Seite, die du unterstützen möchtest. Führe hier das wichtigste Argument zuletzt an, damit es dem Leser länger im Gedächtnis bleibt.

In ihrem Artikel „Deutschlands fleißige Kids" lässt die Autorin Gerlinde Unverzagt sowohl Stimmen für als auch gegen die Erwerbstätigkeit von Schülern zu Wort kommen. Da ich selbst noch Schüler bin und deshalb aus eigener Erfahrung sprechen kann, bin ich gegen ein Verbot der Erwerbstätigkeit von Schülern. Neben einer zusätzlichen Einnahmequelle zum Taschengeld bietet das Ausüben eines Nebenjobs nämlich viele weitere Vorteile, die dadurch verloren gehen würden.	**Einleitung** Hinführung und Meinungsäußerung: gegen Verbot der Erwerbstätigkeit
Gegner der Erwerbstätigkeit von Schülern geben zwar zu bedenken, dass profitgierige Arbeitgeber die Kinder als billige Arbeitskräfte einsetzen könnten, und weisen darauf hin, dass eine konsequente Kontrolle der Einhaltung des Jugendarbeitsschutzgesetzes nicht gegeben sei.	**Hauptteil Gegenargument** mögliche Ausbeutung durch profitgierige Arbeitgeber
Dabei lassen sie aber außer Acht, dass Kinderarbeit in Deutschland immer auf einer freiwilligen Basis und nur mit Einverständniserklärung der Eltern stattfindet. Das hat zur Folge, dass unangemessen bezahlte Arbeiten von den Schülern meist gar nicht erst angenommen werden. Weiterhin können Eltern durch diese Regelung auch Tätigkeiten ausschließen, die Schülern zwar Spaß machen würden, die aber nicht kindgerecht sind wie beispielsweise die Arbeit in einer Kfz-Werkstatt.	**Entkräftung** Ausbeutung unwahrscheinlich → Einverständnis der Eltern nötig → Schüler müssen Arbeit zustimmen
Neben dem offensichtlichen Vorteil für Schüler, eigenes Geld zu verdienen, hat ein Nebenjob aber auch viele weitere positive Aspekte. Er kann den Kindern und Jugendlichen z. B. einen ersten Einblick in die Arbeitswelt verschaffen. Im Grunde unterscheidet sich ein Nebenjob nämlich von den Berufspraktika, die von den Schulen gefördert werden, nur dadurch, dass man für die verrichtete Arbeit auch Geld bekommt. Wenn man als Schüler nebenbei beispielsweise als Verkäufer arbeitet, lernt man den höflichen und zuvorkommenden Umgang mit Kunden.	**1. Argument für Erwerbstätigkeit von Schülern** Nebenjob liefert ersten Einblick in Arbeitswelt → Erfahrungen vergleichbar mit Praktika: Umgang mit Kunden als Verkäufer lernen

Ein weiterer, positiver Nebeneffekt der Erwerbstätigkeit von Schülern ist die Tatsache, dass sie so den sinnvollen Umgang mit Geld lernen. Geld, das man durch eigene Anstrengung und Arbeit verdient hat, gibt man nicht so schnell aus wie geschenktes Geld. Eine Schülerin, die z. B. für ihr Geld Ställe auf einem Reiterhof ausmisten muss, wird beim Einkaufen überlegter vorgehen. Sie weiß genau, wie anstrengend es ist und wie lange es dauert, bis sie einen bestimmten Betrag verdient hat. So kauft sie mit Sicherheit nur Kleidungsstücke ein, die sie wirklich unbedingt haben will.

Der wohl wichtigste Vorteil ist aber, dass eine frühe Erwerbstätigkeit Kinder und Jugendliche dazu anleitet, selbstständiger und unabhängiger zu werden. Sie lernen, ihre Aufgaben pflichtbewusst zu erfüllen, ohne dass Eltern oder Lehrer sie darauf hinweisen müssen. Sie versuchen, sich ihre Zeit selbst sinnvoll einzuteilen, denn Schule und Nebenjob müssen unter einen Hut gebracht werden, ohne dass die Schulleistungen darunter leiden. In der Regel ist das nämlich die Voraussetzung, damit die Eltern ihr Einverständnis zur Erwerbstätigkeit geben. So legt sich ein Zeitungsausträger, bevor er losgeht, normalerweise eine zeitsparende Route fest, auf der er an allen Briefkästen vorbeikommt. Am Nachmittag hat er dadurch ausreichend Zeit, die Hausaufgaben zu erledigen und sich für den nächsten Schultag vorzubereiten.

Eine Erwerbstätigkeit bietet den Schülern somit entscheidende Vorteile im Hinblick auf Schule und Berufswahlvorbereitung. Nicht zuletzt steigert das Wissen, selbst etwas geplant und erfolgreich durchgeführt zu haben, das Selbstwertgefühl der jungen Leute. Aber auch das Lob und die Anerkennung der Eltern stellen wichtige positive Erfahrungen dar.

---

2. Argument für Erwerbstätigkeit von Schülern
Nebenjob fördert sinnvollen Umgang mit Geld
→ selbstverdientes Geld wird überlegter ausgegeben:
maßvolleres Verhalten beim Einkaufen

3. Argument für Erwerbstätigkeit von Schülern
Erwerbstätigkeit erzieht zu mehr Selbstständigkeit
→ Schüler lernen pflichtbewusst zu handeln und Zeit sinnvoll einzuteilen:
Zeitungsausträger legt sich zeitsparende Route zurecht

Schluss
Bekräftigen der eigenen Meinung

7. ✏ *Hinweis: Bei dieser Aufgabe musst du treffende Argumente für das selbstlose Übernehmen von Ehrenämtern finden. Hier kannst du sicher auf eigene Erfahrungen zurückgreifen. Am besten du notierst dir die Thesen mit den dazugehörigen Begründungen und Beispielen zunächst auf einem Extrablatt und wählst anschließend die aussagekräftigsten davon aus.*

Jugendlichen wirft man häufig vor, dass sie keine klaren Ziele hätten und sich um Verantwortung drücken würden. Das trifft aber nicht auf alle zu. Viele junge Menschen engagieren sich ohne Bezahlung in Vereinen und gemeinnützigen Einrichtungen. Die Gründe hierfür sind vielfältig.	**Einleitung** Hinführung zum Thema und Klärung des Begriffs „Ehrenamt"
Schüler lassen sich auf eine ehrenamtliche Mitarbeit ein, weil sie die Gemeinschaft mit Gleichgesinnten in einem Verein schätzen. So können Freundschaften zwischen Menschen ganz unterschiedlichen Alters entstehen. Ein Rentner und ein Jugendlicher, dei ansonsten vielleicht nicht viel miteinander zu tun hätten, schließen Freundschaft, weil sich beide im Verein oder einer gemeinnützigen Organisation für die gleichen Ziele einsetzen. So arbeiten beispielsweise beim Roten Kreuz oft Jung und Alt zusammen. Die Älteren geben so ihre Erfahrungen an die nächste Generation weiter, während die Jüngeren in bestimmten Situation schneller handeln können.	**Hauptteil** **1. Grund** Gemeinschaft und Freundschaft erleben
Auch die Wertschätzung, die man durch ehrenamtliche Arbeit erfährt, kann ein Beweggrund sein. Die Jugendlichen übernehmen freiwillig Verantwortung und helfen anderen. Diese Leistung wird mit Anerkennung in der Gesellschaft entschädigt. Ein Jugendlicher, der z. B. im Rahmen seiner Arbeit als freiwilliger Feuerwehrmann ein kleines Kind rettet, darf sich sicher sein, mit dem Dank und der Wertschätzung der Eltern belohnt zu werden.	**2. Grund** Gutes für andere Menschen tun und dafür Wertschätzung erhalten
Der Vermerk ehrenamtlicher Tätigkeiten im Lebenslauf hat außerdem einen positiven Nebeneffekt auf die Chancen, einen Ausbildungsplatz zu finden. Jugendliche, die ihre Freizeit für eine gemeinnützige Arbeit geopfert haben, werden von möglichen Arbeitgebern als verantwortungsbewusst und hilfsbereit eingeschätzt. Solche Fähigkeiten sind in beinahe jedem Beruf unerlässlich und stellen ein wichtiges Einstellungskriterium dar. Ein junges Mädchen, das z. B. seine Freizeit dafür aufwendet, eine Kinderfußballmannschaft zu trainieren, sammelt dabei wichtige Erfahrungen im Umgang mit	**3. Grund** Lebenserfahrung gewinnen und Lebenslauf anreichern

Kindern und lernt, sich durchzusetzen. Bei einer Bewerbung um einen Ausbildungsplatz als Erzieherin wirkt sich diese ehrenamtliche Tätigkeit sicher gut auf die Einstellungschancen aus.

Der selbstlose Einsatz der ehrenamtlichen Mitarbeiter kommt also sowohl bedürftigen Menschen als auch den Mitarbeitern selbst zugute. Deshalb ist es besonders wichtig, dass sich junge Menschen von diesem Gedanken anstecken lassen.

Schluss
Ehrenämter – eine tragende Säule

Qualifizierender Abschluss der Mittelschule Bayern 2014
Deutsch – Lösungen

Teil A: Rechtschreibung I

Hinweis: Nach dem Diktieren hast du noch einmal zehn Minuten Zeit, um deinen Text mithilfe der gelernten Rechtschreibstrategien und durch Nachschlagen im Wörterbuch zu überarbeiten. Für jeden Fehler wird dir ein Punkt abgezogen. Für fehlende Satzzeichen, Umlautzeichen und i-Punkte wird je ein halber Punkt abgezogen. Falsche, fehlende oder nicht eindeutig lesbare Wörter sowie Trennungsfehler gelten als ganze Fehler. Wiederholungsfehler und mehrere Fehler in einem Wort werden nur einmal als Fehler gewertet.

Ein Weg aus der Armut

In allen Großstädten Brasiliens gibt es Armenviertel, / in denen die meisten Familien / am Rande des Existenzminimums leben. / Arbeitsplätze für Jugendliche sind kaum zu finden. / Chancen bietet der Tourismus, / weil es durch die Fußballweltmeisterschaft* 2014 / in diesem Bereich einen verstärkten Bedarf / an Arbeitskräften geben wird. / Die Ausbildung dauert sechs Monate / und wird in Vor- und Nachmittagskursen durchgeführt. / Neben den fachlichen Fertigkeiten / stellen Arbeitssicherheit, Sozialverhalten und Persönlichkeitsentwicklung / wichtige Lerninhalte dar.   *(73 Wörter)*

*Korrekturhinweis: „Fußballweltmeisterschaft" oder „Fußball-Weltmeisterschaft" möglich.

Teil A: Rechtschreibung II

1. *Hinweis:* Beim ersten Wort führt dich die Trennung zur richtigen Lösung. Es handelt sich um ein zusammengesetztes Substantiv mit einem Fugen-s zwischen den beiden Teilwörtern. Beim zweiten Wort mit Doppelkonsonant musst du darauf achten, ob der vorausgehende Vokal kurz oder lang gesprochen wird. Nach einem kurz gesprochenen Vokal, wie in diesem Fall, wird der folgende Konsonant verdoppelt („ll").

   Für jede richtig angekreuzte Lösung gibt es einen Punkt. Kreuzt du bei einem Beispiel mehr als eine Strategie an, werden null Punkte vergeben.

Beispielwörter	Lösungsstrategie
Arbeit**ss**icherheit	☐ Ich suche ein verwandtes Wort. ☒ Ich trenne das Wort. ☐ Ich achte auf die Endung. ☐ Ich bilde das Präteritum.
Fu**ß**ball	☒ Ich achte auf den vorangehenden Vokal. ☐ Ich bilde die Steigerungsform. ☐ Ich überprüfe die Wortart. ☐ Ich führe die Artikelprobe durch.

2. *Hinweis:* Im ersten Satz steckt eine Aufzählung, deshalb folgt nach dem Wort „Denken" ein Komma. Der Satz wird mit einem Punkt abgeschlossen. Anschließend folgt eine wörtliche Rede. Nach dem Begleitsatz wird ein Doppelpunkt gesetzt. Die direkte Rede beginnt mit Anführungszeichen unten und endet nach dem Punkt mit Anführungszeichen oben. Der sich anschließende Aussagesatz endet mit einem Punkt.
Jedes richtig gesetzte Satzzeichen ergibt einen halben Punkt. Wenn du mehr als sechs Satzzeichen setzt, wird dir für jedes zusätzliche Satzzeichen ein halber Punkt abgezogen. Die geringste Punktzahl ist 0.

Der Fußballer Diego wurde nach dem Denken**,** Fühlen und Handeln der Jugend des größten lateinamerikanischen Landes gefragt**.** Er sagte dazu**: „**Brasiliens junge Menschen sind konservativer als häufig angenommen.**"** Die Shell-Jugendstudie 2013 bestätigt seine Aussage**.**

3. *Hinweis:* Der Artikel am Satzanfang wird großgeschrieben, ebenso das nachfolgende Nomen „Mischung". Die Wörter „Armut", „Hunger", „Gewalt" und „Kinder" können in dieser Aufzählung mit der Artikelprobe als Nomen erkannt werden. Beim Wort „Verzweiflung" ist die Endung „-ung" ein Signal für die Großschreibung. Das Verb „Verlassen" wird hier als Nomen gebraucht (vgl. Signalwort „zum") und damit großgeschrieben. Bei „Elternhauses" erkennst du am Possessivpronomen „ihres", dass es sich um ein Nomen handelt.
Je Fehler wird 1 Punkt abgezogen. Das gilt auch für Abschreibfehler. Für fehlende Satzzeichen, Umlautzeichen oder i-Punkte werden je 0,5 Punkte abgezogen. Minuspunkte gibt es nicht.

Die **M**ischung aus extremer **A**rmut, **H**unger, **G**ewalt und menschlicher Verzweiflung zwingt **K**inder immer wieder zum **V**erlassen ihres **E**lternhauses.

4. ✏ *Hinweis: Lies langsam und sieh dir jedes Wort genau an. Korrigiere den Text mithilfe der gelernten Rechtschreibstrategien. Wenn du dir bei der Schreibung einzelner Wörter unsicher bist, schlage sie auch im Wörterbuch nach.*
   Im Wort „selbstverständlich" steckt das Wort „Verstand". Die Konjunktion „dass" wird mit „ss" geschrieben und im Verb „betteln" folgt die Konsonantenverdopplung auf den kurzen, betonten Vokal. Ebenso folgt das „tz" im Wort „unterstützen" auf das kurze „ü".
   Jedes richtige Wort wird mit einem halben Punkt bewertet. Werden mehr als vier Wörter notiert, wird für jede falsche Lösung ein halber Punkt abgezogen. Es gibt keine Minuspunkte.

   Viele Menschen in Brasilien sind sehr arm und leben unter dem Existenzminimum. Daher ist es für diesen Teil der Bevölkerung a)selbstverständlich und notwendig, b)dass auch die Kinder spätestens mit zehn Jahren arbeiten oder c)betteln, um ihre Familie finanziell zu d)unterstützen.

Teil B: Text 1

1. ✏ *Hinweis: Du musst den Text sehr aufmerksam lesen, um den Inhalt in nur wenigen Sätzen wiedergeben zu können. Orientiere dich an den Abschnitten und markiere Stellen, an denen ein neuer Gedanke beginnt. Fasse dann die Schlüsselstellen zusammen. Damit du dich nicht in Details verlierst, solltest du größere Textabschnitte mehrmals lesen. Schreibe im Präsens.*

   In der vorliegenden Erzählung „Verbannung" von Martin Selber lässt der Autor den Leser an den Sorgen und Ängsten des Ich-Erzählers teilhaben, einem Jugendlichen, der mit seinen Eltern von der Stadt aufs Land zieht. Der Junge lehnt diese Veränderung zunächst ab, schließlich wendet sich das Blatt aber doch zum Guten.
   Die Hauptperson belastet der Umzug aus der Stadtwohnung in das neue Haus auf dem Land. Der Junge fühlt sich vollkommen unglücklich, weil er glaubt, dass er dort viele liebgewonnene Gewohnheiten aufgeben muss: Sein bester Freund Kutte ist weit weg, es gibt keine Ausgehmöglichkeiten und die Treffen mit Freunden sind ebenfalls nicht mehr möglich. Darüber hinaus muss er mit dem Bus in die Schule fahren. Das Land ist für den Ich-Erzähler ein Ort, an dem nur alte Menschen wohnen, die ihre Ruhe wollen.
   Er sieht aber ein, dass das neue, schöne Eigenheim auch Vorteile mit sich bringt: Seine Eltern müssen dort keine Miete mehr zahlen und er kann laute Musik hören, ohne Beschwerden von Nachbarn zu riskieren. Trotzdem ist für ihn der Umzug auf das Land gleichbedeutend mit einer Verbannung auf eine einsame Insel.

Erst sein bester Freund Kutte, der überraschend auftaucht und alles „astrein" und „super" findet, reißt den Ich-Erzähler aus seinem Stimmungstief. Kutte macht ihm klar, dass dieser Ortswechsel ein wahrer Glücksfall ist und die Hauptperson stolz auf das neue Haus sein sollte. Gemeinsam statten sie der Dorfdisco einen Besuch ab und werden herzlich in die dortige Clique aufgenommen. Besonders Heidi gefällt dem Ich-Erzähler und so sind seine belastenden Gedanken schnell verschwunden. Die „Verbannung" auf das Land sieht er nun eher als Chance.

2. *Hinweis: Zu a:* Der Ich-Erzähler stellt die für ihn vermeintlichen Nachteile des Umzugs den Vorteilen direkt gegenüber. So dürfte es dir nicht schwerfallen, zwei Gewohnheiten zu finden, die er vermissen wird. Notiere sie in Stichworten.
Zu b: Aus dem Umzug erwachsen für den Ich-Erzähler und seine Eltern aber auch nachprüfbare Verbesserungen gegenüber der Stadtwohnung. Zitiere zwei davon und achte auf die richtige Zeichensetzung.

a) Mögliche Stichworte:
- einen Klub besuchen
- ins Kino gehen
- in die Disco gehen
- abends am Körnerpark Freunde treffen
- den besten Freund Kutte treffen
- kürzerer Schulweg, statt langer Busfahrt dorthin

b) Mögliche Textstellen:
- „Klar, mein neues Zimmer ist schöner als mein altes in der Stadt." (Z. 14/15)
- „Ich könnte meine Anlage aufdrehen, dass der Putz abfällt, und kein Nachbar würde gegen die Wand klopfen." (Z. 15–18)
- „Klar, es ist ein schönes Haus da draußen, […]" (Z. 18)
- „Hier in der Stadt klettern die Mieten ins Unendliche und da draußen würden wir unsere eigenen Herren sein." (Z. 26–28)
- „Klar, das Land ist hübsch, […]" (Z. 34)

3. *Hinweis:* Sprachliche Bilder dienen dazu, bestimmte Aussagen für den Leser anschaulicher zu machen. Dabei steht der wörtlichen Bedeutung immer eine übertragene gegenüber, die du erklären sollst. Das Leben auf einer einsamen Insel kannst du dir sicher gut vorstellen. Führe dir dann die in der zweiten Aufgabe angesprochenen Entbehrungen, die sich der Ich-Erzähler ausmalt, noch einmal vor Augen.

Das Leben auf einer einsamen Insel macht einen Gestrandeten in gewisser Weise zum Gefangenen. Er ist einsam, weit weg von jeder Zivilisation, ohne die

gewohnten Freunde und Annehmlichkeiten und nur umgeben von Wasser. Eine solche Situation macht mutlos und raubt jede Hoffnung.
Auch der Ich-Erzähler fühlt sich wie ein Gestrandeter auf einer einsamen Insel. Mit dem Umzug aufs Land verknüpft er nur Nachteile: Sein Freund Kutte, Gewohnheiten, wie Disco- und Kinobesuche oder Freunde treffen – alles scheint ihm verloren. Einsam, mitten im Nichts und ohne Chance, der Abgeschiedenheit entkommen zu können, fühlt er sich isoliert und wie ein Gefangener, der auf eine Insel verbannt wurde.

4. *Hinweis: Versetze dich in die Lage des Ich-Erzählers, um die Textstelle zu entdecken, an der er seine Zukunft auf dem Land nicht mehr ganz so schwarz sieht. Achte darauf, dass du die Darstellung des Wendepunkts und die sich daraus ergebenden Veränderungen beschreiben musst.*

Die Wende überrascht den mutlosen Ich-Erzähler wortwörtlich im Schlaf. Das ersehnte Pfeifen seines besten Freundes weckt ihn auf und nur allmählich wird ihm klar, dass er nicht mehr träumt, sondern Kutte tatsächlich vor dem Haus steht. Das ändert alles!
Kutte schätzt die neue Lage seines Freundes sehr positiv ein, er beglückwünscht und beneidet ihn sogar. Für ihn ist das Zimmer im neuen Haus eine „astreine Bude". Die gute Busanbindung in die Stadt und das hübsche Dorf, das sogar eine Disco zu bieten hat, begeistern Kutte. Seine Schwärmerei färbt schließlich auf den Ich-Erzähler ab und er lässt sich zu einem Discobesuch überreden. Der Discoabend, die Einladung zum Treffen der Dorfjugend beim Eiscafé, die nette Aufnahme in die Clique und Heidi – die Zukunft auf dem Land erscheint ihm nach Kuttes Besuch nun wesentlich besser.

Hinweis: Es wäre auch möglich, den Discobesuch als Wendepunkt anzusehen.

5. *Hinweis: Mit dem neuen, veränderten Lebensabschnitt des Ich-Erzählers hast du dich schon intensiv auseinandergesetzt. Nimm dir jetzt den Refrain aus dem Lied „Starte durch" der Gruppe „Wise Guys" vor. Lies jede Zeile aufmerksam und denke darüber nach. Wenn du die einzelnen Zeilen des Refrains nummerierst, kannst du im Text die passenden Stellen mit den gleichen Nummern kennzeichnen. Formuliere dann jeweils einen sinnvollen Bezug zwischen einer Textstelle aus Material 1 und der Situation des Ich-Erzählers.*

Das Lied „Starte durch" von den Wise Guys lässt den Ich-Erzähler am Abend in der Disco aufhorchen. Vor allem der Refrain ist es, der ihm nicht mehr aus dem Kopf geht. Die einzelnen Liedzeilen passen einfach genau zu seiner aktuellen Situation.

Wenn es dort heißt „Starte durch in eine neue Zeit!" klingt das für ihn wie eine Aufforderung, sich auf das Leben im neuen Haus und in der neuen Umgebung einzulassen.

Am Umzugstag beginnt, das ist ihm jetzt klar, ein aufregender neuer Lebensabschnitt, der lange dauern wird und in dem sich der Ich-Erzähler weiterentwickeln wird, wie es auch im Refrain mit dem Satz „Heut' beginnt der Rest deiner Ewigkeit" zum Ausdruck gebracht wird.

Der Junge muss nun „durchstarten in die Zeit seines Lebens". „Schau nicht mehr zurück – es wär' sowieso vergebens" singen die Wise Guys und der Ich-Erzähler sieht es als Ermahnung an, nicht ununterbrochen dem Altbekanntem nachzutrauern, das er sowieso nicht zurückholen kann. Er muss und will sich stattdessen auf das neue Leben einlassen.

6. *Hinweis: Bei dieser Aufgabe kannst du dich zwischen zwei Aufgabenstellungen entscheiden, die jeweils einen persönlichen Brief von dir fordern. Du kannst deine Gedanken ruhig ein wenig schweifen lassen. Allerdings ist es wichtig, dass du dich in den Ich-Erzähler oder in Heidi hineinversetzt, dir vorstellst, du befindest dich jetzt an seiner/ihrer Stelle. Beachte, dass die Begegnung „aufregend"/ „aufwühlend" gewesen sein soll.*

Brief an Kutte:

Lieber Kutte,   26. Juni 2014

wenn du jetzt annimmst, dass mir das Leben auf dem Land doch irgendwie geschadet hat, weil ich dir einen Brief und keine SMS schreibe, kann ich es dir nicht verübeln. Aber die Angelegenheit ist so kompliziert – das muss ich dir ausführlicher erklären.

Gestern stieg ich vollkommen entspannt in den Schulbus, ließ mich in den erstbesten Sitz fallen – und erstarrte. Mir gegenüber saß nämlich Heidi, das Mädchen aus der Disco. Du weißt doch, wie schüchtern und gehemmt ich gegenüber Mädchen bin. Ich brachte nur ein „Hallo" hervor, das sie auch lächelnd erwiderte. Mir wurde total heiß und ich lief rot an. Sie vertiefte sich gleich wieder in ihr Buch. Ich holte schnell ein Heft aus der Tasche und merkte erst beim Aufschlagen, dass es leer war. Ich hatte es mir erst vor ein paar Tagen auf Reserve gekauft. Zumindest hatte ich aber jetzt ein bisschen Deckung. Mann, ist die hübsch! Vorsichtig habe ich über den Heftrand geguckt. Blonde Haare mit Löckchen, die ich immer schon mochte, Grübchen in den Wangen und ein winziges Skorpion-Tattoo am Handgelenk. Es war mir schlagartig klar, dass sie mein Leben verändern würde. Kutte, stell dir vor, sie sagte aber keinen Ton mehr und sah mich nicht einmal an. Fieberhaft überlegte ich, was ich zu ihr sagen sollte.

Doch dann hielt der Bus und ich dachte schon, das war's jetzt. Aber dann kam der Knaller! Beim Aussteigen sagte sie plötzlich: „Sehen wir uns am Wochenende wieder in der Disco? Das wäre cool!"
Kutte, Mann, ich bin ganz weg! Was hältst du von dem Ganzen und hast du am Wochenende Zeit, mit in die Disco zu kommen?
Dein bester Freund
Jonas

Brief an Heidis beste Freundin:

Liebe Katja, 26. Juni 2014
du kannst dir nicht vorstellen, was mir gestern im Schulbus passiert ist! Ich bin noch völlig durcheinander.
Ich las gerade in meinem Lieblingsbuch, als sich plötzlich, aus heiterem Himmel, Jonas mir gegenüber in die Bank fallen ließ. Erinnerst du dich? Das ist der Junge, den wir am Wochenende in der Disco kennengelernt haben und der seit einer Woche in dem neuen Haus am Dorfrand wohnt. Außer einem genuschelten „Hallo" hat er aber keinen Ton rausgebracht. Doch ich habe genau gesehen, dass er rot wurde. Und du weißt ja, dass ich das unheimlich süß finde. Ich glaube, er ist schüchtern. Er las dann nämlich ganz vertieft in einem Schulheft, hinter dem sein Gesicht fast vollkommen verschwand. Als er das Heft aufgeschlagen hat, konnte ich aber sehen, das da noch gar nichts drin stand. Vielleicht wusste er nicht, was er sagen sollte, was meinst du? Ich hatte jedenfalls keine Ahnung, was ich machen sollte, um ihn auf mich aufmerksam zu machen. Was hättest du denn in dieser Situation gemacht? Bei Tageslicht sieht er jedenfalls noch besser aus als in der dunklen Disco. Er ist sehr sportlich und die kurzen Haare stehen im super. Ich glaube, ich habe mich total in ihn verknallt.
Weil ich mir nicht ganz sicher war, ob er sich noch an mich erinnerte, habe ich ihn beim Aussteigen gefragt, ob er am Wochenende wieder mit in die Disco kommt. Er hat zwar etwas schräg geguckt und ist anschließend fast über seine eigene Tasche am Boden gefallen, aber er hat zugesagt.
Katja, das wird meine große Liebe. Der Brief bleibt aber mein Geheimnis. Am Samstag musst du mich unbedingt in die Disco begleiten!
Ganz liebe Grüße
deine Heidi

7. *Hinweis: Die Themastellung verlangt, dass du sowohl Pro- als auch Kontra-Argumente gegeneinander abwägst.*
Um ein geeignetes Thema zu finden, gehst du am besten deine Lebensbereiche gedanklich durch. Das Leben mit der Familie, im Freundeskreis, in der Schule, aber auch der Blick auf die anstehende Ausbildung oder eine persönliche Krise,

die du durchlebst oder durchlebt hast, können dir ausreichend Gesichtspunkte für die Bearbeitung liefern. Und wie du der Aufgabenstellung entnehmen kannst, darf diese Entscheidungssituation in der Vergangenheit, der Gegenwart oder der Zukunft liegen.

Noch betrifft mich dieses Thema zwar nicht direkt, aber seit ein Mädchen aus meiner Parallelklasse schwanger ist und sich nun entscheiden muss, ob sie das Kind bekommen will oder nicht, geht mir das Thema „Familienplanung" einfach nicht mehr aus dem Kopf. Ich frage mich, ob ich später auch einmal eine Familie gründen möchte oder ob ich lieber alleine bleibe.

<small>**Einleitung**
Thema aufgreifen und Entscheidungssituation beschreiben</small>

Keine Familie zu haben, hat natürlich den Vorteil, dass man dem Drang nach persönlicher Freiheit und Unabhängigkeit nachgeben kann. Man muss auf niemanden Rücksicht nehmen. Nach dem Schulabschluss will ich z. B. zuerst einmal die Welt erkunden, reisen und viel ausgehen. Als Vater hätte ich zahlreiche familiäre Verpflichtungen, sodass zum Reisen und Ausgehen nur wenig Zeit bliebe.

<small>**Kontra Familiengründung**
Ohne Familie ist man unabhängiger und man hat weniger Verpflichtungen</small>

Andererseits bietet einem die Familie aber auch Geborgenheit. Vielleicht muss man für den Beruf, den man ausüben will, in eine andere Stadt ziehen, in der man niemanden kennt. Dann ist es gut zu wissen, dass man in der eigenen Familie einen Partner hat, dem man seine Sorgen und Probleme anvertrauen kann. Außerdem ist es ein schönes Gefühl, Kinder zu haben, die einen vom alltäglichen Berufsstress ablenken.

<small>**Pro Familiengründung**
Familie bietet Geborgenheit und Ablenkung vom Berufsstress</small>

Man darf bei der Familienplanung natürlich nicht vergessen, dass es teuer ist, eine Familie zu gründen. Vieles, was das Kind benötigt, muss man neu anschaffen und selbst gebrauchte Buggys oder Spielsachen können kostspielig sein. Mein erstes Ausbildungsgehalt möchte ich aber ehrlich gesagt für etwas anderes ausgeben als für Windeln und Babybrei. Um jetzt eine Familie zu gründen, müsste ich also auf vieles verzichten und sehr sparsam sein. Dafür bin ich aber momentan nicht bereit.

<small>**Kontra Familiengründung**
Kinder sind teuer</small>

Auf der anderen Seite ist die Liebe, die einen die eigenen Kinder schenken, unbezahlbar. Man baut ein tiefes Vertrauensverhältnis auf. Diese Verbindung ist einzigartig und wird Eltern und Kinder ein Leben lang begleiten. Darüber hinaus muss man sich in der heutigen Zeit nicht mehr unbedingt zwischen Kind und Karriere entscheiden. Solange die Arbeits-

<small>**Pro Familiengründung**
Die Verbindung zwischen Kind und Eltern ist einzigartig</small>

zeiten „kinderfreundlich" ausgerichtet sind und es ausreichend Betreuungsmöglichkeiten in der näheren Umgebung gibt, spricht nichts dagegen, dass beide Elternteile berufstätig sind.

Auch wenn ich im Moment noch keine Kinder haben möchte, glaube ich schon, dass ich später einmal eine Familie gründen werde. Wichtig ist mir dabei nur das Wann. Zuerst möchte ich meine Ausbildung machen und meine persönliche Freiheit genießen. Sobald ich dann einmal eine feste Arbeitsstelle habe und über die nötige finanzielle Sicherheit verfüge, spricht in meinen Augen nichts gegen eine Familiengründung.

Schluss
Grundsätzlich für Gründung einer Familie, aber erst wenn finanzielle Sicherheit besteht

Teil B: Text 2

1. *Hinweis: Du musst den Text sehr aufmerksam lesen, um den Inhalt in nur wenigen Sätzen wiedergeben zu können. Orientiere dich an den Abschnitten und markiere Stellen, an denen ein neuer Gedanke beginnt. Fasse dann die Schlüsselstellen zusammen und schreibe sie auf. Damit du dich nicht in Details verlierst, solltest du größere Textabschnitte mehrmals lesen. Schreibe im Präsens.*

Der Artikel „Auf dem Sprung – Training im Großstadtdschungel" aus der Frankfurter Rundschau stellt die spektakulär anmutende Trendsportart Le Parkour anhand des Beispiels dreier junger Parkour-Sportler vor. Die Autorin Jutta Maier gibt in ihrem Text einen kurzen Überblick über die Entstehung, die Besonderheiten und über die Gründe für die zunehmende Beliebtheit dieser Sportart. Deren Begründer David Belle übertrug in den 1980er-Jahren das Dschungeltraining französischer Soldaten auf den „Großstadtdschungel". Mit Le Parkour entstand ein Sport, der es erlaubt, unterschiedlichste Hindernisse in der Stadt elegant, effizient und scheinbar mühelos zu überwinden. Ohne hartes Training, absolute Disziplin und mentale Stärke ist das allerdings nicht zu schaffen. Es geht diesen Sportlern nicht um den Adrenalin-Kick, sondern darum, den Körper zu stärken. Deshalb werden alle Sprünge und Tricks unzählige Male auf weichen Untergründen wie Sand oder auf Wiesen geübt, bevor sie auf hartem Beton ausgeführt werden. Beim Le Parkour trainiert man außerdem Disziplin und das Abbauen von Ängsten und inneren Blockaden. Das kann auch für die Bewältigung von Herausforderungen im Alltag hilfreich sein. Mittlerweile sind Parkour-Sportler auch für Stunt-Sequenzen in Filmen gefragt. Doch auch wenn die Szenen gefährlich wirken, hat die Sicherheit der Sportler immer absoluten Vorrang. Die Zahl der aktiven Parkour-Sportler in Deutschland nimmt zu, 2007 waren es 2 000.

2. *Hinweis:* Um die passenden Wörter zu finden, liest du den Text aufmerksam durch. Markiere dabei am besten erst einmal alle Fremdwörter. Vielleicht ergeben sich jetzt schon die ersten Kombinationen. Denke auch daran, dass manche Fremdwörter durch ihren häufigen Gebrauch oft gar nicht mehr als solche wahrgenommen werden. Wenn du unsicher bist oder die Bedeutung eines Wortes nicht kennst, kann dir dein rechtschriftliches Wörterbuch eine Hilfe sein. Die letzte Entscheidung für das jeweils passende Wort gelingt meist erst durch die Betrachtung des Textzusammenhangs.

a) erledigen, ableisten — absolvieren (Z. 90)
b) wirksam, erfolgreich, wirtschaftlich — effizient (Z. 19)
c) Strömung, Richtung — Tendenz (Z. 45)
d) geistig, gedanklich — mental (Z. 79)

3. *Hinweis:* **Zu a:** Die passende Textstelle ist dir wahrscheinlich schon beim ersten Lesen aufgefallen. Formuliere dazu aber einen eigenständigen Text, in dem du diese Informationen korrekt wiedergibst.
Zu b: Du hast den Text nun schon mehrmals gelesen, sodass dir markante Merkmale dieser Sportart sicher nicht entgangen sind. Du findest sie im ganzen Text verteilt. Notiere sie als kurze Stichwortsätze.

a) Die Gründung des Le Parkour geht auf den Franzosen David Belle in den 1980er-Jahren zurück. Er entwickelte es in Anlehnung an das Überlebenstraining, das sein Vater während seiner Zeit als Soldat im Dschungel absolvierte. Belle übertrug dieses Trainingsprogramm auf den „Großstadt-Dschungel" und passte es den hier vorliegenden Gegebenheiten an.

b) Mögliche Stichworte:
- sich effizient und elegant durch die Stadt bewegen (Z. 19–21)
- fließende, geschmeidige Bewegungen über Hindernisse (Z. 26–29)
- es gibt bestimmte Grundbewegungen wie Rolle, Drehung, Katzensprung oder Präzisionssprung (Z. 25/26)
- den Körper stärken, nicht zerstören (Z. 62/63)
- stark sein, um anderen helfen zu können (Z. 73/74)
- hartes Krafttraining, Disziplin und mentale Stärke (Z. 79/80)
- innere Blockaden lösen, Ängste überwinden (Z. 82, Z. 85/86)
- täglich intensives Training (Z. 90, Z. 93/94)

4. *Hinweis:* Wenn du den Text abschnittweise durchliest, kannst du die Stellen leicht herausfinden und als Zitate mit den dazugehörigen Satzzeichen aufschreiben.

   Mögliche Textstellen:
   - „Für das Training ihrer Tricks wählen die drei vorsichtshalber den Sand des angrenzenden Spielplatzes." (Z. 54–56)
   - „Doch was im Video halsbrecherisch wirkt, war abgesichert." (Z. 61/62)
   - „‚Man macht einen Sprung hundert Mal auf einer Wiese, dann erst auf Beton' […]." (Z. 83–85)

5. *Hinweis:* Die Aufgabe lässt dir bei der Übertragung der Regeln von Le Parkour auf andere Lebensbereiche einen großen Spielraum. Wähle am besten zwei Bereiche aus, die sich mit deinen persönlichen Erfahrungen gut in Einklang bringen lassen. Familie, Schule, Freundeskreis, Freizeit – viele Bereiche des Alltags bieten sich hier an.

   Manchmal ist es ganz schön schwer, seinen Grundsätzen treu zu bleiben. Als Sportler trinke ich beispielsweise aus Überzeugung keinen Alkohol und ich bin immer sehr gut damit gefahren. Doch oft muss ich mich auf Partys mächtig gegen den Druck der Gruppe stemmen, um mich nicht zum Trinken verleiten zu lassen. Man möchte ja kein Weichei sein oder ständig dazu aufgefordert werden, doch auch mal einen Schluck zu probieren. Aber sich nicht von anderen verleiten zu lassen und nichts zu wagen, wofür man nicht bereit ist, gehört eben auch zu meinen Grundsätzen. Meine besten Freunde wissen das und respektieren meine Einstellung.
   Der innige Wunsch meines Freundes Felix, Gitarrespielen ohne fremde Hilfe zu lernen, ging vor einem Jahr vollkommen daneben. Seine Eltern hatten ihm zum Geburtstag zwar eine E-Gitarre samt Equipment gekauft, doch dem Ganzen dann ein annähernd brauchbares Klangerlebnis zu entlocken, war ihm nicht möglich. Er hatte sich einfach zu viel auf einmal vorgenommen. Doch als Felix dann zum Gitarrenunterricht ging und dort Schritt für Schritt an die Grundelemente und nötigen Griffe herangeführt wurde, klappte es immer besser. Man sollte sich eben nur in kleinen Schritten steigern, wenn man Erfolg haben will. Und erfolgreich war Felix auch. Inzwischen spielt er sogar in unserer Schulband.

6. *Hinweis:* Im ersten Teil der Aufgabe setzt du dich mit einem Schaubild auseinander. Das Vorgehen bei der Auswertung kennst du aus dem Unterricht. Lass dir Zeit, um dir die Zusammenhänge vollständig klarzumachen. Das Fremdwort in der Titelzeile (Budget) kannst du nachschlagen, falls du es nicht kennen solltest.

Den in der Grafik dargestellten Sachverhalt bringst du anschließend mit dem Text in Verbindung. Dazu vergleichst du die Grundaussage des Textes mit der Erkenntnis aus der Analyse der grafischen Darstellung.

Die vorliegende Grafik vermittelt Informationen über das tägliche Freizeitverhalten von Neuntklässlern. Sowohl Jungen als auch Mädchen verbringen rund 200 Minuten mit Fernsehen, Video und DVD. Die Beschäftigung mit diesen Medien nimmt somit den größten Teil ihrer Freizeit ein, dicht gefolgt von Beschäftigungen am Computer. Bei diesen chatten die Mädchen gerne im Internet, während die Jungen deutlich mehr Zeit mit Computerspielen verbringen. Zwar treiben Jugendliche auch relativ viel Sport, doch die Beschäftigung mit PC, Internet, Video und Fernsehen nimmt bei beiden Geschlechtern deutlich mehr Zeit in Anspruch.

Das Schaubild zeigt somit deutlich, dass die drei Jungen mit ihrer Begeisterung für Sport ganz und gar nicht typisch sind, denn für den Durchschnitt der Jugendlichen haben die Medien einen wesentlich höheren Stellenwert.

7. ✏ *Hinweis: Bei dieser Aufgabe sollst du Stellung zu den Aussagen in der Aufgabenstellung nehmen. Sieh dir den ersten Satz im Arbeitsauftrag an, und überlege, ob du auch der Meinung bist, dass Angst zugleich gut und schlecht sein kann, oder ob du eher die Position vertrittst, dass Angst ausschließlich gut oder schlecht ist. Gehe bei dieser Aufgabe wieder verschiedene Lebensbereiche durch, um unterschiedliche Beispiele anführen zu können. Es bietet sich besonders an, auch eigene Erfahrungen einzubringen.*
Achte darauf, dass du zu deinen Behauptungen auch Begründungen anführst und sie mit passenden Beispielen belegst.

Es ist eigentlich erstaunlich, wie oft man Angst hat. – Und das nicht nur bei waghalsigen Sportarten: Oft nimmt man dieses Gefühl im Alltag gar nicht so richtig wahr. Aber Angst zieht sich durch unser ganzes Leben und der Umgang mit ihr ist ein zentrales Thema für jeden Menschen. Ich stimme der Aussage zu, dass Angst hindern und verstören, aber auch als Schutz dienen kann.	**Einleitung** Thema aufgreifen und Meinung äußern: Zustimmung: Angst betrifft jeden, kann hinderlich, aber auch nützlich sein
Oft verspüre ich z. B. vor wichtigen Prüfungen Angst und so geht es, denke ich, auch vielen anderen Menschen. Ich kann dann gar nicht mehr richtig schlafen, habe kaum Appetit und male mir aus, wie schwierig die Aufgaben werden könnten. Ich gehe auch nicht mehr mit Freunden aus, sondern übe stundenlang. Kurz vor der Prüfung habe ich feuchte Hände und mir ist flau in der Magengegend. Gleichzeitig bin ich dann aber auch vollkommen konzentriert auf das Gelernte	**1. Argument: Angst als etwas Positives** Angst mobilisiert alle Kräfte und kann dazu führen, dass man sich besser konzentriert

und nichts kann mich in diesen Momenten ablenken. So hilft mir die Angst in gewisser Weise, Prüfungen besser zu meistern, weil ich alle Kräfte dafür mobilisiere und mich optimal vorbereite.

Andererseits kann Angst aber auch dazu führen, dass man sich etwas nicht zutraut, obwohl man eigentlich dazu in der Lage wäre. Mein Freund Stefan hat erst kürzlich die Führerscheinprüfung bestanden. Als er dann in den Wochen danach fast gar nicht Auto gefahren ist, habe ich ihn gefragt, ob er wohl sein Auto schonen will. Da hat er mir anvertraut, dass er Angst davor hat, ohne den Fahrlehrer zu fahren, der im Notfall eingreifen könnte. Mittlerweile ist er durch die fehlende Fahrpraxis so sehr aus der Übung, dass er alles tut, um Autofahrten zu vermeiden. Seine Angst hat ihn in diesem Fall nicht genutzt, sondern ihn nur daran gehindert, Fahrsicherheit aufzubauen.

2. Argument: Angst als etwas Negatives
Angst kann dazu führen, dass man sich etwas nicht zutraut, obwohl man dazu in der Lage wäre

Jedoch kann Angst ebenso davor schützen, falsche Entscheidungen zu treffen. Ein guter Freund unserer Familie hat letztes Jahr von seiner Firma ein interessantes Stellenangebot im Ausland bekommen. Nach der anfänglichen Freude verspürte er aber bald zunehmend Angst, wenn er an all die Veränderungen dachte, die auf ihn und vor allem seine Familie zukommen würden. Seine Angst brachte ihn schließlich so weit, das Stellenangebot noch einmal ganz genau zu prüfen. Das Ergebnis war, dass er das Angebot ablehnte. Es gab einfach zu viele Nachteile. Heute ist er froh darüber, dass ihn seine Angst vor einer falschen Entscheidung bewahrt hat.

3. Argument: Angst als etwas Positives
Angst kann vor falschen Entscheidungen schützen.

Angst kann einen aber auch blockieren, sodass man in Situationen untätig bleibt, in denen eigentlich Handeln angesagt wäre. Unsere Nachbarin, Frau Meyer, war einmal in einer solchen Situation. Sie geht gerne an den Waldsee zum Entspannen. An einem besonders heißen Sommertag war es mit der Entspannung schlagartig vorbei, denn ein älterer Mann torkelte plötzlich und brach dann mit hochrotem Kopf zusammen. Einige Badegäste eilten zwar sofort herbei, waren durch die Angst, beim Helfen etwas falsch zu machen, aber wie gelähmt. Auch Frau Meyer hatte zunächst Angst davor, zuzupacken und durch falsche Hilfsmaßnahmen den Zustand des Mannes zu verschlechtern. Zum Glück überwand sie aber ihre Angst und zog den älteren Mann in den Schatten,

4. Argument: Angst als etwas Negatives
Angst kann einen lähmen und verhindern, dass man die richtigen Maßnahmen ergreift

wo sie ihn mit einem feuchten Handtuch kühlte und den Notarzt rief.

Angst ist ein Schutzmechanismus unseres Körpers, der uns davor schützt, etwas Riskantes oder Falsches zu tun. Angst kann aber auch übertrieben sein und verhindern, dass wir das Richtige tun. Wenn man Angst hat, sollte man deshalb immer prüfen, ob sie berechtigt ist oder ob man sie ohne Bedenken übergehen kann.

Schluss
Bei Angst sollte man immer prüfen, ob sie berechtigt ist oder nicht

Qualifizierender Abschluss der Mittelschule Bayern 2015
Deutsch – Lösungen

Teil A: Rechtschreibung I

*Hinweis: Nach dem Diktieren hast du noch einmal **zehn Minuten** Zeit, um deinen Text mithilfe der gelernten Rechtschreibstrategien und durch Nachschlagen im Wörterbuch zu überarbeiten. Elektronische Wörterbücher sind während der Prüfung allerdings nicht erlaubt. Für jeden Fehler wird je ein halber Punkt abgezogen. Falsche, fehlende oder nicht eindeutig lesbare Wörter sowie Trennungsfehler gelten als ganze Fehler. Wiederholungsfehler und mehrere Fehler in einem Wort werden nur einmal als Fehler gewertet.*

Ist das ganze Leben ein Spiel?
Etwa die Hälfte der Deutschen / verfügt derzeit über ein Smartphone*. / Ein großer Teil davon / ist permanent im Internet. / Die Nutzer versenden Nachrichten / oder finden Routen. / Besonders Spiele erfreuen sich größter Beliebtheit. / Man spielt an den verschiedensten Orten, / wie beispielsweise im Bus, / am Arbeitsplatz oder daheim. / Es gibt heute schon mehrere Millionen Apps. / Täglich kommen neue hinzu. / Beinahe könnte man annehmen, / das ganze Leben passe in ein Smartphone.

(73 Wörter)

** **Korrekturhinweis:** Richtig wäre auch „Smart Phone".*

Teil A: Rechtschreibung II

1. *Hinweis: Das erste der beiden Wörter muss großgeschrieben werden, weil es sich dabei um ein Nomen handelt. Das kannst du einerseits an der Endung „-heit" erkennen, die typisch für Nomen ist, andererseits kannst du auch die Artikelprobe durchführen. Dabei prüfst du, ob du in einem Satzzusammenhang einen Artikel vor das Wort setzen kannst. Beispiel: „Er erfreute sich großer Beliebtheit." – „Er erfreute sich **der** großen Beliebtheit."*
*Beim zweiten Wort bieten sich zwei mögliche Strategien an: Du kannst die Schreibung des Wortes ableiten, indem du nach verwandten Wörtern suchst, deren Schreibung dir bekannt ist: „Arbeitsplätze" wegen „Parkplätze", „öffentliche Plätze" ... Oder du bildest den Singular: „Arbeitspl**ä**tze" wegen „Arbeitspl**a**tz". Je eine Rechtschreibstrategie musst du sinngemäß ausformulieren, um die volle Punktzahl zu erhalten.*

Beispielwörter	Lösungsstrategie
Beliebtheit	Ich achte auf die Endung „-heit". **Oder:** Ich führe die Artikelprobe durch.
Arbeitspl**ä**tze	Ich bilde den Singular „der Arbeitspl**a**tz". **Oder:** Ich leite die Schreibung vom verwandten Wort „Parkpl**ä**tze" ab.

2. ✏ *Hinweis: Handelt es sich um einen Artikel oder ein Demonstrativ-/Relativpronomen, schreibst du „das". Ansonsten setzt du die Konjunktion „dass" ein. Falls du dir nicht sicher bist, ob ein Pronomen vorliegt, machst du die Ersatzprobe: Wenn du anstelle von „das/dass" das Wort „welches" einsetzen kannst, schreibst du „das". Ist kein Austausch möglich, musst du „dass" schreiben. Beim ersten und beim dritten „dass" handelt es sich also um Konjunktionen, die einen Nebensatz einleiten. Das zweite „das" ist der Artikel zu „Smartphone", beim letzten „das" handelt es sich um ein Relativpronomen, vgl.: „Es gibt kaum ein Handy, das/welches nicht täglich genutzt wird." Vergiss nicht, dass du den Satzanfang großschreiben musst. Für jede richtige Lösung wird ein halber Punkt vergeben.*

    Dass das Smartphone einen festen Platz in unserer Gesellschaft hat, zeigt allein schon die Tatsache, **dass** über 40 Millionen Menschen in Deutschland ein solches Gerät besitzen. Es gibt kaum ein Handy, **das** nicht täglich genutzt wird.

3. ✏ *Hinweis: Wenn du den Satz langsam und aufmerksam liest, erkennst du rasch die einzelnen Wörter dieser Buchstabenschlange. Trenne sie im Aufgabenblatt durch Schrägstriche voneinander. Da die Satzzeichen schon korrekt eingefügt sind, musst du dich um sie nicht mehr kümmern. Um herauszufinden, welche der Wörter du neben dem Satzanfang großschreiben musst, wendest du die gelernten Rechtschreibstrategien zur Groß- und Kleinschreibung an: Du kannst z. B. die Wörter „Menschen", „Handy", „Mitmenschen" und „Störung" mithilfe der Artikelprobe rasch als Nomen im Satz aufspüren. Für jeden Fehler (dazu zählen auch Abschreibfehler) wird dir ein halber Punkt abgezogen. Auch für fehlende Satzzeichen, Umlautzeichen oder i-Punkte wird je ein halber Punkt abgezogen. Minuspunkte gibt es nicht.*

    Viele Menschen tippen immer und überall scheinbar sinnlos auf dem Handy herum, was viele Mitmenschen als Störung oder gar unhöflich empfinden.

4. *Hinweis: Durch den Umgang mit dem Wörterbuch im Unterricht solltest du mit der Legende (typische Abkürzungen, Zeichen usw.) eines Wörterbucheintrags vertraut sein:*

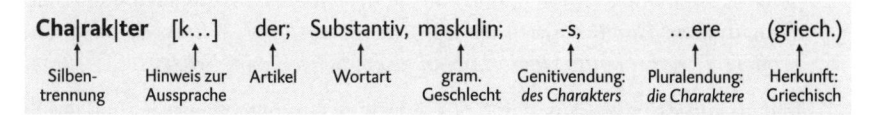

Cha|rak|ter	[k...]	der;	Substantiv, maskulin;	-s,	...ere	(griech.)
Silbentrennung	Hinweis zur Aussprache	Artikel	Wortart	gram. Geschlecht	Genitivendung: des Charakters	Pluralendung: die Charaktere	Herkunft: Griechisch

Falls dir bei d) kein passendes Adjektiv einfällt, schlägst du rasch im Wörterbuch nach. Achte dabei auf typische Adjektivendungen wie „-isch" oder „-tisch". Für jede richtige und korrekt geschriebene Antwort wird ein halber Punkt vergeben.

a) aus dem Griechischen
b) der Charakter
c) (die) Charaktere
d) charakteristisch **oder** charakteristischerweise **oder** charakterlos ...

Teil B: Text 1

1. *Hinweis: Lies den Text zunächst vollständig durch und unterstreiche dabei die betreffenden Namen. Nach dem ersten Lesen wirst du feststellen, dass sich viele der gesuchten Informationen in der ersten Hälfte des Textes befinden. Es reicht übrigens aus, wenn du die Personen kurz mit jeweils einer zutreffenden Angabe in einem vollständigen Satz vorstellst.*

- Paul: Paul ist der Ich-Erzähler, er ist 14 Jahre alt und Erasmus' neuer Nachbar und Mitschüler.
- Köster: Herr Köster ist Lehrer in der Klasse und trägt auch den Spitznamen „General".
- Erasmus: Erasmus Schröder kommt als neuer Schüler in die Klasse und wohnt im Nachbarhaus von Paul. Er ist dreizehn Jahre alt, klein und trägt eine dicke Brille. Zu Beginn wirkt er schüchtern und unsicher, auf Kleidung scheint er keinen besonderen Wert zu legen. Als er nach seinem Namensvetter gefragt wird, zeigt sich, dass er sehr gebildet ist.
- Claus: Claus ist ein Mitschüler und Banknachbar von Paul.

2. ✎ *Hinweis: Du musst den Text sehr aufmerksam lesen, um den Inhalt in nur wenigen Sätzen wiedergeben zu können. Gehe abschnittsweise vor und achte darauf, wann jeweils ein neuer Gedanke beginnt. Wenn du die entsprechenden Schlüsselstellen markierst, kannst du sie anschließend zusammenfassen und niederschreiben. Damit du dich nicht in Details verlierst, solltest du immer wieder größere Textabschnitte wiederholend lesen. Schreibe im Präsens.*

In dem vorliegenden Ausschnitt aus dem Jugendroman „Paul Vier und die Schröders" schildert der Autor Andreas Steinhöfel die Ankunft eines neuen Schülers namens Erasmus in der Klasse des Ich-Erzählers Paul. Klein, schüchtern, mit dicker Brille und ganz ohne Schulsachen, wird Erasmus schon beim Betreten des Klassenzimmers zum Spielball des angsteinflößenden Lehrers, Herrn Köster. Dieser hat seinen Spitznamen „General" nicht unverdient bekommen, denn er beleidigt den neuen Schüler vor der ganzen Klasse als unwissend und dumm, obwohl er das in diesem Moment noch gar nicht beurteilen kann. Diese Ungerechtigkeit lässt Erasmus aber nicht auf sich sitzen. Mit umfassendem Fachwissen zu Erasmus von Rotterdam und Erasmus, dem Nothelfer, entlarvt er alle Beleidigungen Kösters als unpassend. Weil er sein Wissen auch sprachlich bestens präsentieren kann, überrumpelt er den „General" regelrecht und stellt diesen zurecht bloß. Außerdem lässt Erasmus keinen Zweifel daran, dass sich sein Lehrer zukünftig genau überlegen sollte, wie er mit ihm umgeht.

3. ✎ *Hinweis: Sprachliche Bilder dienen dazu, bestimmte Aussagen für den Leser oder Zuhörer besonders anschaulich zu machen. Dabei steht der wörtlichen Bedeutung immer eine übertragene gegenüber, die du erklären sollst. In einer zu engen Haut eingezwängt zu sein, ist ein unangenehmes Gefühl. Deine Aufgabe ist es, herauszufinden, was mit dieser Haut im Text gemeint ist und was deren Abfallen bei Erasmus bewirkt. Achte dazu auch auf die plötzliche Verhaltensänderung von Erasmus dem Lehrer gegenüber.*

Für Erasmus ist das Vorstellen vor der neuen Klasse und vor dem angsteinflößenden „General" eine ungewohnte und eher bedrohlich wirkende Situation. Seine anfängliche Unsicherheit und Nervosität hemmen ihn und schränken ihn wie eine zu eng gewordene Haut gegen seinen Willen ein. Doch wie auch manche Tiere mit zunehmendem Wachstum ihre Haut abwerfen, die allmählich zu eng für sie geworden ist, befreit sich Erasmus aus dieser Starre. Als der Lehrer ihn als unwissend und dumm abstempeln will, fällt alle Nervosität von ihm ab und es gelingt ihm, den Lehrer mit seinem Wissen zu schlagen. Er kann dadurch seine ganze Stärke und Größe zeigen. Seine Angstgefühle und Nervosität verliert er mit zunehmender Sicherheit, eben wie wenn er eine zu eng gewordene Haut abstreifen würde.

4. *✏ Hinweis: Hier musst du den Umgang des Lehrers mit dem neuen Schüler beschreiben. Es hilft dir, wenn du dich in Erasmus' Lage versetzt. Stelle dir vor, wie die Äußerungen des „Generals" auf dich wirken würden, wenn du das erste Mal in eine neue Klasse kommst. Aus diesem Empfinden heraus lässt sich der Auftrag gut bearbeiten und durch mindestens zwei passende Textstellen belegen.*

Schon beim Betreten des Klassenzimmers empfängt Herr Köster Erasmus unfreundlich: Er geht nicht auf ihn zu und begrüßt ihn auch nicht, wie man es normalerweise bei der Ankunft eines neuen Mitschülers erwarten dürfte. Vielmehr mustert er den in der Tür stehenden, verunsicherten Jungen abschätzig (vgl. Z. 17–20), bevor er ihn im Befehlston zu sich ans Pult kommandiert (vgl. Z. 31/32). Als Erasmus sich aus Versehen beim Namen „Köster" verspricht, reagiert der „General" sofort „sauer" (Z. 30). Das autoritäre, respektlose und unfreundliche Verhalten Kösters zeigt sich besonders deutlich, als er Erasmus vor allen Mitschülern vollkommen unbegründet als unwissend und dumm bezeichnet (vgl. Z. 72/73), und dabei einen Großteil der Klasse gleich pauschal mit verurteilt. Die Frage nach dem Namensvetter war ganz offensichtlich als „Stolperstein" für Erasmus gedacht, um diesen gleich zu Beginn vor allen anderen scheitern zu lassen und um die eigene vermeintliche Stärke zu demonstrieren. Dass Herr Köster Freude daran hat, Erasmus den Start in der neuen Umgebung zu erschweren, bringt er mit „einem wenig wohlwollenden Lächeln" (Z. 69/70) zum Ausdruck.

5. *✏ Hinweis: Bei dieser Aufgabe erzählst du aus Erasmus' Sicht. In Gedanken schlüpfst du in seine Rolle und versetzt dich in seine Situation. Diese offene Schreibform ermöglicht es dir, relativ frei zu formulieren, allerdings musst du dich an die Geschehnisse im Text halten. Erzähle also als Erasmus vom ersten Kontakt mit der Klasse und wie dich der Lehrer empfangen hat. Gehe dabei deutlich auf deine Gedanken und Gefühle in dieser Situation ein.*

Ach weißt du, Mami, als ich das Klassenzimmer betreten habe, war das schon ein bisschen komisch für mich. Herr Köster, der Lehrer, hat mich zuerst ganz böse angeschaut, als ob ich ein Wesen von einem anderen Stern wäre. Ich war ziemlich nervös und habe mich vor Aufregung bei seinem Namen versprochen, was ihn scheinbar ziemlich geärgert hat. Als er mich dann im Befehlston aufgefordert hat, reinzukommen, wollte ich mir gleich einen freien Platz suchen, aber er hat mich dann plötzlich ziemlich unfreundlich zu sich ans Pult gerufen. Ich habe kaum einen Ton herausgebracht, als er mir regelrecht befohlen hat, dass ich mich vorstelle. Meine Kehle war ganz trocken: Vor mir beäugten mich alle neuen Mitschüler und hinter mir schlug Herr Köster plötzlich mit der flachen Hand auf den Tisch, weil alle tuschelten. Das war schon heftig. Dann sollte ich etwas zu meinem Namensvetter sagen. Als ich nachgefragt habe, über welchen Namensvetter ich etwas erzählen soll, hat er mich vor der ganzen Klasse als unwissend und dumm bezeichnet. Da war auch bei mir „Schluss mit lustig", obwohl ich ja sehr geduldig bin, wie du weißt. Ich habe mir die Beleidigungen verbeten und ihn mal ausführlich über beide Namensvettern in Kenntnis gesetzt. Es tat richtig gut, ihm zu zeigen, dass ich eben nicht dumm und unwissend bin. Herr Köster, der übrigens den vielsagenden Spitznamen „General" trägt, wurde plötzlich ganz blass und die Mitschüler waren so still, dass man eine Stecknadel hätte fallen hören. Auf meine Frage, ob ich mich jetzt setzen dürfte, hat der „General" dann sogar mit „Ja, bitte" geantwortet. Ich denke, dass es mir gut in der Klasse gefallen wird. Vielleicht können wir unserem Lehrer auch bald einen anderen Spitznamen geben.

6. *Hinweis: Was eine Karikatur ist und wie man sie interpretiert, habt ihr im Unterricht besprochen. Darauf kannst du dich jetzt stützen. Beschreibe zunächst kurz, was du auf dem Bild siehst (Personen, Handlung, Text). Dann erklärst du, was der Autor mit der Darstellung des Lehrers kritisieren will. Das Verhalten dieses Lehrers vergleichst du schließlich mit dem des „Generals" in der Geschichte (Unterschiede, Gemeinsamkeiten, Wertung).*

Der Lehrer auf dem Bild findet bei seinen Schülern offensichtlich keine ernsthafte Beachtung, denn die zwei Jungen scheinen in ein persönliches Gespräch vertieft zu sein, während das Mädchen eher verwirrt aussieht. Das Verhalten der Kinder ist nur verständlich, da sich der Lehrer einer Sprache bedient, die wahrscheinlich die Schüler so nicht verwenden. Seltsame Verrenkungen von Armen und Fingern deuten darauf hin, dass er zusätzlich durch seine Gestik versucht, Schüler nachzuahmen, um bei ihnen besser „anzukommen". Mit seinem gekünstelten Auftreten möchte er Eindruck machen und den „coolen" Kumpel spielen, der von seinen Schülern angehimmelt wird und auf den man dann auch brav hört und wahrscheinlich zukünftig die Hausaufgaben ordentlich fertigt. Das Desinteresse der Kinder im Bild deutet aber schon an, dass er mit dieser Taktik wenig Erfolg haben wird.

Das gegenteilige Verhalten zeigt sich beim „General" in der Klasse von Erasmus. Herr Köster versucht erst gar nicht, den Kumpel zu spielen, sondern „herrscht" mit übertriebener Strenge und überzogener Autorität bis hin zu persönlicher Beleidigung. In dieser Welt aus Angst und Gehorsam sind zwar alle auf den Lehrer konzentriert, aber innerlich eigentlich nur damit beschäftigt, den Unterricht unversehrt zu überstehen.

In beiden Fällen sind zunächst die Schüler die Leidtragenden. Auf Dauer gesehen wird den beiden Lehrkräften ihr Verhalten aber auch nicht gut bekommen: Der vermeintliche „Kumpel" wird nicht ernst genommen, der „General" rasch eines Besseren belehrt.

7. ✏ *Hinweis: Bei dieser Aufgabe hast du es mit einer linearen Erörterung zu tun. Die Aussage im Arbeitsauftrag ist gut nachvollziehbar und gibt dir damit den Weg für deine Arbeit schon vor. Lass dich dabei nicht von der Formulierung „von jeder einzelnen Schülerin und von jedem einzelnen Schüler" verwirren, die die Schülerseite stark betont! Du sollst überlegen, was sowohl Lehrer als auch Schüler für eine angenehme Lernumgebung und einen erfolgreichen Unterricht tun können. Denke außerdem daran, treffende Beispiele für deine Ausführungen zu finden. Dabei kannst du sicher auf Erfahrungen aus deinem Schulalltag zurückgreifen. Aus der Punktzahl lässt sich schließen, dass du vier Gesichtspunkte zu erfolgreichem Unterricht und angenehmem Lernklima ausführen solltest. Du kannst dir eine kurze Gliederung auf einem separaten Blatt anfertigen, die dir hilft, Ordnung in deine Gedanken zu bringen.*

Lehrer und Schüler verbringen in der Schule einen erheblichen Teil ihres Lebens. Läuft etwas nicht so wie gewünscht, wird die Schuld oft bei den Lehrern als Alleinverantwortlichen gesucht. Doch damit macht man es sich zu einfach, denn erfolgreicher Unterricht und eine angenehme Lernumgebung hängen nicht nur von der Lehrkraft ab, sondern auch von jeder einzelnen Schülerin und von jedem einzelnen Schüler.	**Einleitung** Hinführung zum Thema: Gestaltung des Arbeits- und Lebensraums Schule durch Lehrer und Schüler
Was können beide Seiten, Lehrer und Schüler, also tun, um eine angenehme Lernatmosphäre zu schaffen und erfolgreichen Unterricht zu ermöglichen?	**Überleitung** Maßnahmen beider Seiten
Zunächst sollte der Lehrer seinen Schülern anbieten, sich bei der Themenwahl der Unterrichtsinhalte einzubringen. Zwar ist er hier nicht völlig frei, weil auch er sich nach dem Lehrplan richten muss, doch es gibt einen gewissen Spielraum. Unsere Lehrerin informiert uns z. B. meist darüber, was in nächster Zeit ansteht. Wir dürfen dann Vorschläge und sogar Material zur Umsetzung beisteuern. Interessant ist das vor allem bei der Auswahl von Schullektüren oder bei der Planung von Klassenfahrten. Als Schüler fühlt man sich so ernst genommen und wertgeschätzt, wodurch die Motivation und das Interesse am Unterricht steigen.	**Hauptteil** Interessante Lernangebote in gemeinsamer Absprache
Im Gegenzug sollten wir Schüler uns aber auch bewusst sein, dass ein gutes Zusammenleben in der Schule und eine angenehme Lernumgebung das Einhalten gemeinsam vereinbarter Verhaltensregeln erfordern. Diese sind für uns Schüler allerdings nicht immer sofort nachvollziehbar und deshalb wird auch oft dagegen protestiert oder sie werden sogar ignoriert, wie z. B. das Handyverbot. Hier könnte es helfen,	Aufstellen und Einhalten vereinbarter Verhaltensregeln

wenn sich jemand die Zeit nähme, uns den Sinn solcher Maßnahmen ein wenig genauer zu erläutern. Letztlich ist hier natürlich Verständnis auf beiden Seiten gefordert, damit eine angenehme Lernatmosphäre und ein erfolgreicher Unterricht möglich sind.

Darüber hinaus sollten sich Lehrer und Schüler wohlfühlen an dem Ort, der für viele Stunden am Tag ihr Arbeitsplatz ist. Wenn sie gemeinsam Ideen sammeln und umsetzen, kann jede Schule interessante Angebote machen, wie z. B. Lernwerkstätten, ansprechende Pausenhöfe, eventuell sogar mit kleinen Sportangeboten, Rückzugsmöglichkeiten für Lehrer und Schüler sowie leckeres und gesundes Essen in den Kantinen von Ganztagsschulen. Als Schüler müssen wir dann aber auch sorgsam mit den Räumlichkeiten umgehen, die Angebote nutzen und wertschätzen. *(Gemeinsame Gestaltung und Pflege einer ansprechenden Lernumgebung)*

Eine der wichtigsten Voraussetzungen für ein gutes Lernklima und einen erfolgreichen Unterricht ist meiner Meinung nach jedoch die gegenseitige Wertschätzung und der beiderseitige Respekt innerhalb der Schulfamilie. Das setzt voraus, dass man Verständnis für den jeweils anderen aufbringt. Lehrer werden von Schülern oft nur als Fordernde gesehen, die den Schülern keine Freude gönnen, während die Lehrer Schüler, deren Leistungen abfallen, oft einfach nur als faul abstempeln. Gespräche, die dem jeweils anderen zeigen, dass man sich für ihn und seine Probleme interessiert, schaffen hier die beste Abhilfe. Erst wenn jeder offen sagen kann, was ihn bewegt und was er sich erhofft, kann ein erfolgreicher Unterricht gelingen. *(Wertschätzung und gegenseitiger Respekt innerhalb der Schulgemeinschaft)*

Nicht zuletzt bietet ein wohlwollender Umgang miteinander Vorteile für beide Seiten: Die Lehrer haben Erfolg mit ihrem Unterricht und können ihr Wissen in einer weniger stressigen Umgebung vermitteln, die Schüler fühlen sich wertgeschätzt und haben mehr Freude daran, sich am Unterricht zu beteiligen und etwas zu lernen. Das Arbeiten und Leben in der Schule kann also nur dann gelingen, wenn sowohl Lehrer als auch Schüler miteinander und nicht gegeneinander arbeiten und Verantwortung dafür übernehmen, dass der Unterricht erfolgreich und in einer angenehmen Lernatmosphäre stattfinden kann. *(Wertende Stellungnahme und Schlussgedanke: Wohlwollender Umgang miteinander bietet Vorteile für beide Seiten)*

Teil B: Text 2

1. ✏ *Hinweis: Um die Kernaussagen zu finden, gliederst du den Text in Sinneinheiten. Lies ihn aufmerksam durch und markiere Schlüsselstellen, an denen jeweils ein neuer Gedanke beginnt. Orientiere dich dabei durchaus auch an den bestehenden Abschnitten im Text. Wenn du dir einen guten Überblick über den Inhalt des Textes verschafft hast, formulierst du die vier Kernaussagen. Um nicht in unwesentliche Einzelheiten abzudriften, solltest du größere Textabschnitte wiederholend lesen.*

   Mögliche Kernaussagen:
   - Viele Menschen schauen zu häufig auf ihr Smartphone.
   - Turk warnt über das Internet vor den negativen Auswirkungen (z. B. Verdummung, Vereinsamung ...).
   - Es gibt neue Phänomene: das „Phubbing" oder die „head-down generation".
   - Jugendliche kommunizieren überwiegend über Apps ihrer Smartphones.
   - Neue Techniken wurden immer schon kritisch betrachtet.
   - Soziale Netze können sich auch positiv auswirken.

2. ✏ *Hinweis: Um die passenden Wörter zu finden, liest du den Text aufmerksam durch. Markiere dabei am besten erst einmal alle Fremdwörter. Vielleicht ergeben sich jetzt schon die ersten Kombinationen. Denke auch daran, dass manche Fremdwörter durch ihren häufigen Gebrauch oft gar nicht mehr als solche wahrgenommen werden. Wenn du dir unsicher bist oder die Bedeutung eines Wortes nicht kennst, kann dir dein rechtschriftliches Wörterbuch eine Hilfe sein. Die letzte Entscheidung für das jeweils richtige Wort gelingt meist erst durch die Betrachtung des Textzusammenhangs.*

   a) *herstellen:* produzieren (Z. 20/21)
   b) *sich verständigen:* kommunizieren (Z. 55)
   c) *Speichergerät für Fernsehaufzeichnungen:* Videorekorder (Z. 83/84)
   d) *wohltätig, gesellschaftlich, die Gemeinschaft betreffend:* sozial (Z. 97)

3. ✏ *Hinweis: Die Überschrift kennst du sicher als Redewendung mit übertragener Bedeutung, die man eigentlich in ganz anderen Situationen verwendet. Hier ist die Redewendung aber wörtlich gemeint. Wenn du den Text noch einmal aufmerksam durchliest, findest du rasch die direkte Verbindung der Überschrift zum Text. Gehe auch kurz darauf ein, dass es sich bei dem Satz um eine Aufforderung handelt, die im Text begründet wird.*

   Wer Probleme hat oder traurig ist, läuft oft mit hängendem Kopf durch die Gegend, weil er niemanden sehen und einfach seine Ruhe haben will. Die Überschrift zum vorliegenden Text spielt allerdings auf die Jugendlichen an, die ständig mit ihrem Smartphone beschäftigt sind und deshalb mit gesenktem Kopf über das Display wischen oder den Minibildschirm anstarren. Das geht eben in dieser Haltung am besten. Aber genau das, meint Gary Turk, sollten sie lieber nicht tun. Seiner Meinung nach könnten die jungen Menschen ihre Zeit viel besser nutzen, z. B. indem sie ihre sozialen Kontakte persönlich pflegen. Die Überschrift ist deshalb bereits als Aufforderung an die vor allem jungen Leser formuliert, nicht ständig auf ihr Smartphone zu schauen.

4. *Hinweis:* *Die technischen Neuerungen kennst du aus deiner eigenen Lebenswelt. Man findet sie in Wohnungen, am Arbeitsplatz und in der Freizeit. Zwar haben sie sich inzwischen weiterentwickelt, aber durch die Beschreibung im Text gelingt dir sicher auch die gedankliche Zuordnung. Unterstreiche die Begriffe beim Durchlesen und suche dir dann vier davon aus, die du stichpunktartig notierst. Vergiss die Zeilenangaben nicht!*

   Mögliche frühere technische Neuerungen:
   - Buchdruck (Z. 77)
   - Zeitung (vgl. Z. 80)
   - Telefon (vgl. Z. 81)
   - Fernsehen (vgl. Z. 83)
   - Videorekorder (Z. 83/84)

5. *Hinweis: Zu a: Denke bei der Bearbeitung der ersten Teilaufgabe daran, was echte Freunde oft im Unterschied zu virtuellen ausmacht. Hier kannst du auf die Erfahrungen in deinem eigenen Leben zurückgreifen. Vielleicht hast du dich auch schon einmal einsam gefühlt und Hilfe benötigt. Frage dich: Was habe ich in dieser Situation von meinen Freunden erwartet? Würde ich das Gleiche auch von meinen virtuellen Freunden erwarten?*
   Zu b: Ohne Vergleich zwischen virtueller und realer Welt lässt sich die Aufgabe kaum lösen. Wie schon in Teilaufgabe a helfen dir die Erfahrungen aus deinem eigenen Leben, um festzustellen, was du über das Zitat denkst. Vor allem ist es wichtig, dass du dir vor Augen führst, was Freundschaft tatsächlich ausmacht und bedeutet, was du aber andererseits auch persönlich von Freunden erwartest und wie wichtig sie dir sind.

   a) Bei den 422 Freunden, von denen Gary Turk spricht, handelt es sich um Internetkontakte, also um rein virtuelle Freunde. Er sammelt sie regelrecht, aber eben nur im Datenspeicher. Wahrscheinlich weiß er nicht einmal sicher, ob sie wirklich so aussehen, wie sie sich auf ihren Profilbildern darstellen. Ihre Persönlichkeit kann er nur aus dem erschließen, was sie ihm über sich selbst preisgeben. Er hat kaum die Möglichkeit, zu überprüfen, ob diese Informationen tatsächlich stimmen. In Notlagen oder wenn er sich einsam fühlt, sind seine virtuellen Freunde in der Regel gar nicht vor Ort, weil sie z. B. in einer weit entfernten Stadt leben. Sie können ihn dann nicht trösten, ihm helfen oder gemeinsam mit ihm etwas unternehmen, sodass er auf andere Gedanken kommt. Die vielen virtuellen Freunde sind daher auch nicht zwangsläufig ein Schutz vor Einsamkeit.

b) Wer in die virtuelle Welt eintaucht, muss wissen, dass nichts real ist. Kontakte in sozialen Netzwerken kann man nicht mit Freundschaften gleichsetzen, wie man sie beispielsweise in der Schule knüpft. Das muss nicht unbedingt schlecht sein: In virtuellen sozialen Netzwerken findet man schnell Kontakt und tauscht sich ganz zwanglos mit anderen aus. Wem es schwerfällt, im wirklichen Leben jemanden kennenzulernen, der legt hier vielleicht sogar endlich seine Hemmungen ab. Wer aber nur virtuelle Freunde hat, der wird schnell spüren, dass ihm im realen Leben etwas fehlt. Vor allem in Notsituationen kann man außer ein bisschen Mitleid nur wenig von seinen virtuellen Freunden erwarten. Gary Turk bringt das in seinem Zitat zum Ausdruck. Mir würde auf Dauer auch der direkte Umgang mit den echten Freunden fehlen, bei denen ich spontan mal vorbeikommen kann, wenn ich ein Problem habe, oder mit denen ich etwas im realen Leben unternehmen kann. Ich hoffe sehr für Gary Turk, dass er neben seinen 422 Internetkontakten schnell wahre Freunde außerhalb der virtuellen Welt findet, mit denen er auch mal Sport machen, ins Kino gehen oder eben einfach Spaß haben kann.

6. *Hinweis: Zu a: In der MSO und im BayEUG sind die Hinweise, Mobiltelefone betreffend, klar formuliert und leicht auffindbar, wenn du die Texte Satz für Satz liest. Formuliere unbedingt in vollständigen Sätzen und beschränke dich auf die vier wichtigsten Aussagen.*
Zu b: Jetzt musst du konkret Stellung zur gesetzlichen Regelung beziehen. Achte auf eine objektive Argumentation. Denke nicht nur an deine eigenen Wünsche und Forderungen, sondern überlege, aus welchen Gründen diese Regeln festgelegt wurden. Begründe deine Meinung stichhaltig und nachvollziehbar.

a) *Mögliche Aussagen:*
- Die Sicherstellung von Handys ist erlaubt, weil diese Geräte den Unterricht oder die Ordnung der Schule stören könnten.
- Mobiltelefone sollen in der Schule ausgeschaltet werden, außer sie dienen dem Unterricht.
- Lehrer können Ausnahmen genehmigen.
- Es ist möglich, die Geräte vorübergehend einzubehalten.
- Die Handys werden später an die Erziehungsberechtigten zurückgegeben.

b) Das Problem besteht meiner Meinung nach darin, dass einerseits im Unterricht nicht ungestört gearbeitet werden kann, wenn Handys eingeschaltet sind, wir uns aber mittlerweile so an die Smartphones gewöhnt haben, dass ein ausgeschaltetes Gerät einem Auto ohne Motor gleichkommt. Dass schon vorsorglich Handys abgenommen werden, weil sie stören könnten, finde ich unfair, denn viele von uns haben sich zumindest soweit im Griff, dass sie ihr Smartphone während des Unterrichts nicht benutzen. Statt eines Rundumschlags, der alle Schüler trifft, wäre es doch sinnvoller, nur denjenigen das Handy wegzunehmen, die sich nicht an die Regeln halten. Dass man das Gerät im Unterricht ausschalten muss, verstehe und akzeptiere ich. Allerdings sollte die Regel dann für alle gelten: Bei der letzten Maßnahme zur Berufsorientierung hat der Lehrer der Parallelklasse während eines Vortrags fleißig sein Smartphone bedient. Das kam bei uns Schülern gar nicht gut an. Auch die Ausnahmeregelung finde ich sinnvoll: Als meine Mutter kürzlich im Krankenhaus war, hat sie mir von Zeit zu Zeit kurze Nachrichten geschickt, wie es ihr gerade geht. Das war sehr beruhigend für mich, sodass ich mich besser auf den Unterricht konzentrieren konnte, als es ohne Smartphone möglich gewesen wäre.

7. *Hinweis: Hier sollst du ein Thema aus zwei Blickwinkeln betrachten. Du musst sowohl Argumente für eine handyfreie Woche finden, als auch dagegen. Abschließend gibst du deine eigene Meinung bekannt und gehst noch einmal kurz auf das Argument ein, das du am überzeugendsten findest. Greife auf eigene Erfahrungen zurück, auf Gespräche in der Familie oder im Freundeskreis, aber auch auf Beiträge aus den Medien. Wenn du verschiedene Lebensbereiche einbeziehst, dürfte es dir nicht schwerfallen, die Vor- und Nachteile einer solchen Aktion überzeugend darzulegen. Notiere dir erst alle Ideen stichpunktartig auf einem gesonderten Blatt. Ordne sie dann, indem du eine kurze Gliederung für deinen Aufsatz erstellst. So vergisst du keine wichtigen Punkte und baust deine Argumentation logisch auf.*

Inzwischen gibt es mehrere Schulen, die eine handyfreie Woche erfolgreich durchgeführt haben. Einige Schüler meinten hinterher, sie hätten problemlos auch länger auf das Smartphone in der Schule verzichten können. Es stellt sich die Frage, ob sie das Gleiche von sich behaupten könnten, wenn man den einwöchigen Handyverzicht auf die Freizeit ausdehnen würde.	**Einleitung** Hinführung zum Thema: Die smartphonefreie Schule – ein Modell zur Nachahmung in der Freizeit?
Zunächst einmal ist der völlige Verzicht auf das Smartphone mit seinen vielfältigen Funktionen eine ziemliche Einschränkung. Wir Jugendlichen sind mit dieser Technologie aufgewachsen und nutzen sie intensiv, um Alltag und Freizeit zu	**Verzicht auf Smartphone auch für kurze Zeit undenkbar**

organisieren. Durch den Verzicht auf sie fehlt uns plötzlich diese Möglichkeit. Wenn man z. B. ins Kino will, kann man dann nicht spontan Karten reservieren. Nutzt man öffentliche Verkehrsmittel, hat man keine Möglichkeit, sich unterwegs per App über Verspätungen oder Ähnliches zu informieren. Unter Umständen bedeutet das erhebliche Zeitverluste. Unpraktisch wird es vor allem, wenn gerade in der Woche des Handyverzichts wichtige Termine wie beispielsweise Vorstellungsgespräche anstehen, für die man ständig auf dem Laufenden sein möchte.

Organisation von Alltag und Freizeit ohne Smartphone kompliziert und umständlich

Darüber hinaus pflegen wir mit dem Smartphone unsere Freundschaften und organisieren unseren Familienalltag. Wenn man beispielsweise spontan noch nach der Schule einen Freund besuchen will, kann man seine Eltern anrufen und ihnen Bescheid sagen. Mit dem Handy können wir uns außerdem jederzeit mit Freunden über Probleme und Ideen austauschen oder spontane Treffen ausmachen. Fehlt uns der Zugriff auf das Smartphone, sind wir praktisch „lahmgelegt" und von allen Freunden abgeschnitten, die weiterhin ihr Handy benutzen dürfen. Das ist dann wirklich belastend, weil man nicht weiß, was gerade ansteht und man bei dringenden Problemen nicht so schnell um Rat oder Hilfe bitten kann.

Verzicht auf Smartphone schränkt Möglichkeiten zur Pflege sozialer Kontakte ein

Allerdings sollte man sich bewusst machen, dass es nur um einen einwöchigen Verzicht geht. Die Erreichbarkeit ist in dieser Zeit schwieriger, aber nicht unmöglich. Vieles ist vielleicht gar nicht so dringend, dass man es von unterwegs besprechen muss. Schließlich kann man zu Hause immer noch Festnetz- und Internetanschluss nutzen.

Überleitung Vorausschauende Organisation und Beschränkung auf Wichtiges

Man sollte sich ohnehin überlegen, ob man wirklich ununterbrochen erreichbar sein will, und ob man sich tatsächlich immer etwas Wichtiges mitteilt. Mich stört an meiner ständigen Erreichbarkeit z. B., dass Freunde Treffen oft kurzfristig per WhatsApp absagen. Man kann sich inzwischen eigentlich gar nicht mehr darauf verlassen, dass eine Verabredung wirklich eingehalten wird. Genauso ist es, wenn ich nach einem anstrengenden Tag einfach mal meine Ruhe haben will, aber ständig auf irgendwelche Nachrichten reagieren muss, weil die Absender beleidigt sind, wenn sie nicht gleich eine Antwort erhalten. So gesehen bietet die handyfreie Woche die Chance, sich auch einmal bewusst aus der pausenlosen Erreichbarkeit auszuklinken.

Verzicht auf Smartphones für kurze Zeit möglich und sinnvoll Wohltuende Pause von ständiger Erreichbarkeit

Auf diese Weise würde man auch Zeit gewinnen, die sich für Wichtigeres verwenden lässt. Oft ist einem gar nicht richtig bewusst, wie viel Zeit man eigentlich mit unsinnigen Smartphone-Tätigkeiten verbringt. Früher habe ich z. B. beim Warten auf den Bus Krimis gelesen, heute beschäftige ich mich meistens mit einem der unzähligen Spiele auf meinem Handy. Auch für Arbeiten, die keine Störungen vertragen, wie z. B. Hausaufgaben und Prüfungsvorbereitung, hätte ich während der handyfreien Woche wieder mehr Gelegenheit. Man würde den Personen, mit denen man gerade zusammen ist, außerdem wieder mehr Aufmerksamkeit schenken. Bei eingeschaltetem Handy hört man oft nur mit halbem Ohr zu und nimmt gar nicht richtig wahr, was der andere einem sagen will. Und man hätte Zeit, mal wieder über sich selbst nachzudenken, über die eigenen Ziele, Probleme und Wünsche. Ein besonders wichtiges Argument, das für eine Woche ohne Smartphone spricht.

Verzicht auf Smartphone schafft Zeit für Wichtigeres

Für einen längeren Zeitraum auf das Handy zu verzichten, wäre wahrscheinlich mit erheblichen Problemen und Unannehmlichkeiten verbunden. Dazu sind wir alle zu sehr mit diesen Geräten verbunden und daran gewöhnt, ihre zahlreichen Funktionen dazu zu nutzen, uns das Leben zu vereinfachen. Ich glaube aber, dass eine Woche Verzicht kein Problem darstellen sollte. In dieser Zeit kann man den eigenen Umgang mit den kleinen Alleskönnern kritisch betrachten und sich eine Ruhepause von der ständigen Erreichbarkeit gönnen. Der wohl wichtigste Vorteil, der daraus erwächst, wenn wir unseren Handys hin und wieder den Strom kappen, ist aber sicherlich, dass man sich in dieser Zeit wieder auf das konzentriert, was einem wirklich wichtig im Leben ist.

Begründete Stellungnahme
Experiment zum veränderten Umgang mit dem Smartphone

Qualifizierender Abschluss der Mittelschule Bayern 2016
Deutsch – Lösungen

Teil A: Rechtschreiben/Sprachbetrachtung

1. *Hinweis:* *Durch den Umgang mit dem Wörterbuch im Unterricht bist du mit der Legende vertraut: Unmittelbar beim Grundwort findest du in runden Klammern und abgekürzt die Herkunftsangabe. Gib sie als Nomen ausgeschrieben an, damit du den halben Punkt, den es für jede Teilaufgabe gibt, erhältst.*
    Gleich davor steht die Pluralendung, die du dem vorgegebenen Wort anhängst.
    Du weißt, dass Verben in der Grundform kleingeschrieben werden und die Endung „-en" besitzen. Die passende Form findest du in dem Ausschnitt aus dem Wörterbuch und kannst so die dritte Aufgabe lösen.
    Bei der vierten Teilaufgabe formulierst du mit dem Nomen einen sinnvollen Satz. Hier darfst du auch zusammengesetzte Nomen verwenden wie z. B. „Zusatzqualifikation" oder „Qualifikationsrennen". Der Wörterbucheintrag kann dir dabei helfen.
    Nur eine korrekte Schreibweise sichert dir den Erhalt der vollen Punktzahl.

    a) aus dem Lateinischen, Latein
    b) (die) Qualifikationen
    c) qualifizieren
    d) individuelle Lösung, z. B.: Die deutsche Mannschaft gewinnt das letzte Qualifikationsspiel vor der Europa-Meisterschaft.

2. *Hinweis:* *Das Wort „den" steht vor einem Nomen. Das weist darauf hin, dass es das Nomen begleitet. Es handelt sich um einen Artikel. Ein Haupt- und ein Nebensatz werden durch Konjunktionen verbunden, hier durch „weil". Das Adjektiv „jung" bezieht sich auf das nachfolgende Nomen und nennt dessen Eigenschaft. Wenn du das Wort „gibt" in die Grundform „geben" setzt, wird noch deutlicher, dass es sich um ein Verb handelt.*
    Für jede richtig benannte Wortart wird ein halber Punkt vergeben.

Wort	Wortart
den	Begleiter/Artikel
weil	Bindewort/Konjunktion
junge	Eigenschaftswort/Wiewort/Adjektiv
gibt	Zeitwort/Tunwort/Verb

3. ✏ **Hinweis:** *Hier musst du darauf achten, die Nomen und ihre Begleiter (Artikel, Pronomen) in den richtigen „Fall" zu setzen, also passende Endungen anzuhängen. Die Fragen nach den vier Fällen „Nominativ", „Genitiv", „Dativ" und „Akkusativ" kennst du. Sie führen dich zu den Lösungen.*
   Für jede richtige Lösung wird jeweils ein halber Punkt vergeben. Wenn du bei Satz 2 und 3 zusätzlich die Präposition „von" einsetzt („von anderen Entwicklern", „von seiner Arbeitszeit") wird das ebenfalls als richtig gewertet.

   Herr Worm arbeitet bei **einer Softwarefirma** im Bereich Qualitätssicherung.
   Er kontrolliert und überprüft die Arbeit **anderer Entwickler**.
   Pro Tag sitzt er etwa 40 Prozent **seiner Arbeitszeit** am Computer.
   Auch soziale Kompetenz und Kommunikationstalent sind wichtige Fähigkeiten für **diesen Beruf**.

4. ✏ **Hinweis:** *Das jeweils passende Wort findest du, wenn du dir den Inhalt des Satzes bzw. dessen Aussage durch aufmerksames Lesen bewusst machst. Wie hängen die beiden Teile zusammen? Das von dir anzukreuzende Wort muss im Kontext einen Sinn ergeben. Beachte, dass dir für jedes zusätzlich gesetzte Kreuz pro Teilaufgabe 0,5 Punkte abgezogen werden. Für jede richtig angekreuzte Konjunktion erhältst du einen halben Punkt.*

   a) damit
   b) Obwohl
   c) weil
   d) Da

5. ✏ **Hinweis:** *Lies dir den Text genau durch, um die falsch geschriebenen Wörter aufzuspüren. Dann wendest du die dir bekannten Lösungsstrategien an, z. B. bei Nomen die Artikelprobe („die Kleinigkeit") oder den Blick auf die Endung („-keit"). Sie signalisieren dir, dass es sich bei diesem Wort um ein Nomen handelt, das folglich großgeschrieben werden muss.*
   Im zweiten Fall hilft dir die Bildung der Grundform („halten") bzw. die Suche nach einem verwandten Wort („der Halt").
   Für die korrekt verbesserten Wörter und die stimmigen, sinngemäß formulierten Rechtschreibstrategien erhältst du jeweils einen halben Punkt.

a) verbessertes Wort	b) Rechtschreibstrategie
Unterstützung	Ich mache die Artikelprobe. *oder* Ich achte auf die Nachsilbe.
h**ä**lt	Ich bilde die Grundform. *oder* Ich suche ein verwandtes Wort.

6. *✏ Hinweis: Gleich zu Beginn des Textes werden zwei Hauptsätze durch ein Komma getrennt. Die Konjunktion „denn" leitet den zweiten Hauptsatz ein. Nach dem Wort „mitzukommen" ist ein vollständiger Satz abgeschlossen und ein neuer beginnt mit der Großschreibung des Begleiters „Die …". Deshalb ist an dieser Stelle ein Punkt zu setzen. Die Aussage der Journalistin wird in wörtlicher Rede wiedergegeben. Der nach dem Doppelpunkt folgende Redesatz muss also ein Anführungs- und Schlusszeichen (nach dem Punkt) erhalten.*
   Jedes richtig gesetzte Satzzeichen wird mit einem halben Punkt bewertet. Beachte aber, dass es bei mehr als vier Satzzeichen Punktabzug gibt.

   Nachhilfe boomt, denn immer mehr Kinder bekommen nach der Schule noch Zusatzunterricht. Diese Lerneinheiten können dabei helfen, im Unterricht wieder mitzukommen. Die Journalistin Louisa Knobloch sagt zu diesem Trend: „Grundsätzlich ist Nachhilfe nichts Schlechtes."

7. *✏ Hinweis: Wenn du die Sätze langsam liest, erkennst du die bekannten Wörter. Es ist hilfreich, wenn du nach jedem einen Schrägstrich in die Buchstabenschlange setzt. Anschließend liest du den Text noch einmal und wendest die bekannten Rechtschreibstrategien zur Groß- und Kleinschreibung an, um die Wörter korrekt zu schreiben. Die beiden Satzzeichen sind ja schon vorhanden, du darfst sie nur nicht übersehen. Achte auch darauf, dass dir keine Abschreib- und Trennungsfehler unterlaufen und du alle i-Punkte sorgfältig setzt. In all diesen Fällen wird dir ansonsten pro Fehler jeweils ein halber Punkt abgezogen.*

   Auch in Zeiten des Nachwuchsmangels bleiben die Anforderungen der Unternehmen an die Bewerber hoch. Ein guter Schulabschluss ist daher noch immer wichtig.

8. *✏ Hinweis: Auch bei dieser Aufgabe geht es um Groß- und Kleinschreibung. Beachte die Wortarten und wende auch die Artikelprobe an. Bei „Mittwoch", als Bezeichnung für den dritten Tag in der Woche, handelt es sich um ein Nomen, also ist das Wort großzuschreiben. Kleinzuschreiben sind dagegen „nachmittags" und „heute", weil es sich um Adverbien handelt, ebenso „wochenlang(er)", weil es ein Adjektiv ist.*
   Für jede als falsch erkannte und durchgestrichene Zeitangabe wird ein halber Punkt vergeben.

   Mittwoch/~~mittwoch~~
   nachmittags/~~Nachmittags~~
   ~~Heute~~/heute
   wochenlanger/~~Wochen langer~~

Teil B: Text 1

1. ✒ *Hinweis: Lies den Text zunächst vollständig durch, achte dabei aber schon auf Abschnitte, die Antworten auf die Fragen enthalten, und markiere sie. Untersuche die Stellen dann mit Blick auf die Schlüsselwörter „freut sich", „Gesundheitszustand" und „große Herausforderung" noch einmal genauer. Formuliere dann verständliche und grammatikalisch korrekte Antworten in einem kurzen Satz oder stichpunktartig. Beachte, dass bei der Teilaufgabe c die Herausforderung als Problem gesehen werden muss, das kurz zu beschreiben ist.*

   a) Evi liebt ihre Oma und genießt ihre Gemütlichkeit.

   b) Die Oma ist verwirrt, erkennt vertraute Personen in ihrem Umfeld nicht mehr und verläuft sich.

   c) Die Oma benötigt zunehmend aufwendige Pflege und Unterstützung. Damit steht die schwere Entscheidung an, ob die Großmutter zu Hause in der Familie gepflegt werden kann oder ob sie in einem Heim untergebracht werden muss. Das erfordert ein sorgfältiges, verantwortungsvolles und „ehrliches" Abwägen, was geleistet werden kann und was nicht.

2. ✒ *Hinweis: Du weißt, dass Farben Symbolkraft haben. Im Kunstunterricht verwendet ihr z. B. dunkle oder bunte Farbtöne, um eher bedrückende oder eher heitere Stimmungen zum Ausdruck zu bringen. Einen blauen Himmel verbindet man mit positiven Gefühlen, einen grauen, wolkenverhangenen Tag eher mit negativen. Die Verbindung des Buchtitels zu dessen Inhalt kannst du gut ableiten, wenn du diese Farben mit den Informationen im Text in Verbindung bringst.*
   Eine passende Überschrift muss Bezug auf die Kernaussage des Textes nehmen. Wenn du verstanden hast, worum es im Text geht, gelingt dir auch eine geeignete Formulierung. Die Überschrift sollte zudem neugierig machen und so zum Lesen motivieren. Dabei ist sie kurz und mit einem Blick erfassbar.

   a) Farben können unterschiedliche Wirkungen hervorrufen. Ein blauer Himmel z. B. hebt die Stimmung, der regnerische, graue Tag drückt sie. Die Autorin bringt die unterschiedlichen Zustände der Oma schon im Titel des Buches mit grauen und blauen Tagen in Verbindung. Die Oma kann sich an schlechten, also grauen Tagen nicht mehr richtig orientieren und ist zunehmend verwirrt: eine Situation, die alle Beteiligten bedrückt und mutlos macht, zumal noch viele „graue Tage" folgen werden. An guten, „blauen Tagen" ist sie bei klarem Verstand.

   b) „Abschied nehmen vom Selbstverständlichen"
   „Eine schwere Entscheidung"
   „Die Veränderung"

3. ✒ *Hinweis: Sprachliche Bilder dienen dazu, bestimmte Aussagen für den Leser oder Zuhörer besonders anschaulich zu machen. Dabei steht der wörtlichen Bedeutung immer eine übertragene gegenüber, die du aus dem Textzusammenhang heraus beschreiben sollst. Die wörtliche Bedeutung ist leicht zu erfassen. Stell dir vor, du machst einen Spaziergang bei dichtem Nebel. Wie nimmst du deine Umgebung wahr, was empfindest du?*
Versetz dich dann in die Situation von Evi, als sie erkennt, dass mit ihrer Oma etwas nicht stimmt. Da du die Redewendung im Kontext sehen musst, um sie richtig zu deuten, wird dir Evis Gefühlswelt hilfreich sein. Denke auch daran, dass Evi unter Umständen Tränen in den Augen hatte.
Schreibe einen zusammenhängenden Text.

Sich im Nebel zu bewegen macht unsicher und vermittelt ein seltsames Gefühl. Die Sicht ist mehr oder minder stark eingeschränkt, es wird stiller, Hindernisse können kaum erkannt werden und wenn er besonders dicht ist, kann man die Orientierung verlieren. Herrscht Nebel über längere Zeit, drückt er auf die Stimmung, manchmal kommt sogar Angst auf.
Die Autorin verwendet dieses sprachliche Bild auch für die Situation, in der sich Evi befindet. Für sie ist es unfassbar, dass ihre geliebte Oma sie nicht mehr erkennt, als Fremde ansieht und sich nicht von ihr helfen lassen will. Sie befindet sich urplötzlich in einer Situation, die sie nicht verstehen kann. Von einer Minute auf die andere bricht für sie eine Welt zusammen. Sie ist wie betäubt, Trauer, Angst und Panik erfassen sie. Sie wischt sich über die Augen und sieht nur noch wie durch Nebel. Die Welt ist für sie grau geworden.

4. ✒ *Hinweis: Die Ansichten von Evi und Vera zur Betreuung ihrer Großmutter lassen sich relativ einfach dem angegebenen Textabschnitt entnehmen, wenn du ihn aufmerksam durchliest. Konzentriere dich zuerst auf die eine, dann auf die andere Sichtweise, markiere die zutreffenden Stellen und schreibe sie dann stichpunktartig heraus. So erhältst du mit den Punkten von Evi und Vera die unter Aufgabe a geforderte Gegenüberstellung.*
Bei der Teilaufgabe b musst du dich vom Text lösen, weil deine eigene Meinung gefragt ist. Orientiere dich an Erfahrungen, die du evtl. schon im familiären Umkreis gemacht hast, und denke an die zahlreichen Diskussionen und Beiträge in den Medien. Unter Umständen war das Thema ja auch schon Gegenstand der Betrachtung im Unterricht. Begründe alle von dir genannten Punkte.

a) Ansichten von Eva und Vera – eine Gegenüberstellung
Ansichten von Evi:
- möchte Oma unbedingt in der Familie behalten
- alle könnten zusammenhelfen
- Krankenschwester, Pfleger sollen helfen

Ansichten von Vera:
- Oma soll sobald wie möglich ins Heim
- zu große Belastung für die Mutter
- Sorge, dass sich Oma zu Hause wie eine Gefangene fühlt
- sieht ihren kritischen Gesundheitszustand
- Beaufsichtigungsproblem

b) Diskussionen, Literatur, Hilfsangebote und gut gemeinte Ratschläge zur Betreuung älterer Menschen gibt es in Hülle und Fülle. Wenn es die eigenen Großeltern trifft, wie in meinem Fall unseren Opa, kommt man erst richtig ins Grübeln.

Auch wenn sie noch rüstig sind, in ihrer eigenen Wohnung leben und insgesamt für sich selbst sorgen können, sehe ich Betreuung als notwendig an. Sich gegenseitig zu besuchen, nachzufragen, ob alles passt, beim Einkaufen oder in der Wohnung zu helfen, sollte selbstverständlich sein.

Wenn ein Partner stirbt oder krank wird, ist die Aufnahme in die eigene Familie genau zu überlegen. Oma und Opa in der Nähe zu haben, ist ein prima Gefühl. In einem eigenen Haus dürfte das kein Problem sein, schwierig wird es, wenn man selbst nur zur Miete wohnt. Eine Gemeinschaft gibt aber den alten Leuten Sicherheit und Wärme, weil sie Ansprache und Hilfe haben.

Problematisch wird es dann, wenn ein älterer Mensch so krank wird, dass man sich rund um die Uhr um ihn kümmern muss. Mobile Hilfsdienste unterstützen hier sehr. Wenn man sich die Arbeit im Verwandtenkreis aufteilen kann, ist es zwar anstrengend, aber machbar. Man ist für den älteren Angehörigen da, wie er früher für einen selbst auch da war.

Schwierig wird es, wenn die Familienangehörigen selbst an ihre Grenzen stoßen. Dies kann z. B. geschehen, wenn alte Menschen zunehmend verwirrt sind und intensivste Pflege und Betreuung brauchen. Dann kann es an Zeit, Kraft und Wissen fehlen.

Für die ganze Familie ist es dann oft eine schwere Entscheidung, Oma oder Opa in ein Seniorenheim zu geben, das die Betreuung und auch medizinische Hilfe leisten kann. Das darf auch nicht über Nacht geschehen, sondern muss genau überlegt und abgesprochen werden, indem man auch fachlichen Rat einholt.

In allen Fällen ist es meiner Meinung nach wichtig, dass ältere Menschen nie alleine bleiben sollten. Es darf nicht sein, dass sie einsam werden und die Freude am Leben verlieren.

5. *Hinweis:* Du sollst einen inneren Monolog aus Evis Sicht schreiben. Du schreibst also auf, was sie tagsüber gedacht und gefühlt hat. Dazu versetzt du dich in sie hinein, übernimmst sozusagen ihre Rolle. Diese offene Schreibform

*bietet dir dabei die Möglichkeit, deine Gedanken relativ frei zu formulieren, allerdings weist dir die Handlung im Text auch den Weg.
Die Einstellung Evis zu dem, was mit Oma geschehen soll, kennst du ja schon. Jetzt musst du aber deutlich aufzeigen, wie das Erlebte auf sie gewirkt und welche Gefühle es ausgelöst haben könnte.
Da mit dem Tagebucheintrag keine Gegenrede oder gar Diskussion verbunden ist, sind alle Aussagen authentisch, offen und sehr persönlich. Schreibe in der Ich-Form.*

7. August 2016

Der Tag heute ist der schlimmste in meinem Leben. Ich weiß nicht, wie das alles weitergehen soll. Ich fühle mich so, als ob mich etwas umklammert, sodass ich kaum noch richtig atmen kann.

Es war so lustig, als ich heute Morgen mit meinen Freundinnen gespielt habe, aber als ich plötzlich Oma auf der kleinen Gartenmauer unseres Nachbarn sitzen sah, hatte ich schlagartig ein komisches Gefühl. Ich wollte ihr aufhelfen und mit ihr zum Haus gehen, doch sie erkannte mich nicht. Meine eigene Oma wusste nicht, wer ich war. Freilich war sie ab und zu schon ein wenig verwirrt, aber das hatte sich immer schnell wieder gelegt. Jetzt aber erkannte sie mich nicht mehr. Ich war wie betäubt und kam mir vor, als ob ich in einem dichten Nebel stünde. Oma mit verlorenem Schuh, zerrissenem Strumpf und Schmutz im Gesicht zu sehen, hat mir so unendlich leidgetan ... Ich kann nur noch weinen. Nur mit einem Trick konnte Tom sie dazu bringen, doch mit uns ins Haus zu gehen.

Was dann folgte, lässt mich jetzt nicht mehr los. Der Arzt kam sofort und ich wusste plötzlich, dass das nicht der übliche Krankenbesuch war. Oma soll in ein Heim gebracht werden. Ich hatte immer schon Angst, dass das eines Tages passieren könnte. Es ist so gemütlich, wenn Oma bei uns ist. Ich mag es, wenn sie aus ihrem Leben erzählt, mir zuhört, wenn ich mal Sorgen habe, und mich tröstet. Sie gehört einfach zu unserer Familie. Es tut mir ja echt leid, dass ich Mama unterstellt habe, sie würde Oma nicht lieben. Ich weiß, dass das nicht stimmt und sie mit sich selbst kämpft. Mit meiner Schwester habe ich auch gesprochen und versucht, ihr zu erklären, dass wir das gemeinsam schaffen können. Aber sie sieht das nicht so, obwohl ich gespürt habe, dass diese Entscheidung auch sie sehr belastet.

Ich will Oma nicht hergeben und weiß nicht, was ich tun kann, um die anderen umzustimmen. Ich habe so ein schlechtes Gewissen, als ob ich an allem schuld bin. Ich kann mir ja vorstellen, wie schwer es sein wird, Oma zu Hause zu betreuen, wenn ich an heute Morgen denke, aber ich weiß auch, dass für mich eine Welt zusammenbricht, wenn Oma wirklich in ein Heim muss. Wie soll das nur werden?

6. ✎ **_Hinweis:_** _Karikaturen übertreiben bewusst, sie verzerren und überzeichnen bestimmte Zustände oder menschliche Verhaltensweisen, um so auf Probleme, Vorurteile und Fehler aufmerksam zu machen. Sieh dir die Karikatur genau an und beschreibe zunächst kurz, was auf dem Bild dargestellt ist (Personen, Handlung, Text). Dann erklärst du, was damit ausgesagt werden soll. Du musst die Widersprüche zur Realität erkennen, darüber nachdenken und deine Erkenntnisse formulieren._
Vergleiche dann die Aussage der Karikatur mit dem Inhalt des Textes, den du ja mittlerweile gut kennst. Du musst zwei Zusammenhänge finden und nennen.

a) Das Bild zeigt eine Kinderrutsche, wie sie auf einem Spielplatz häufig zu finden ist, auf der ein alter Mann nach unten saust. Dabei streckt er die Arme weg und reißt seinen Krückstock in die Höhe. Aus seiner Haltung und dem Schriftzug „Juchu" lässt sich unschwer schließen, dass er sichtlich Freude dabei hat. Sein Enkel, der am Ende der Rutsche steht, reißt ebenfalls die Ärmchen hoch, hüpft und ruft „Opa". Er freut sich mit ihm. Die Mutter des Kindes bzw. Tochter des alten Mannes, ist dagegen entsetzt. Sie führt ihre Arme zum Gesicht und ruft laut fragend, worauf Ausrufe- und Fragezeichen hindeuten, „Um Gottes Willen Papa. – Hast du jetzt auch noch vergessen, dass du alt bist!?"

b) Für die Karikatur und den Text gilt gleichermaßen, dass die Wahrnehmung der beteiligten Personen sehr unterschiedlich ist. Das Enkelkind findet die Aktion vom Opa ganz einfach super. Es mag ihn, egal ob jung oder alt, und es hat kein Problem damit, dass er etwas tut, was man von alten Menschen üblicherweise nicht erwartet. Enkel mögen ihre Großeltern ohne Wenn und Aber, also unvoreingenommen. Das Lustige, das Schöne, die Aktion stehen für sie im Vordergrund. Auch im Text sieht Evi all das, was das gemeinsame Leben mit Oma so gemütlich macht, und weniger die Problematik der Erkrankung.
In der Karikatur und im Text bringen dagegen die Mütter bzw. die älteren Geschwister eher ihre Sorgen zum Ausdruck: Opa darf doch nicht rutschen, er könnte sich verletzen und er ist doch alt. Da macht man so etwas nicht. Im Text stehen für die Mutter und die ältere Schwester die Belastungen und die Sorge um eine optimale Pflege der Oma im Vordergrund. Diese Überlegungen stehen hier über den Gefühlen, die aber auch eine Rolle spielen.

7. ✏ *Hinweis: Bei dieser Aufgabe helfen dir eigene Erfahrungen und Beobachtungen aus verschiedenen Lebensbereichen. In der eigenen Familie, im Freundeskreis, aber auch in den Medien findest du zahlreiche Beispiele, wie du selbst Verantwortung übernehmen kannst. Notiere deine Gedanken dazu vorab auf einem separaten Blatt und wähle davon anschließend zwei aus, zu denen du am meisten sagen kannst. Mache dir Notizen dazu, mit welchen Beispielen und Argumenten du sie erklären möchtest.*

Evi hat es nicht leicht. Einerseits fühlt sie sich für ihre Oma verantwortlich und kümmert sich liebevoll um sie. Andererseits werden ihr durch deren gesundheitliche Situation Grenzen aufgezeigt. Wenn auch in anderen Bereichen, bin ich zurzeit ebenfalls für einige Dinge verantwortlich.	**Einleitung** Hinführung zum Thema: Verantwortung übernehmen
Mein erstes Beispiel ist die Pflege eines Haustiers. Als ich meine Eltern bedrängt habe, dass wir ein Hündchen ins Haus holen könnten, war mir noch nicht ganz klar, was das bedeutet. Alle damit verbunden Aufgaben, die mir meine Eltern aufzählten, habe ich stets mit einem „Mach ich schon" abgetan. Das Hündchen ist schnell zum Hund geworden. Meine Freizeit ist jetzt zunehmend durch Termine bestimmt, die sich von der Hundeschule über den Einkauf von Hundefutter und anderen Utensilien bis zum Tierarzt erstaunlich breit aufstellen. Natürlich helfen meine Eltern, aber sie überlassen mir gerne viel Verantwortung für meinen „Wunschhund". Und die spüre ich täglich schon vor dem Schulbesuch und in meiner Freizeit, weil unser Hund die regelmäßigen Gassi-Gänge liebt und braucht. Die Sorge für hundegerechtes und regelmäßiges Futter, die Körperpflege, vor allem nach Ausläufen bei schlechtem Wetter, auch die vielen Streicheleinheiten lassen keine Langeweile aufkommen. Anstehende Ausflüge oder gar Urlaubsreisen fordern mir schon bei der Planung Meisterleistungen ab. Denn ein Hund kann nicht überall hin, wohin er oder ich möchte. Da gilt es z. B. Hundestrände zu suchen und das Tier an Boxen zu gewöhnen, während man eine Ausstellung besucht. Dennoch: Wir alle lieben unseren Vierbeiner sehr, ganz besonders ich, und dann wird diese Verantwortung, die unweigerlich damit verbunden ist, auch nicht zur Last, sondern (fast) zur Selbstverständlichkeit.	**Hauptteil** Erstes Beispiel: Sorge für ein Haustier

Verantwortung ganz anderer Art habe ich übernommen, als mich mein Onkel vor einigen Jahren gefragt hat, ob ich nicht zur Jugendfeuerwehr kommen möchte. Ich bin ohnehin der Meinung, dass jeder mehr ehrenamtliche Verantwortung übernehmen sollte, weil diese Tätigkeiten so bedeutsam für die Gesellschaft sind. So habe ich mich auf diesen Schritt eingelassen und bisher keine Minute bereut. Natürlich nimmt die Verpflichtung einen großen Teil meiner Freizeit in Anspruch. Alle wichtigen Grundlagen zu lernen, Trainingseinheiten und Prüfungen zu absolvieren kostet Zeit und erfordert Disziplin und Zuverlässigkeit. Außer in der unmittelbaren Gefahrenzone darf ich mittlerweile bei den meisten Einsätzen dabei sein und kann überall anpacken, wo Hilfe benötigt wird. Meine Aufgaben reichen von der Wartung der teuren Ausrüstung, über das Absperren von Einsatzgebieten bis hin zur Betreuung von Betroffenen. Ich habe selbstverständlich auch eine solide Erste-Hilfe-Ausbildung, sodass ich z. B. auch bei großen Veranstaltungen dabei bin und des Öfteren schon bei einem Notfall mithelfen konnte.

Zweites Beispiel: Ehrenamtliches Engagement

In solchen Situationen spüre und erfahre ich die Verantwortung, die ich mit diesen Tätigkeiten übernommen habe, hautnah. Der Hund schenkt mir viel Freude. Die Arbeit bei der Feuerwehr macht mich zufrieden, weil daran deutlich wird, wie sinnvoll diese Arbeit ist.

Schluss
Begründete Stellungnahme: Freude; sinnvolle Arbeit

Teil B: Text 2

1. *Hinweis: Um die wesentlichen Aussagen zu finden, gliederst du den Text in Sinneinheiten. Lies ihn deshalb aufmerksam durch und markiere Stellen, an denen jeweils ein neuer Gedanke beginnt. Orientiere dich dabei auch an den bestehenden Absätzen und Abschnitten im Text. Wenn du einen guten Überblick über die verschiedenen Inhaltsbereiche bzw. Aussagen bekommen hast, formulierst du die Kurzzusammenfassung. Achte darauf, dich nicht in Einzelheiten zu verlieren. Beginne mit einem einleitenden Satz, in dem du Autor, Titel und Textsorte nennst und sagst, worum es im gesamten Text geht. Nenne anschließend die wichtigen Inhalte. Schreibe im Präsens und achte darauf, möglichst eigene Worte zu verwenden.*

In dem Artikel „Erziehung durch die Peergroup" von Angelika Finkenwirth, erschienen 2015 im Magazin Schule, Heft 4, lenkt die Autorin die Aufmerksamkeit des Lesers auf die vielfältigen Einflüsse von Peergroups auf Jugendliche, zitiert die Meinungen von Fachleuten und zeigt ansatzweise Lösungsmöglichkeiten in Konfliktfällen auf.

An mehreren Stellen im Text berichten Jugendliche, wie sie sich durch den Einfluss von Freunden überwiegend zum Negativen hin verändert haben, ganz im Gegensatz zu ihrer ursprünglichen eigenen Überzeugung. Auch die Veränderung der Gruppen an sich wird aufgezeigt und die Reaktionen der Eltern, die dem Ganzen oft hilflos gegenüberstehen.

Fachleute, die im Text zu Wort kommen, beleuchten die Bedeutung der Peergroups für die Jugendlichen. Als wesentliche Punkte beschreibt der Text die Stärkung des Selbstwertgefühls, die Abnabelung von den Eltern, den wichtigen Stellenwert von Freunden als engste Vertrauenspersonen und die Clique als Mittelpunkt des sozialen Lebens.

Dabei wird besonders auf die Unterscheidung zwischen der Zugehörigkeit zu einer nicht frei gewählten Gemeinschaft, wie dies z. B. in der Schule der Fall ist, und einer selbst gewählten Interessengemeinschaft, die man sich im privaten Bereich sucht, hingewiesen. Letztere wirkt stabilisierender und konstruktiver als eine Zwangsgemeinschaft, in der man letztlich Dinge gegen seinen Willen tut.

Ein Erziehungsberater gibt abschließend wertvolle Hinweise, die Eltern Mut machen und helfen können, den Kontakt zu den Kindern nicht abreißen zu lassen.

2. *Hinweis: Um die passenden Wörter zu finden, liest du den Text aufmerksam durch. Markiere dabei am besten erst einmal alle Fremdwörter. Vielleicht ergeben sich jetzt schon die ersten geeigneten Kombinationen. Denke auch daran, dass manche Fremdwörter durch deren häufigen Gebrauch oft gar nicht mehr als solche wahrgenommen werden. Wenn du unsicher bist oder die Bedeutung*

nicht kennst, kann dir dein rechtschriftliches Wörterbuch eine Hilfe sein. Die letzte Entscheidung für das jeweils passende Wort gelingt oft erst durch die Betrachtung des Textzusammenhangs.

a) übermäßig, ausschweifend, ausufernd → exzessiv (Z. 6)
b) Abschnitt, Stufe einer Entwicklung → Phase (Z. 25)
c) ungünstig, verneinend, nachteilig → negativ (Z. 117)
d) Folge, Folgerung, Auswirkung → Konsequenz(en) (Z. 131)

3. *Hinweis:* Um die geforderten negativen Einflüsse von Peergroups auf Jugendliche rasch aufzuspüren, liest du dir den Text aufmerksam durch und markierst dabei infrage kommende Stellen. Vier davon schreibst du anschließend stichwortartig heraus.
Die in der zweiten Teilaufgabe geforderten Vorteile einer Zugehörigkeit kannst du nicht dem Text entnehmen. Du sollst dazu zwei eigene Beispiele beschreiben. Orientiere dich an Erfahrungen aus deinem persönlichen Umfeld wie z. B. deinem Freundeskreis.

a)
- größere Mengen Alkohol trinken
- spät nach Hause kommen
- Eltern anlügen
- rauchen

b) Sich freiwillig einer Gruppe anzuschließen, kann große Vorteile mit sich bringen.
Als begeisterter Schwimmer bin ich seit Jahren im Verein und damit Teil einer Gemeinschaft. Im Laufe der Zeit habe ich mich mit einigen Mitgliedern besonders gut angefreundet. Wir sind eine eingeschworene Gruppe und unternehmen auch außerhalb unserer Schwimmaktivitäten sehr viel miteinander. Wir haben einen starken Teamgeist, wir spornen uns gegenseitig an und machen uns Mut beim harten Training, auch wenn wir an unsere Grenzen gelangen. Bei Wettkämpfen liegen die Erfolge und Niederlagen oft eng beieinander. Da können wir Freude und Frustration immer miteinander teilen. Sport in der Gruppe kann also die Leistungen steigern, die Teamfähigkeit fördern und viel Freude bringen.
Auch außerhalb meiner sportlichen Betätigung bin ich schon lange in einer Gruppe mit Freunden, die sich im Laufe der Zeit gefunden haben. Ihr gehören Mädchen und Jungen an und wir haben ziemlich viele gemeinsame Interessen. So sind wir viel mit unseren Fahrrädern unterwegs, nutzen im Sommer jede Möglichkeit zum Baden in den nahegelegenen Weihern und lassen fast keine Musikevents aus, die in der Nähe stattfinden. In der Gruppe haben wir Spaß, es kommt kaum Langeweile auf und es bleibt niemand alleine. So können wir uns prima über alles Mögliche austauschen. Wenn jemand Hilfe

braucht, ist immer einer von uns da, der eine Lösung weiß und zupacken kann. Alkohol und Rauchen sind für uns keine Themen und sollte da einer doch mal auf „dumme Gedanken" kommen, wird er rasch von allen anderen an unsere Prinzipien erinnert. Und da riskiert niemand, seine Freunde und alle Vorteile, die er durch die Gruppe hat, zu verlieren.

4. *Hinweis: Wenn du den Text aufmerksam durchliest, werden dir die entsprechenden Stellen relativ rasch auffallen. Vielleicht hilft es dir, sie zu markieren, bevor du sie herausschreibst. Achte darauf, die Fundstellen mit der korrekten Zeilenangabe und den Anführungszeichen zu notieren.*

- „Droht ein Kind dennoch, in einen negativen Freundeskreis zu geraten, helfen keine Verbote." (Z. 116–118)
- „,Wichtiger ist es, den Kontakt zu halten und sich miteinander zu beschäftigen', […]." (Z. 119–121)

auch möglich:
- „Auch wenn das manchmal leichter gesagt ist als getan, ist der respektvolle Dialog das einzig Zielführende." (Z. 123–126)
- „,Der richtige Weg könnte sein, bestimmte Fragen zu stellen: […]'" (Z. 126 f.)
- „Eltern dürfen ruhig sagen, was sie an dem Freund stört, und ein Nachdenken über Konsequenzen anregen, […]." (Z. 129–131)

5. *Hinweis: Zunächst solltest du dich in die Situation deines Freundes/deiner Freundin hineinversetzen. Hintergrundwissen zu diesem Thema hast du sicher zur Genüge, sei es aus dem Unterricht, aus den Medien oder aus dem persönlichen Umfeld. Vorwürfe zu machen, wird wohl keinen Erfolg bringen. Schildere ihm/ihr eher, wie du dich fühlst und welche Sorgen du dir machst wegen möglicher Folgen. Argumentiere so, dass sich dein Gegenüber für deine Bedenken, Vorschläge und mögliche Hilfen öffnet und auch deine Betroffenheit und Sorgen nachvollziehen kann. Dein Appell und ein hoffnungsvoller Blick in die Zukunft können dein persönliches E-Mail-Schreiben abrunden.*

Liebe Anni,

weil ich dich in den letzten Tagen gar nicht mehr gesehen habe und du auf meine Nachrichten auch nicht reagiert hast, versuche ich es mal mit einer E-Mail. Ich mache mir Sorgen um dich. Du weißt, dass ich als deine beste Freundin immer hinter dir stehe. Zur Zeit habe ich aber das Gefühl, nein, ich weiß, dass es dir nicht gut geht. Ich schreibe dir auch deshalb ein paar Zeilen, weil ich befürchte, dass du mir vielleicht nicht zuhören würdest.

Schon längere Zeit ist mir aufgefallen, dass das Thema Alkohol bei dir in fast keinem Gespräch mehr fehlt und du damit prahlst, wie viel du verträgst, dass andere viel eher kapitulieren als du und wie cool die Saufgelage bei Freunden sind. Ich wollte es bisher nicht wahrhaben und unsere gemeinsamen Freunde auch nicht, aber schon mehrmals hat man dich betrunken gesehen und dein Auftreten war dann mehr als peinlich.

Ich kann das nicht hinnehmen, wenn du jetzt vielleicht meinst, dass das nur deine Sache ist. Ist es nicht! Wir sind beste Freundinnen und haben sehr viel miteinander unternommen. Es auch schlimme Zeiten und viel Zoff, egal ob in der Schule, mit unseren Eltern oder Freunden und wir haben das immer gemeinsam durchgestanden. Als ich mal zur Zigarette gegriffen habe, hast du mir schnell und heftig klargemacht, dass das gar nicht geht. Denke auch an unsere Pläne für die anstehende Berufsausbildung, die wir gemeinsam geschmiedet haben und jetzt anpacken wollen.

Du weißt, dass dich Alkohol kaputtmacht, dass es nicht mehr lange dauert und dann kannst du dich gar nicht mehr dagegen wehren. Wir machen gemeinsam so viel Sport, das kannst du zukünftig vergessen. Wie ekelhaft es ist, wenn sich jemand betrunken in Szene setzt, hat uns immer beide entsetzt und dein Aussehen verändert sich nicht zu deinem Vorteil. Wie meine Mutter schon angedeutet hat, sind offensichtlich auch deine Eltern ziemlich verzweifelt. Ich will nicht so reden, wie deine Eltern, aber als deine beste Freundin muss ich dir sagen, dass sie mir unendlich leidtun, weil sie sehr stolz auf dich sind und auf das, was du dir als Ziel gesetzt hast.

Es wäre bitter, wenn du gerade jetzt, kurz vor dem Abschluss und unserem gemeinsamen neuen Aufbruch, die scheinbar „große Freiheit" im Alkohol entdecken möchtest. Ich kenne dich so gut, dass ich weiß, dass du irgendwelche Probleme hast. Und als beste Freundin bitte ich dich, dass du dir von mir helfen lässt. Du kennst mich, ich bin da hartnäckig. Nachdem wir uns so viele Jahre in der Schule zusammen durchgekämpft haben und die Freizeit auch immer ein gemeinsames Abenteuer für uns war, werde ich nicht zulassen, dass du dich aus dem Staub machst. Und unsere gemeinsam geplante Abschlussparty zum Schulende steht, ohne Alkohol, aber mit dir und einer tollen Stimmung. Das garantiere ich dir.

Noch heute komme ich bei dir vorbei – und du bist da!

Ganz liebe Grüße

Deine Tina

6. *Hinweis:* In Aufgabe a setzt du dich mit dem Schaubild (M 2), einem Balkendiagramm, auseinander. Bevor du Erkenntnisse formulierst, musst du dir die einzelnen Bereiche, die Jugendlichen wichtig sind, genau ansehen. Vergleiche dann die Prozentangaben aus den verschiedenen Jahren. Erst wenn du die Zusam-

menhänge richtig erkannt hast, formulierst du dazu mindestens drei wesentliche Aussagen.

Aufgabe b fordert wieder eine persönliche Stellungnahme von dir. Die Entscheidung für zwei der aufgeführten Werte, die dir wichtig sind, triffst du selbst. Argumentiere ausführlich.

a) Die Statistik der Shell Studie gibt die Ergebnisse einer Umfrage unter Jugendlichen im Alter von 12 bis 25 Jahren zum Thema Werteorientierung wieder. Unter der Fragestellung „Was ist Jugendlichen wichtig?" werden in einem Balkendiagramm die Umfrageergebnisse aus den Jahren 2010 und 2002 prozentual gegenübergestellt.

Fast allen Jugendlichen ist es wichtig, gute Freunde zu haben. Diese Aussage steht mit 95 Prozent in 2002 und nur unwesentlich verändert mit 97 Prozent in 2010 an erster Stelle. Reines Mitläufertum war in beiden Jahren nicht angesagt und bildet mit 16 bzw. 14 Prozent das Schlusslicht. Dazwischen liegen mit absteigenden Umfragewerten Ideale wie zum Beispiel „Eigenverantwortlichkeit leben und handeln", „Fleißig und ehrgeizig sein", „Das Leben in vollen Zügen genießen" und „An Gott glauben". Auffallend ist dabei, dass sich die Werte in allen Teilbereichen auch nach acht Jahren nur unwesentlich verändert haben.

b) Gute Freunde zu haben ist auch mir persönlich außerordentlich wichtig. Ich kann mit ihnen etwas unternehmen. Gemeinsam treiben wir Sport, gehen ins Kino oder zu Musik-Events. Das macht Spaß und verbindet uns immer mehr. Ich fühle mich bei ihnen gut aufgehoben und anerkannt. Zu meinen Freunden kann ich mit meinen Problemen kommen. Sie helfen mir mit Rat und Tat. Mit ihnen kann ich Unangenehmes, aber auch Schönes teilen. Bei meinem besten Freund kann ich mich auch mal ausheulen, wenn es mir schlecht geht, oder wütend werden, ohne dass er mir das übel nimmt. Manchmal ist der Weg zu diesen Freundschaften zwar lang und beschwerlich, aber die vielen Gespräche und Unternehmungen, auch Meinungsverschiedenheiten und Fehlschläge, bringen wertvolle Erfahrungen, um unsere Verbindungen immer besser gelingen zu lassen.

Viele in der Umfrage genannten Punkte sind mir fast gleich wichtig: das Leben mit meiner Familie, sozial Benachteiligten helfen zu können, mein Glaube, um nur einige zu nennen. Besonders am Herzen liegt mir aber auch meine eigene berufliche Zukunft. Ein „Streber" war ich in der Schule bisher wahrlich nicht, aber fleißig und ehrgeizig schon, auch ohne dass mich meine Eltern ständig antreiben mussten. Jetzt, nach dem Abschluss, möchte ich mir berufliche Ziele setzen, für die es sich dann auch lohnt, dass ich mich reinhänge. Der Umgang mit Holz fasziniert mich und liegt mir auch. In der Zimmerei meines Onkels durfte ich oft schon mithelfen und ich bin fest entschlossen, diesen Weg zu gehen. Die Pläne und Berechnungen, die ich dort gesehen habe, und die Konstruktionen, die daraus entstehen, haben mich immer schon in ihren Bann gezogen. Wenn ich es gut machen will, kostet mich das Zeit, Kraft und nicht selten auch Überwindung. Aber das ist es mir wert und ich freue mich darauf.

7. *Hinweis: Greife auf deine eigenen Erfahrungen zurück, auf Gespräche in der Familie und im Freundeskreis oder auf Beiträge aus den Medien. In vielen Bereichen ist es wichtig, selbstbewusst aufzutreten, aus Überzeugung seine eigenen Wege zu gehen und sich nicht von dem, was gerade „Mode" ist, mitreißen zu lassen. Die Bandbreite an Möglichkeiten ist sehr groß und umfasst letztlich alle Lebensbereiche, angefangen vom familiären Umfeld, über die Freizeitgestaltung und Berufswahl bis hin zu den aktuellen Gefahrenbereichen wie Mobbing oder Radikalisierung. Notiere deine Gedanken dazu vorab auf einem separaten Blatt und wähle davon anschließend zwei aus, zu denen du am meisten sagen kannst. Sammel deine Argumente und Bespiele, mit denen du deine Gedanken überzeugend darstellen kannst.*

Manchmal fällt es schwer, sich gegen das zu stellen, was gerade angesagt ist. In einer Gruppe beim Rauchen und Trinken nicht mitzumachen, kostet Durchhaltevermögen. Schnell könnte man als Weichei oder Spielverderber abgestempelt werden und plötzlich im Abseits stehen. Da es häufig den Freundeskreis betrifft, wird die Entscheidung besonders schwierig. Trotzdem ist es oft vernünftiger, seinen eigenen Weg zu gehen. Das möchte ich an zwei Beispielen aufzeigen, zunächst am Freizeitprogramm in meinem eigenen Freundeskreis.

Einleitung
Hinführung zum Thema: eigene Wege gehen

In unserer Clique ist es für viele fast schon eine Selbstverständlichkeit, jede freie Minute für irgendwelche Unternehmungen zu nutzen. Früher waren wir häufig mit unseren Fahrrädern unterwegs, trafen uns im Freibad, steuerten kleine Feten an und hatten immer Spaß. Seit ein paar Monaten haben sich diese Treffs immer mehr nach drinnen verlagert, nämlich vor die Bildschirme und Spielekonsolen. Anfangs war das wirklich eine Abwechslung, allmählich wurde das für mich eher eine Zumutung. Ich fühle mich da nicht mehr wohl, weil zunehmend auch Kampf- und Kriegsspiele auftauchen. Vor allem aber ist es mittlerweile kaum mehr möglich, miteinander zu reden, weil jeder mit Kopfhörern auf den Ohren mit seinem Steuergerät hantiert und dem jeweils anderen virtuell eins auswischen möchte. Außerdem sitze ich in der Schule und bei den Hausaufgaben schon genug. Ich

Hauptteil
Erstes Beispiel: unterschiedliche Hobbies im Freundeskreis

habe mit den anderen darüber geredet, wurde aber schon im Ansatz als uncool abgewürgt. Verlieren möchte ich meine Freunde deshalb nicht, aber ich werde doch stärker einen eigenen Weg einschlagen. Ich möchte tun, was ich mag, und mich wohl dabei fühlen. Ich bin mir sicher, dass ich zumindest ein paar aus der Clique bald wieder an meiner Seite habe, weil ich weiß, dass sie ähnliche Interessen haben.

Als weiteres Beispiel möchte ich die eigenständige Berufswahl anführen. Die Freundin meiner älteren Schwester hatte nach dem Studium einen Beruf aufgenommen, den sie einerseits mochte, der sie andererseits aber auch sehr forderte und überwiegend an den Schreibtisch gebunden hatte. Sie fühlte sich nicht wohl und konnte kein wirklich erstrebenswertes Ziel erkennen. Wohnen durfte sie im Elternhaus und war dort bestens versorgt. Familie und Freunde gaben unterschiedliche Ratschläge, was nicht besonders hilfreich war. Sie meinten es alle gut und jeder schien zu wissen, dass alles im Laufe der Zeit besser werden würde. Das sah sie zunehmend anders und war sich bewusst, dass sie einen anderen, einen ganz eigenen Weg gehen musste. Die Eltern sagten Unterstützung zu, kamen ihr mit einer eigenen kleinen Wohnung entgegen und bestärkten sie in ihrer festen Absicht, eine weitere Berufsausbildung zu absolvieren. Als begeisterte Sportlerin hatte sie Physiotherapie aus eigener Erfahrung kennengelernt – und das ist nun ihr Ziel.

Zweites Beispiel: Eigenständige Berufswahl

Dieser Fall zeigt also einmal mehr, dass es oft das Beste für einen ist, den eigenen Weg zu gehen – auch wenn das Umfeld zunächst andere Möglichkeiten vorgibt oder vorschlägt. Es geht einem dann besser und man ist zufriedener.

Schluss
Fazit: eigene Wege schaffen Zufriedenheit

Qualifizierender Abschluss der Mittelschule Bayern 2017
Deutsch – Lösungen

Teil A: Sprachbetrachtung

1. *Hinweis: Suche zunächst Wörter der vorgegebenen Wortarten, die im jeweiligen Textzusammenhang einen Sinn ergeben. Mittels Einsetzprobe und genauem Lesen der vervollständigten Sätze prüfst du anschließend, ob das gewählte Wort auch wirklich in den entsprechenden Satz passt. Achte darauf, die Wörter in der korrekten grammatikalischen Form einzusetzen.*

   Betriebe **berichten/erklären**, dass sie dringend Azubis suchen und keine finden. Gleichzeitig ist jedoch auch die Zahl der Jugendlichen, die keinen **passenden/freien** Ausbildungsplatz gefunden haben, stark gestiegen.
   Wenn Jugendliche nicht sofort einen Ausbildungsplatz gefunden haben, können sie mit mehreren **Praktika/Vorbereitungsmaßnahmen/Qualifizierungsmaßnahmen** ihre beruflichen Chancen steigern.
   Viele/Einige/Etliche sind nicht bereit, eine Ausbildung zum Koch oder Klempner zu beginnen, nur weil es hier noch freie Stellen gibt.

2. *Hinweis: Beachte, dass du nur das Verb, also das Wort „steigen", ins Präteritum setzen musst. Bei der Bildung des Präteritums verändert sich der Stammvokal: aus „steigen" wird „stieg".*

   In den letzten Jahren **stieg** die Zahl der aufgelösten Ausbildungsverträge.

3. *Hinweis: Entscheide für jede Lücke, in welchen Fall du die Nomen und ihre Begleiter setzen musst und trage sie dann mit der passenden Endung ein. Achte auch darauf, dass einige der Nomen im Plural stehen müssen.*

   Bei (**den**) **angehenden Köchen** ist die Zahl der Abbrüche besonders hoch.
   Viele Jugendliche wechseln auch in **einen anderen Betrieb**.
   Zudem sind die **derzeitig bestehenden Ausbildungsvergütungen** sehr gering in diesen Branchen.
   Die Verbesserung der Ausbildungsqualität ist das Ziel des **Bayerischen Hotel- und Gaststättenverband(e)s**.

4. ✐ *Hinweis: Stelle die folgenden Fragen, um die Satzglieder zu bestimmen:*
   Was tun Verhaltensregeln im täglichen Leben? – helfen (Prädikat)
   Wem helfen die Verhaltensregeln? – dir (Dativobjekt)
   Wer oder was schätzt höfliches Betragen? – die Vorgesetzten (Subjekt)
   Wen oder was schätzen die Vorgesetzten? – höfliches Betragen (Akkusativobjekt)
   Die Objekte der Sätze musst du näher bestimmen. Der Begriff „Objekt" allein genügt als Antwort nicht.

   a) helfen: Prädikat
   b) dir: Dativobjekt (auch: Objekt 3. Fall)
   c) Die Vorgesetzten: Subjekt
   d) höfliches Betragen: Akkusativobjekt (auch: Objekt 4. Fall)

5. ✐ *Hinweis: Schlage die beiden Wörter im Wörterbuch nach, wenn du dir unsicher bist. Darin findest du alle Pluralformen.*

| das Mädchen | (die) Mädchen |
| der Radius | (die) Radien |

Teil B: Rechtschreiben

1. ✐ *Hinweis: Wenn du die Sätze langsam liest, erkennst du die einzelnen Wörter. Es hilft, nach jedem Wort einen Schrägstrich in die Buchstabenschlange zu setzen. Anschließend schreibst du die Sätze auf und wendest die dir bekannten Rechtschreibstrategien zur Groß- und Kleinschreibung an, um die Wörter korrekt zu schreiben. Die Satzzeichen sind bereits vorgegeben, du darfst sie nur nicht übersehen. Achte auch darauf, dass dir keine Fehler beim Abschreiben und Trennen der Wörter unterlaufen und du alle i-Punkte setzt. In all diesen Fällen wird dir ansonsten pro Fehler jeweils ein halber Punkt abgezogen.*

   Höflichkeit und Freundlichkeit sind Tugenden, die in allen Kulturen geschätzt werden. Das bedeutet auch, Achtung vor den Mitmenschen zu zeigen.

2. ✐ *Hinweis: Im ersten Fall hilft dir die Suche nach einem verwandten Wort, dessen Schreibung dir bekannt ist, wie z. B. „Tatsache" oder „Sache".*
   Beim zweiten Wort kann dir nur die Bedeutung des Wortes weiterhelfen. Dazu musst du auf den entsprechenden Textzusammenhang achten. Erst wenn du diesen kennst, kannst du entscheiden, ob es sich um einen „Wal" oder um die „Wahl" handelt.

tatsächlich	[X] Ich suche nach einem verwandten Wort.
Wahl	[X] Ich achte auf die Wortbedeutung.

3. ✏ *Hinweis: Bei der Schreibung der s-Laute musst du die folgenden Regeln beachten:*
   Schulabschluss: mit „ss", weil davor ein kurzer, betonter Vokal steht
   heißt: mit „ß", weil der s-Laut stimmlos ist und auf einen Doppellaut folgt
   dass: in der ersten Lücke mit „ss", da es eine Konjunktion ist, die den Nebensatz einleitet
   das: in der zweiten Lücke mit einfachem „s", da es sich hier um ein Demonstrativpronomen handelt, das sich auf den vorangegangenen Satz bezieht. Zur Unterscheidung von „dass" und „das" hilft dir auch die Ersatzprobe: Wenn sich „das" durch eines der Wörter „dies/dieses", „jenes" oder „welches" ersetzen lässt, schreibt man es immer mit einfachem „s".

   Die Zeit nach dem Schulabschluss ist nicht immer das, was sich viele Schüler erträumen. Auf einmal hei**ß**t es, da**ss** man früher aufstehen muss und deutlich weniger Freizeit hat. **Das** fällt manchen Jugendlichen nicht leicht.

4. ✏ *Hinweis: Es handelt sich hier um mehrsilbige Wörter. Versuche, sie langsam zu lesen und dabei in ihre Silben zu zerlegen. Du kannst zur Kontrolle auch im Wörterbuch nachschlagen.*

   a) Aus | bil | dungs | ver | trä | ge
   b) zu | sam | men | pas | send

5. ✏ *Hinweis: Lies dir den Text genau durch, um die falsch geschriebenen Wörter aufzuspüren. Dann wendest du die dir bekannten Rechtschreibstrategien an.*
   Bäckereien: Plural des Nomens „Bäckerei"; an den Wortstamm wird die Endung -en angehängt.
   Lehrstellen: Überprüfung der Wortbedeutung und Rückführung auf die Einzahl; so erkennst du, dass es sich um eine Lehrstelle handelt und das Ganze nichts mit einem Stall zu tun hat.
   besetzen: Auf einen kurz gesprochenen Vokal folgt „tz".
   niedrig: Adjektive werden kleingeschrieben.

   - **B**äckereien
   - **L**ehrstellen
   - besetzen
   - **n**iedrig

Teil C: Schriftlicher Sprachgebrauch – Text 1

1. *Hinweis: Lies den Text aufmerksam durch. Fasse dann stichpunktartig die einzelnen Textabschnitte am Rand zusammen und achte darauf, an welchen Stellen jeweils ein neuer Gedanke beginnt. So kannst du den Text in Sinnabschnitte unterteilen, die es dir erleichtern, ihn anschließend zusammenzufassen. Beginne die Zusammenfassung mit einem einleitenden Satz, in dem du Textsorte, Titel und Autor nennst und kurz über das Thema des Textes informierst. Anschließend fasst du die wesentlichen Inhalte der Kurzgeschichte knapp zusammen. Schreibe im Präsens.*

In der Kurzgeschichte „Hauptsache weit" von Sibylle Berg aus dem Buch „Das Unerfreuliche zuerst. Herrengeschichten." lässt uns die Autorin an der Gefühls- und Gedankenwelt eines jungen Mannes teilhaben, der nach seinem Schulabschluss eine weite Reise macht.

Voller Erwartungen reist der Junge nach Asien, in der Hoffnung, interessante Bekanntschaften zu machen und spannende Abenteuer zu erleben. Dort muss er jedoch schnell feststellen, dass die Realität nicht so ist, wie er es sich zu Hause in Deutschland vorgestellt hat. Er ist zunehmend enttäuscht von seinem großen Abenteuer und verspürt Einsamkeit in der Ferne. Ihn umgibt nur noch Fremdartiges und er hat großes Heimweh, was ihn fast verzweifeln lässt. Der Gedanke an die noch vor ihm liegende Zeit raubt ihm jeglichen Mut. Bei einem nächtlichen Spaziergang entdeckt er jedoch zufällig ein Internet-Café, was ihm die Möglichkeit eröffnet, Kontakt zu seinen Freunden in der Heimat aufzunehmen. Schnell vergisst er, wie unwohl er sich in der fremden Welt fühlt. Durch den Austausch mit Freunden und Familie empfindet er stattdessen wieder Geborgenheit, Nähe und Freude.

2. *Hinweis: Um die konkreten Erwartungen des Jungen vor der Reise formulieren zu können, musst du den ganzen Text aufmerksam lesen. Dabei wirst du gleich mehrere Erwartungen finden, die er mit dem Wunsch „Hauptsache weit – Und weg" verbindet. Beachte aber, dass du nicht mehr als zwei davon ausformulieren sollst.*

- Der Junge wollte auf seiner langen Reise etwas Aufregendes erleben und Spaß haben.
- Er hat gehofft, unterwegs viele neue Leute kennenzulernen.

auch möglich:
- Er hat sich vorgenommen, viele fremde Länder zu bereisen.
- Er wollte Erfahrungen sammeln und vielleicht nie wieder zurückkehren.
- Er hat davon geträumt, unterwegs entspannt mit Wasserbüffeln zu spielen und in Straßencafés zu sitzen.

3. *Hinweis:* Gehe den Text abschnittsweise durch und markiere alle Stellen, die Gründe dafür liefern, dass der Junge auf seiner Reise keinen Spaß hat. Notiere schließlich vier davon stichpunktartig. Beachte, dass du hier für jeden vollständig ausformulierten Satz Punktabzug bekommst. Notiere also wirklich nur Stichpunkte.

- Verdauungsprobleme aufgrund von ungewohnter Nahrung
- hässliche Unterkünfte mit Ungeziefer
- ständige Einsamkeit
- fremde Kultur, Sprache und Schrift

auch möglich:
- Mädchen, die sich komisch verhalten
- unbekannte Stars im Fernsehen
- fremdsprachige Zeitungen
- keine Anrufe von Freunden

4. *Hinweis:* Bildhafte Vergleiche dienen dazu, bestimmte Aussagen für den Leser besonders anschaulich zu machen. Dabei steht der wörtlichen Bedeutung immer eine übertragene gegenüber. Diese gilt es hier aus dem Textzusammenhang heraus zu beschreiben. Beide Vergleiche beziehen sich auf Dinge, die dem Jungen in der Ferne ein Gefühl von Geborgenheit und Sicherheit vermitteln. Das muss auch in deiner Erklärung deutlich werden. Überlege zunächst, welche Eigenschaften ein „Geländer" bzw. ein „weiches Bett" hat und stelle anschließend einen Bezug zum Text her.

a) Egal, ob man sich auf einer Treppe auf- oder abwärts bewegt oder auf der Aussichtsplattform eines hohen Gebäudes steht, ein stabiles Geländer sorgt dafür, dass man sich sicher fühlt und nicht herunterfällt.
Der Junge in der Geschichte sucht auf seiner Reise verzweifelt nach Halt und Sicherheit. Seine Träume haben sich nicht erfüllt und er fühlt sich hilflos in dieser für ihn vollkommen fremden Welt. Erst der Gedanke an bekannte Gesichter, nämlich an die Stars, die er aus dem deutschen Fernsehen kennt, gibt ihm ein Gefühl von Sicherheit. Die Stars sind für ihn also wie ein „Geländer", das ihm Halt gibt.

b) In einem weichen Bett fühlt man sich wohl und geborgen. Dieses Gefühl von Geborgenheit fehlt dem Jungen in der Ferne. Erst als sich ihm ganz unverhofft die Möglichkeit bietet, ein Internet-Café zu besuchen und Kontakt zu seinen Freunden in der Heimat aufzunehmen, geht es ihm besser. Er liest seine E-Mails, schreibt seinen Freunden und ist dadurch seiner Heimat ein Stück näher. Der Bildschirm, der ihm den Kontakt nach Hause ermöglicht, ist für ihn in dieser Situation also wie ein weiches Bett: Er vermittelt ihm ein Gefühl von Geborgenheit.

5. **Hinweis:** *Du sollst aus der Sicht des Jungen eine E-Mail an einen Freund schreiben und darin erzählen, wie es ihm wirklich ergeht auf seiner Reise. Diese Schreibform bietet dir die Möglichkeit, deine Gedanken relativ frei zu formulieren. Denke allerdings daran, dass du die Textvorlage berücksichtigen musst. In der E-Mail solltest du deutlich aufzeigen, wie das Erlebte auf den Jungen wirkt und welche Gefühle es in ihm auslöst. Gehe auch kurz darauf ein, warum er seinen anderen Freunden schreibt, dass es ihm gut geht. Schreibe in der Ich-Form.*

Lieber Heiko,

hier ist es viel zu heiß, dreckig und ganz anders als zu Hause. Wenn du mich darum beneidest, dass ich tolle Abenteuer in fremden Ländern erleben darf, dann muss ich dir sagen, dass es dazu keinen Grund gibt. Es geht mir richtig schlecht, ich bin am Ende. Bitte behalte das für dich. Ich erzähle das niemandem, außer dir – du bist schließlich mein bester Freund. Meinen anderen Freunden habe ich geschrieben, wie toll alles ist, weil ich mich nicht blamieren will. Die Wirklichkeit sieht aber ganz anders aus! So einsam und verlassen wie hier habe ich mich noch nie gefühlt. Ich hetze durch die hektischen Straßen und alles, aber wirklich alles, ist mir fremd. Die unerträgliche Hitze und das fremde Essen machen mich krank und in den Unterkünften gibt es so viel Ungeziefer, dass ich kaum schlafen kann. Ich kann mich mit niemandem unterhalten und finde auch keine Freunde. Von wegen viele Leute kennenlernen: Fehlanzeige! Ich schäme mich, dir das zu sagen, aber manchmal heule ich nur noch. Und ich habe schreckliche Angst, wenn ich daran denke, wie lange es noch dauert, bis ich endlich wieder im Flieger nach Hause sitze. Als ich noch in Deutschland war, wollte ich so weit weg wie möglich. Ich dachte, ich würde das Reisen und die Freiheit genießen. Doch da habe ich mich wohl getäuscht. Vielleicht bin ich doch heimatverbundener, als ich immer gedacht habe. Ich weiß nicht, was passiert wäre, wenn ich nicht zufällig dieses Internet-Café entdeckt hätte. Seit ich vor dem Bildschirm sitze und allen Freunden schreiben kann, geht es mir schon besser. Meine Eltern warten sicher auch auf ein Lebenszeichen von mir. Doch auch ihnen kann ich unmöglich die Wahrheit sagen. Sonst machen sie sich nur noch mehr Sorgen um mich.

Ich hoffe einfach, dass die verbleibende Zeit in Asien schnell vergeht. Und wenn ich heimkomme, reden wir nicht mehr über meine schlechten Erlebnisse hier, sondern unternehmen etwas, das wirklich Spaß macht!

Dein bester Freund
Tim

6. ✎ *Hinweis: Den Text „Hauptsache weit" hast du bereits gründlich gelesen. Lies nun den Liedtext aufmerksam durch und markiere die Stellen, die sich thematisch mit dem ersten Text überschneiden. Entscheide dich anschließend für drei Gemeinsamkeiten und notiere diese.*
In der zweiten Teilaufgabe musst du dich nicht auf die Texte beziehen. Suche ein Beispiel aus deinem eigenen Leben, an dem deutlich wird, dass man für die Lösung mancher Probleme selbst verantwortlich ist und beschreibe dieses Beispiel ausführlich.

a)
- Ein Jugendlicher bricht auf, um die Welt zu sehen.
- Beide machen sich auf die Suche, ohne genau zu wissen wonach.
- Die Erwartungen beider Jungen werden enttäuscht.

auch möglich:
- Beide haben schlechte Erfahrungen gemacht, z. B. mit den Schlafplätzen.
- Beide Jungen reisen in fremde Länder.
- In beiden Texten spielt London eine Rolle.
- Beiden wird immer klarer, dass das Glück nicht unbedingt in fremden Ländern zu finden ist.

b) Ich bin seit Langem begeisterter Wettkampfschwimmer im Verein. Es gab jedoch eine Zeit, da hatte ich gar keine richtige Lust mehr auf das Schwimmen. Meine Leistungen haben nachgelassen und ich war ständig auf der Suche nach Schuldigen: Ich beschuldigte meine Eltern, mich zu Hause zu sehr einzuspannen, beschwerte mich über die Schule und die vielen Hausaufgaben und schimpfte schließlich sogar über meinen Trainer und meine Vereinskameraden.
Eines Tages teilte mir mein Trainer mit, dass meine Leistung so sehr nachgelassen habe, dass ich nicht bei der Bayerischen Meisterschaft starten könne. Mit harten Worten hat mir mein bester Freund am gleichen Tag klargemacht, dass ich an dieser Situation selbst schuld sei. Das hat mich schwer getroffen, mir aber auch die Augen geöffnet. Ich bin wieder regelmäßig zum Training gegangen und meine Leistung ist nach und nach wieder besser geworden. Aus Bequemlichkeit und Desinteresse hatte ich meine große Leidenschaft, das Schwimmen, vernachlässigt und die Schuld dafür bei anderen gesucht.
Warum es überhaupt erst so weit gekommen ist, kann ich mir im Nachhinein nicht mehr erklären. Mir ist aber bewusst geworden, dass wir für viele Probleme und Sorgen selbst verantwortlich sind und dass man zuerst an sich selbst etwas verändern muss, wenn man unzufrieden ist.

7. ✎ *Hinweis: In dieser Aufgabe sollst du einen Traum beschreiben, den du dir nach dem Schulabschluss gerne erfüllen würdest. Dazu musst du dich von den vorgegebenen Texten lösen, denn mit der Beschreibung eines Traumes, sollst du auf deine ganz persönlichen Vorstellungen eingehen. Es ist nicht unbedingt entscheidend, ob der Wunsch, den du beschreibst, auch tatsächlich in Erfüllung gehen wird. Denke aber dennoch daran, dass du deinen Traum begründen und mit der realen Lebenswelt verknüpfen musst. Zudem sollst du Möglichkeiten aufzeigen, wie du deinen Traum verwirklichen könntest.*

Schon in meiner Kindheit haben mich zwei Dinge immer besonders begeistert: die Autowerkstatt meiner Eltern und unsere Urlaubsfahrten mit dem Wohnmobil. Daran hat sich auch bis heute nichts geändert. Meine Schwester und ich freuen uns auch jetzt noch auf die abenteuerlichen Unternehmungen mit unserem Wohnmobil. Und ich verbringe jede freie Minute in der Werkstatt meiner Eltern und helfe, so oft ich kann und darf. Das Schrauben an den Autos fasziniert mich einfach.	Einleitung Begeisterung für Wohnmobile und Reisen
Aus diesen beiden Leidenschaften ist auch mein Traum für die Zukunft entstanden: Ich will neben der Werkstatt meines Vaters einen Bereich schaffen, in dem ich ganz individuelle Wohnmobile für Fernreisen bauen kann. Und ich möchte später genug Freiraum haben, um selbst mit einem solchen Wohnmobil, das ich mir im Laufe der Zeit zusammenbaue, Reisen in fremde Länder zu unternehmen.	Hauptteil Beschreibung des Traums Werkstatt für individuell gefertigte Wohnmobile Reisen in fremde Länder
Um mir meinen Traum erfüllen zu können, das ist mir klar, kommt eine Menge Arbeit auf mich zu. Das beginnt bereits mit der Ausbildung. Im Rahmen der Berufsorientierung an unserer Schule hatte ich die Möglichkeit, mehrere Praktika in einem nahegelegenen Lkw-Montagewerk zu absolvieren. Das hat mich begeistert und meinen Entschluss bestärkt, später auch beruflich an großen Fahrzeugen schrauben zu wollen. Bei der Berufsberatung ist mir auch Folgendes klar geworden: Es gibt eine große Zahl unterschiedlicher Ausbildungsberufe allein im Kfz-Handwerk. Ich habe mir daher vorgenommen, mich zunächst intensiv beraten zu lassen. Anschließend muss ich entscheiden, welcher Einstieg für mich am geeignetsten ist und welche Fortbildungen später noch nötig sind, um meinem Traum von der eigenen Werkstatt für Fernreisemobile näher zu kommen.	Verwirklichung des Traums: Wahl einer passenden Ausbildung Fortbildungen machen

Auch wenn die Ausbildung einige Jahre dauern wird, kann ich in der Zwischenzeit bereits zusammen mit meinem Vater überlegen, wie mein Traum von einer Werkstatt für ganz individuelle Wohnmobile allmählich praktisch umsetzbar ist. Dann muss ich natürlich auch den Führerschein machen und vor allem zu sparen beginnen. Eine kleinere leerstehende Halle neben unserer Werkstatt hat mir mein Vater bereits zur Verfügung gestellt – der erste Schritt ist also schon gemacht.

Führerschein machen und Geld sparen

Sicher kann manches in der Zukunft auch ganz anders kommen, als ich es mir jetzt vorstelle, aber eines weiß ich schon jetzt: Ich werde alles dafür tun, um mir meinen großen Traum zu erfüllen. Der Spaß an der Arbeit in der Werkstatt und die Leidenschaft für das Reisen werden mir sicher immer erhalten bleiben.

Schluss
fester Vorsatz, den Traum zu verwirklichen

Teil C: Schriftlicher Sprachgebrauch – Text 2

1. *Hinweis: Du musst den Text sehr aufmerksam lesen, um den Inhalt in nur wenigen Sätzen wiedergeben zu können. Gehe möglichst abschnittsweise vor und achte darauf, wo jeweils ein neuer Gedanke beginnt. So kannst du den Text in Sinnabschnitte einteilen. Wenn du einen guten Überblick über die verschiedenen Inhaltsbereiche bzw. Aussagen bekommen hast, kannst du sie anschließend zusammenfassen. Beginne mit einem einleitenden Satz, indem du Autor, Titel und Textsorte nennst und sagst, worum es im gesamten Text geht. Fasse den Inhalt anschließend abschnittsweise zusammen. Schreibe im Präsens.*

In dem Artikel „Müll – der achte Kontinent" lenkt der Autor Jochen Clemens die Aufmerksamkeit des Lesers auf das weltweite Problem der Verschmutzung der Ozeane und zeigt Ursachen und Lösungsmöglichkeiten für das Problem auf. Durch die Meeresströmungen begünstigt, sammeln sich vor allem im Pazifischen Ozean riesige Mengen an Müll an. So hat die Meeresfläche, die von Müll bedeckt ist, inzwischen die Größe eines ganzen Kontinents. Schiffsverkehr, Landwirtschaft, Industrie und Tourismus sind für die Ansammlung der riesigen Müllberge im Meer hauptsächlich verantwortlich. In dem Artikel wird die Gefahr, die von den langlebigen und überwiegend giftigen Stoffen ausgeht, deutlich: Sie schädigen die Tier- und Pflanzenwelt der Meere nachhaltig. Und durch giftige Plastikteilchen, die über das Meer in die Nahrungskette gelangen, leidet letztlich auch der Mensch an der Verschmutzung.
Jochen Clemens stellt abschließend eine erste Initiative in Deutschland vor, die das Abfischen von Plastikmüll im Rahmen des Fischfangs zum Ziel hat. Diese

Initiative könnte durchaus erfolgreich sein, wenn sich weitere Länder an ihr beteiligen. Die wirkliche Lösung sieht er aber in der Senkung und Vermeidung von neuem Müll, z. B. durch die Reduzierung des Verpackungsmülls.

2. *Hinweis: Lies den Text noch einmal durch und markiere dabei alle Fremdwörter. Ordne anschließend jedem Wort das passende Fremdwort aus dem Text zu. Beachte dazu den Textzusammenhang und denke daran, dass manche Fremdwörter im Deutschen bereits so gebräuchlich sind, dass du sie vielleicht gar nicht mehr als solche wahrnimmst.*

   a) Müllabladeplätze → Deponien (Z. 32)
   b) Wunschvorstellung → Illusion (Z. 90)
   c) aufgezeichnet, erfasst → registriert (Z. 25/26)
   d) vermindert, herabgesetzt → reduziert (Z. 93)

3. *Hinweis: Sprachliche Bilder dienen dazu, bestimmte Aussagen für den Leser oder Zuhörer besonders anschaulich zu machen. Dabei steht der wörtlichen Bedeutung immer eine übertragene gegenüber, die du erklären sollst. Da wir nur sieben Kontinente kennen, kann es sich bei dem in der Überschrift benannten Kontinent um keinen „echten" handeln. Du musst deshalb zunächst erklären, was mit der Metapher „achter Kontinent" gemeint ist und diesen dann mithilfe der Informationen aus dem Text beschreiben.*

   Auf unserer Erde gibt es sieben Kontinente. Wenn der Autor in der Überschrift von einem achten spricht, meint er damit keinen der uns bekannten Kontinente, sondern einen zusätzlichen, bestehend aus Meeresmüll. Mittlerweile befinden sich nämlich in unseren Ozeanen unvorstellbare Mengen an Wohlstandsmüll. Zusammengenommen haben sie die Größe eines ganzen Kontinents. Bei den Abfällen, die überwiegend aus Kunststoff bestehen, handelt es sich um giftige und gefährliche Materialien, die sich durch die Meeresströmungen vor allem im Pazifischen Ozean ansammeln.

4. *Hinweis: Konzentriere dich auf die Probleme, die Plastikmüll im Meer verursacht. Markiere entsprechende Stellen im Text. Anschließend schreibst du vier der im Text genannten Probleme stichpunktartig auf. Beachte, dass du Punktabzug bekommst, wenn du ganze Sätze ausformulierst.*

   - Plastikteile als tödliche Nahrung für Fische
   - extreme Langlebigkeit des Plastiks
   - winzige Plastikkugeln nicht filterbar
   - durch Müll verletzte Tiere

auch möglich:
- Giftstoffe in Kunststoffteilen gelangen ins Meer
- Problem, da der Müll hässlich, giftig und gefährlich ist
- Gefahr für Wasserpflanzen
- negative Auswirkungen auf den Badetourismus
- Schädigung des Menschen bei jeder Fischmahlzeit

5. *Hinweis: Bei der Beschreibung einer Karikatur gehst du so vor: Beschreibe zunächst, was du auf dem Bild siehst (Personen, Handlung, Text). Anschließend deutest du es, indem du erklärst, was der Autor mit der Darstellung kritisieren will.*
In der zweiten Teilaufgabe sollst du die Aussage der Karikatur, die du bereits herausgearbeitet hast, mit einem Zitat aus dem Text in Verbindung bringen. Überlege dazu, inwiefern sich der Mensch durch die Verschmutzung des Meeres selbst schadet und wie das auf der Karikatur abgebildet wird.

a) Die Karikatur zeigt einen Touristen, der entspannt in einem Gummiboot auf dem Meer treibt. Er trägt eine Kopfbedeckung und eine Sonnenbrille und schlürft genüsslich ein Getränk. Gleichzeitig wirft er einen leeren Trinkbecher achtlos ins Wasser. Unter dem Touristen schwimmt eine Krake, die sich in einer Blechdose verfangen hat, und ein Fisch, der aussieht, als ginge es ihm nicht gut. Auf dem Meeresgrund liegt eine große Plastiktüte mit der Aufschrift „Meeresmüll". Sie ähnelt einem Fischmaul und wirkt bedrohlich aus der Tiefe.
Die Karikatur prangert die Vermüllung der Meere an und zeigt auch deren Folgen auf. Der verantwortungslose Tourist wirft seinen Müll achtlos ins Meer. Darunter leidet vor allem die Tierwelt, doch wirkt sich das Problem auch auf den Menschen aus. In der Karikatur wird das durch die riesige Plastiktüte deutlich, die auf dem Meeresgrund liegt und droht, den Touristen zu verschlingen.

b) Wie in der Karikatur vom Zeichner kritisch aufgezeigt wird, ist der Mensch der Verursacher des Müllproblems in den Meeren. Er ist dafür verantwortlich, dass so viel Müll entsteht und ein großer Teil davon schließlich im Ozean landet. Wer sich mit dieser Problematik nicht befasst, dem ist unter Umständen gar nicht bewusst, dass er sich dadurch letztlich selbst schadet. Der Zusammenhang zwischen Karikatur und Zitat ist damit offensichtlich: Der Plastikmüll, der in die Meere gelangt, hinterlässt giftige Stoffe im Wasser. Die Fische nehmen diese in sich auf. Isst der Mensch nun Fisch, gelangen die Schadstoffe automatisch auch in seinen Nahrungskreislauf. Der Mensch schädigt sich also selbst. Durch die gigantische Mülltüte und die Bildunterschrift „Gefahr aus der Tiefe" wird dieser Kreislauf auch in der Karikatur sichtbar.

6. ✎ *Hinweis: Sieh dir zunächst alle Elemente (Zahlen und Text) des Säulendiagramms genau an. Vergleiche dann den Plastiktüten-Verbrauch der aufgeführten Länder und versuche auch, die EU-Vorgabe und den EU-Vergleich in die Auswertung einzubeziehen.*
   Aufgabe b fordert eine persönliche Stellungnahme von dir. Du kannst entweder für oder gegen die Einführung der Regel sein, wichtig ist, dass du deine Meinung schlüssig begründest.

   a) • Das Säulendiagramm zeigt den Verbrauch an Plastik-Tragetaschen pro Person und Jahr in 19 ausgewählten EU-Staaten.
   • Bulgarien verbraucht mit 421 Tüten pro Person und Jahr die meisten Plastiktüten. Das Land überschreitet die EU-Vorgabe von 40 Tüten pro Person/Jahr damit deutlich.
   • Irland hat mit 18 Tüten pro Person und Jahr den geringsten Verbrauch und liegt weit unter dem EU-Durchschnitt von 198 Stück.
   • Mit 71 Tüten liegen die Deutschen zwar unter dem EU-Durchschnitt, aber immer noch weit über der EU-Vorgabe.

   auch möglich:
   • Nur Luxemburg und Irland liegen deutlich unter der EU-Vorgabe von 40 Tüten pro Person und Jahr.
   • Fünf der ausgewählten Länder übertreffen den EU-Durchschnitt von 198 Tüten deutlich.
   • Im Vergleich zu den anderen im Diagramm aufgeführten EU-Staaten weisen Bulgarien, Tschechien, Griechenland, Rumänien und Italien einen besonders hohen Plastiktütenverbrauch pro Kopf auf.

   b) Die Tatsache, dass Kunststoffmüll die Umwelt belastet, ist mittlerweile vielen Menschen bekannt. Und doch fällt es uns schwer, im Alltag auf Plastik zu verzichten. Seit einiger Zeit muss nun in vielen Geschäften eine Gebühr für Plastiktüten bezahlt werden. Das soll dazu führen, dass der Verbrauch deutlich reduziert wird und nicht mehr so viel Plastikmüll entsteht. Diese Regelung ist meiner Meinung nach ein Schritt in die richtige Richtung.
   Die Abgabe für Plastiktüten wird schließlich nicht deshalb erhoben, dass die Händler noch mehr Geld einnehmen, sondern unserer Umwelt zuliebe. Die gigantischen Mengen an Plastikmüll, die wir Menschen produzieren, sind kaum zersetzbar und zudem mit vielen Giftstoffen belastet. Vor allem für die Tier- und Pflanzenwelt in den Ozeanen stellen die riesigen Mengen an Kunststoffmüll, die oft im Meer landen, deshalb eine große Gefahr dar. Aus diesem Grund ist es enorm wichtig, weniger Plastikmüll zu produzieren, denn Müll, der gar nicht erst entsteht, muss auch nicht entsorgt werden.
   Es bleibt zu hoffen, dass die Maßnahme zur Reduzierung des Verbrauchs von Plastiktüten erfolgreich ist. Es gibt schließlich genügend Alternativen.

Einkäufe kann man beispielsweise problemlos in Körben oder Stofftaschen transportieren und Plastiktüten, die man schon hat, lassen sich lange Zeit immer wieder verwenden. Natürlich wäre es am besten, komplett auf Plastiktüten zu verzichten. Das schont den Geldbeutel und ist für die Umwelt ein echter Segen.

7. *Hinweis: Anhand von zwei Beispielen sollst du erläutern, was du ganz persönlich für den Umweltschutz tun kannst. Überlege zunächst, wie du die Umwelt in deinem Alltag schützt. Notiere deine Gedanken vorab auf einem extra Blatt und wähle anschließend zwei Beispiele aus, die du ausführlich darlegst. Denke daran, mit einer kurzen Einleitung zum Thema hinzuführen und am Ende einen Schlussgedanken zu formulieren.*

Das Thema Umweltschutz ist in aller Munde und in den Medien ständig präsent. Doch viele Menschen verweisen bei diesem Thema schnell auf die Politik und auf große Unternehmen. Oft heißt es, dass es deren Aufgabe sei, sich um das Wohl unserer Erde zu kümmern. So leicht darf man es sich aber nicht machen. Beim Erhalt unserer Umwelt kommt es auf jeden Einzelnen an. Jeder kann im Alltag seinen Beitrag zum Umweltschutz leisten. An zwei Beispielen möchte ich das aufzeigen.	**Einleitung** Umweltschutz beginnt im Kleinen
In der Schule haben wir uns vor einiger Zeit mit den sogenannten Umweltsiegeln beschäftigt. Davon gibt es eine ganze Menge, aber einige, wie z. B. der „Blaue Engel" oder das „EU-Bio-Siegel", sind meiner Meinung nach besonders wichtig. Waren, die diese Siegel tragen, weisen uns Verbraucher auf eine umweltschonende Produktion hin. Der „Blaue Engel" garantiert zum Beispiel, dass die Produkte hohen Ansprüchen an Umwelt- und Gesundheitsschutz genügen. Wir finden dieses Label unter anderem auf Schulheften und Schreibgeräten. Es zeigt uns, dass sie keine Giftstoffe enthalten und dass das Holz, aus dem sie produziert wurden, aus nachhaltig bewirtschafteten Wäldern kommt. Das „EU-Bio-Siegel" kennt man von Lebensmitteln, die z. B. keine chemischen Zusätze enthalten oder, wie bei Fleisch und Wurst, aus artgerechter Tierhaltung stammen. Ich habe mit meinen Eltern besprochen, dass wir beim Einkaufen zukünftig noch mehr auf diese Kennzeichnungen achten, um so die Umwelt zu schützen.	**Hauptteil** Erstes Beispiel: Beachtung von Umweltsiegeln

	Zweites Beispiel: Energiesparen im Alltag

Während einer Umweltwoche an der Schule ist mir bewusst geworden, wie wichtig es ist, Energie zu sparen. Seitdem bemühe ich mich auch zu Hause, nicht zu viel Energie zu verbrauchen. Ich habe mir anfangs überlegt, wo im Haus Strom gespart werden kann und wie ich meine Eltern und Geschwister davon überzeugen kann, entsprechende Maßnahmen zu ergreifen. Mittlerweile klappt das ganz gut. So habe ich bisher in meinem Zimmer fast alle Elektrogeräte auf Standby-Betrieb laufen lassen, egal ob ich zu Hause war oder nicht. Dadurch haben sie immer Strom verbraucht, auch wenn sie gerade nicht benutzt wurden. Genauso war es auch bei meinen Geschwistern. Das haben wir nun komplett geändert. Wir bemühen uns inzwischen, alle elektronischen Geräte ganz auszuschalten. Auch unsere Lampen hat mein Vater nach und nach in jedem Zimmer gegen neue, stromsparende ausgetauscht. Aber erschreckend war, wie häufig und unbedacht man die Lichtschalter betätigt und das Licht brennen lässt, selbst wenn es gar nicht benötigt wird. Dieser Strom- und damit Energievergeudung im Haus gehe ich jetzt gezielt nach.

Schluss
kleine Umweltschutzmaßnahmen vieler Einzelner sind bedeutend

Mir ist klar, dass ich mit meinen Maßnahmen die Welt nicht retten werde. Es sind keine großen Aktionen, die ich einbringe, aber ich spüre, dass ich sensibler für meine Umwelt werde und dem Umweltschutz mehr Aufmerksamkeit schenke. Außerdem bin ich inzwischen überzeugt davon, dass ein langfristiger Umweltschutz ohne die kleinen, überschaubaren Maßnahmen vieler Einzelner nicht umsetzbar ist. Deshalb möchte ich mich auch nach meinem Schulabschluss ehrenamtlich in einer Umweltorganisation engagieren.

Qualifizierender Abschluss der Mittelschule Bayern 2013
Englisch – Lösungen

A Listening Comprehension Test

(Die Hörtexte werden in der Prüfung von einer CD abgespielt, und zwar insgesamt zweimal und ohne zusätzliche Erklärungen oder Unterbrechungen. Du bekommst Zeit, dir die Aufgaben anzusehen, bevor du den dazugehörigen Text das erste Mal hörst. Während des Zuhörens, bzw. im Anschluss daran, bearbeitest du dann die jeweilige Aufgabe.)

Task 1: A family is in a restaurant. The waiter is coming with the orders. What did they order? While listening, tick (✓) the correct box. There are two extra orders in the list. (Höchstpunktzahl: 3 Punkte)

(In der Auswahlliste findest du zwei Gerichte („beef steak" und „vegetable soup"), die im Hörtext nicht vorkommen.)

	mother	father	daughter
white wine		✓	
red wine	✓		
fish		✓	
fish soup	✓		
rice		✓	
broccoli		✓	
beef steak			
roast beef			✓
chips			✓
vegetables			✓
vegetable soup			
	1 point	1 point	1 point

E 2013-1

Task 2: You are in a department store. In the lift you hear an announcement.
Listen and complete the sentences. Write numbers. (Höchstpunktzahl: 6 Punkte)

Vokabelhinweise: *selection:* Auswahl; *available:* erhältlich; *to prefer:* etw. vorziehen; *floor:* Etage, Stockwerk

1. From **4** to **5** o'clock you get two sandwiches and pay for only one.
2. Creating your own salad costs £ **3.99**.
3. Pay only £ **1** more and you can add ham or eggs to your salad.
4. The cheapest warm meal is £ **4.50**.
5. Children can have an Italian dish for £ **2.25**.
6. The restaurant is on the **5**(th) floor.

Task 3: Betty and Anne are having lunch. Anne is asking Betty about the soup.
What is in the soup (✓) and what is not in the soup (✗)? While listening, put a (✓) or a (✗) <u>in each box</u>.

(Höchstpunktzahl: 5 Punkte)

(Markiere hier unbedingt <u>sowohl</u> die Zutaten, die in der Gemüsesuppe enthalten *(✓)*, <u>als auch</u> solche, die <u>nicht</u> *(✗)* enthalten sind. Es darf kein Kästchen leer bleiben!)

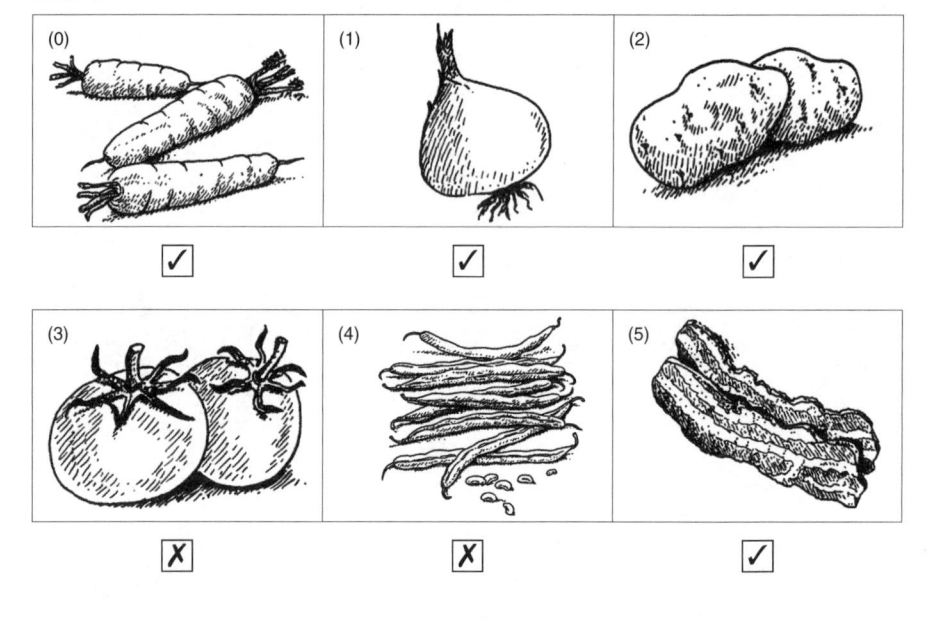

(0) carrots	(1) onion	(2) potatoes
✓	✓	✓

(3) tomatoes	(4) beans	(5) bacon
✗	✗	✓

Task 4: : Pamela is talking to Mike on the phone.
Are the sentences true (T) or false (F)? While listening, tick (✓) the correct box.

(Höchstpunktzahl: 6 Punkte)

		T	F
1.	He wants to go out on Friday.	✓	☐
2.	Pamela wants to stay at home till 9.	☐	✓
3.	She likes hot Indian meals.	☐	✓
4.	The Red Lion pub is popular because of its baked potatoes.	✓	☐
5.	The pub is closed till 7.	✓	☐
6.	Mike wants to pick Pamela up at 7.30.	☐	✓

B Use of English

Read the text, look at the pictures and fill in the correct word. There is one extra picture.

(In diesem Teil werden deine Grammatik- und Wortschatzkenntnisse sowie deine Kenntnisse der Redemittel geprüft. Beachte auch die Rechtschreibung, vor allem dann, wenn die Wörter wie in Aufgabe 3 schon vorgegeben sind.)

1. Tom's Party
(Höchstpunktzahl: 4 Punkte)

(Die Abfolge der Bilder und Sätze stimmt nicht überein. Lies zunächst die Sätze durch, suche dann das Bild, das vom Sinn her passen könnte und schreibe schließlich das entsprechende Wort dafür in die Lücke. Bild 4 („chicken" oder „turkey") wird nicht gebraucht.)

Tom is having a party. A lot of guests/people/friends are coming. Everything is ready. The plates are on the table. The fridge/refrigerator/freezer is full of food and there is enough pizza for everybody. But one thing is missing – the chocolate cake Tom's sister wanted to make for him.

2. **Foreign Food**
   Write the correct form of the given word. (Höchstpunktzahl: 4 Punkte)

   (Bei dieser Übung ist es hilfreich, nach Signalwörtern zu suchen, die dir einen Hinweis auf die richtige Zeitform geben:
   Signalwörter: Zeitform:
   fifty years ago → simple past
   since   → present perfect
   today   → simple present
   Verwende im 2. Satz nach „if" („wenn/falls") auch das „simple past", da sich alles in der Vergangenheit abspielt.)

   Food from other countries <u>has become</u> very popular in Britain. Fifty years ago most people <u>went</u> to a pub if they <u>didn't want</u> to eat at home. Since the 1980s a lot of foreign restaurants <u>have opened</u> all over Britain. Today, there <u>are</u> Chinese restaurants everywhere.

3. **Eating Out**
   Put the words in the right order. Use all the words. (Höchstpunktzahl: 4 Punkte)

   (Hier musst du die Wörter in die richtige Reihenfolge bringen und jeweils einen sinnvollen Satz bilden. Manchmal gibt es verschiedene Möglichkeiten.)

   1. Have you ever been to the restaurant near the station?
   2. Yes, I have already been there three times this month. / Yes, I have been there three times this month already. / Yes, I have been there already three times this month.
   3. What is the food there like? / What is the food like there?
   4. The food is great/cheap but not cheap/great. / The food is not great/cheap but cheap/great.

4. **School Cafeteria**
   Circle the word that fits. (Höchstpunktzahl: 4 Punkte)

   (Kreise das Wort ein, das grammatikalisch oder sinngemäß passt. Nur <u>ein</u> Wort pro Auswahlreihe ist richtig.)

   Vokabelhinweise zu den richtigen Lösungen:
   usually: normalerweise, gewöhnlich
   there: dort
   which: leitet hier einen Relativsatz ein (… eine Mahlzeit, die …); „who" wird nur bei Personen verwendet; „what" ist ein Fragewort (was?); „whose" bezeichnet den Genitiv (dessen/wessen)
   with other pupils: mit anderen Schülern
   to enjoy themselves: sich amüsieren, hier im Sinn von: „eine gute Zeit haben")

   British pupils (0) • almost • nearly • suddenly • ⟦usually⟧ • have lunch in their school cafeteria. (1) • That • Their • ⟦There⟧ • Where • they can get drinks, snacks or even a meal (2) • what • ⟦which⟧ • who • whose • is quite cheap. They sit together with (3) • a • another • ⟦other⟧ • our • pupils from their class, have

a chat and enjoy (4) • *each other* • *them* • themselves • *they* • before they go
to their afternoon lessons.

5. **A Telephone Call**
   Write Peter's questions. Read Tom's answers first.
   (Höchstpunktzahl: 4 Punkte)

   (Lies dir zunächst Toms Antworten durch. Notiere dann eine passende Frage. Meist gibt es mehrere richtige Möglichkeiten.)

   Peter: Hi, Tom. How are you?
   Tom: I'm fine. I'm on a trip through Germany.
   Peter: Oh. Where are you?
   Tom In Munich. I'm staying in a hostel.
   Peter: OK. How much does it cost? / How much is it per night? / …?
   Tom: € 28 per night, which is not bad.
   Peter: Great. What's the weather like? / How is the weather? / What about the weather? / …
   Tom: It's sunny and warm.
   Peter: Lovely. When will you be back (home)? /
   When are you coming back/home? / …?
   Tom: I'll be back next weekend.
   Peter: Great. See you then. Have fun.
   Tom: Thanks. Bye.

C Reading Comprehension Test

(Lies den Text zunächst einmal durch, damit du weißt, wovon er handelt. Schlage nur diejenigen unbekannten Wörter nach, die zum Verständnis des Textes unbedingt nötig sind. Nimm dir Zeit beim Durchsehen der Aufgaben, damit du verstehst, welche Lösung gesucht ist. Hier lohnt es sich, das ein oder andere Wort nachzuschlagen. Konzentriere dich nun auf die Stellen im Text, die zur Beantwortung der jeweiligen Aufgabe von Bedeutung sind.)

Vokabelhinweise: Z. 2: *inhabitant:* Einwohner; Z. 3: *port:* Hafen; Z. 4: *to invent:* erfinden;
Z. 5: *Earl:* Graf; Z. 6: *to command the Navy:* die Kriegsflotte /Marine kommandieren;
Z. 8: *slice:* Scheibe; Z. 10: *convenient:* praktisch, bequem; Z. 14: *cucumber:* Gurke;
Z. 19: *competition:* Wettbewerb; Z. 21: *groceries:* Lebensmittel; Z. 25: *weight:* Gewicht)

1. **Read the text and choose the right title (A to F) for each paragraph (1 to 5). Use each letter only once. Fill in the extra title as well.**

(Höchstpunktzahl: 5 Punkte)

paragraph 1 (lines 1–3)	paragraph 2 (lines 4–11)	paragraph 3 (lines 12–16)	paragraph 4 (lines 17–23)	paragraph 5 (lines 24–28)	The extra title is
D	F	A	E	B	C

2. **Are the statements true (T), false (F) or not in the text (N)? Tick (✓) the correct box.**

(Höchstpunktzahl: 6 Punkte)

(Kreuze an, ob die Aussage richtig (true: T), falsch (false: F) oder nicht im Text (not in the text: N) ist.)

		T	F	N
a)	The distance between Sandwich and London is 18 miles. (Z. 1 f.)		✓	
b)	John Montagu often won when he played cards.			✓
c)	Working men prefer cucumber sandwiches. (Z. 14 f.)		✓	
d)	Max King took part in a sandwich-making competition.			✓
e)	A study shows that eating fast food can make you overweight. (Z. 24 f.)	✓		
f)	Mr Brightman, the owner of a sandwich restaurant, is married. (Z. 26 f.)	✓		

3. **Answer the questions using information from the text.**
   You can write short answers. (Höchstpunktzahl: 9 Punkte)
   (Antworte in kurzen Sätzen oder Stichpunkten. Schreibe keine vollständigen Sätze aus dem Text ab.)

   a) 5,000 / 5000
      (Z. 2)
   b) he commanded the British Navy
      (Z. 5 f.)
   c) playing cards / (he loved to) play cards
      (Z. 6 f.)
   d) (because) he wanted to hold his cards and eat at the same time / (because) he wanted to play (cards) and eat at the same time / (because) he wanted to eat without (a) knife and (a) fork
      (Z. 7 f.)
   e) (because) they saw how convenient it was / (they saw) it was convenient
      (Z. 10 f.)
   f) (a) butty
      (Z. 15)
   g) (because) the smell gets into the bread / into it
      (Z. 21 f.)
   h) freshly-baked bread / (filling of) organic vegetables / meat straight out of the oven
      (Z. 27 f.; *delicious:* lecker, köstlich)

D Text Production

(Schreibe <u>entweder</u> die E-Mail <u>oder</u> die Bildergeschichte. Du darfst ein zweisprachiges Wörterbuch verwenden. Die Lösungsbeispiele sind bewusst etwas länger gehalten als in den Angaben vorgegeben. So bekommst du verschiedene Ideen für deine eigene Lösung.)

1. **Correspondence: E-Mail** (Höchstpunktzahl: 20 Punkte)

   (Berücksichtige beim Schreiben deiner E-Mail die Vorgaben zu Umfang, Form und Inhalt, wie sie in der Aufgabenstellung aufgeführt sind. Da du die E-Mail an deine Gasteltern sendest, sollte sie <u>persönlichen</u> Charakter haben. Schreibe in ganzen Sätzen und achte darauf, dass deine E-Mail in sich schlüssig und verständlich ist. Der folgende Wortschatz kann dir beim Verfassen der E-Mail nützlich sein:
   – Anrede: *Dear ... /Hello, ...*
   – sich für die Zeit in der Gastfamilie bedanken: *Thanks that I could ...*
   – Gefallen ausdrücken: *It was great that .../I liked .../It was very nice that ...*
   – Unterkunft: *accommodation, room, house, garden, balcony etc.*
   – Essen: *breakfast, lunch, dinner*
   – Haustiere: *pets (e. g. dog, cat, budgie, guinea pig), to pet, to feed, to go for a walk, well-bred* (gut erzogen), *cute* (niedlich)

- Aktivitäten: *sports (e. g. swimming, cycling, jogging, playing football), go to the cinema, play an instrument etc.*
- Fotos im Anhang: *to attach some photos*
- von der Heimreise berichten: *to go by plane, to take ... hours, I arrived at ...*
- zuhause ankommen: *come back, return*
- Reaktionen schildern: *to be (not) pleased about, to be (not) happy about, to be (not) fond of, to like/dislike/love, to be (not) delighted*
- hoffen, dass die Gastfamilie zu Besuch kommt: *I hope/wish that you will come to see me; you're always welcome in my/our house*
- Grußformel: *Hope to hear from you soon, Regards, Best wishes, Lots of love, Bye, Take care, Yours ...)*

Dear Sarah and Paul,

How are you? I hope everybody is fine.

Thanks again that I could stay with you! You made me feel so comfortable. I liked my room very much. I also loved to sit on the balcony and look at all the pretty flowers in your garden. And of course I miss Kitty, your cute little cat that came over to visit me every morning. It was also so much fun to go to the pub, the cinema or the Art Festival in the evening. I have attached some photos – and I hope you like them, too.

My trip back home was okay. The plane was on time so that I arrived in the early afternoon. My family picked me up at the airport. My parents are happy that I'm back home again and my mother is very pleased about the earrings that I bought for her at the festival. But my brother doesn't like the T-Shirt I gave him as a present. He doesn't know much about fashion ... ☺!

I hope that you'll be able to see my family and me when you come to Germany next year. You're always welcome and I'm really looking forward to meeting you again.

Hope to hear from you soon.

Take care!

Yours, Isabel

2. Creative Writing: Picture story (Höchstpunktzahl: 20 Punkte)

(Berücksichtige beim Schreiben der Bildergeschichte die Vorgaben zu Umfang und Form, die in der Aufgabenstellung angegeben sind. Schreibe die Geschichte in der Zeitform „simple past" *(One afternoon, Emily <u>called</u> Chris ...)*, zum Teil musst du die Verlaufsform („past progressive form") verwenden. Betrachte alle Bilder genau, damit du keine wichtigen Details übersiehst (z. B. in Bild 4: Uhr; unbemerktes Hereinschleichen der Katzen ins Esszimmer). Auch der Text und die Symbole in den Sprechblasen enthalten wichtige Informationen.

Denke beim Schreiben an die Einleitung und den Schluss-Satz sowie an die Verwendung der wörtlichen Rede. Schreibe in ganzen Sätzen, baue den Handlungsverlauf logisch auf und achte darauf, dass die Geschichte auch sprachlich gut verständlich ist.

Der folgende Wortschatz kann dir beim Verfassen der Geschichte nützlich sein:
- Bild 1: verliebt sein in: *be in love with,* einladen: *to invite,* Einladung: *invitation,* die Katzen schliefen in ihren Körbchen: *the cats <u>were sleeping</u> in their baskets*
- Bild 2: kochen: *to cook,* Schüssel: *bowl,* Herd: *stove,* Ofen: *oven,* sich interessieren für: *to be interested in,* beobachten: *to watch*

- Bild 3: den Bus verpassen: *to miss the bus*, den Tisch decken: *to lay the table/to set the table*, anrufen: *to call/to phone*
- Bild 4: sich beeilen: *to hurry*, hereinschleichen: *to sneak in, to crawl inside*
- Bild 5: Unordnung: *mess*)

Dinner for two

One afternoon, Emily called Chris to invite him for dinner. She asked him to come the following day at 8 pm. Chris was in love with Emily and was happy about the invitation. While Emily was talking to Chris, her two cats, Jerry and Johnny were sleeping in their baskets.

The next day, Emily was in her kitchen preparing the meal. She had a big fish in the oven, a pot with potatoes on the stove and a large bowl full of salad on the kitchen counter. Her two cats were watching her the whole time.

Just before 8 pm, Chris called Emily. He sounded disappointed. "I'm sorry, but I missed the bus!" he told her. Emily was already putting all the nice food on the table, but she said: "No worries, I'll pick you up, Chris." Emily left the dining room in a hurry, so she did not see that Johnny and Jerry had crawled inside before she closed the door. They were very hungry.

At 8 pm it was dinner time. Jerry and Johnny were sharing the fish on the table. They just loved it! For poor Emily and Chris they only left the potatoes and the salad, which were lying on the floor.

Notenschlüssel

Notenstufen	1	2	3	4	5	6
Punkte	80–71	70–60	59–46	45–32	31–18	17–0

> **Qualifizierender Abschluss der Mittelschule Bayern 2014**
> **Englisch – Lösungen**

A Listening Comprehension Test

(Der Hörverstehenstest besteht aus drei Teilen. In dem Test geht es um ein Paar, das in den USA Urlaub macht. Zu jedem Text, den du von der CD hörst, gibt es eine Aufgabe („Task"), die du mithilfe der Informationen aus dem jeweiligen Hörtext bearbeiten sollst. Verschaffe dir zuerst einen Überblick über die Aufgaben. Du hörst die Texte je zwei Mal. Du kannst die Aufgaben entweder während des Zuhörens und/oder im Anschluss daran bearbeiten.)

Task 1: Kate and Mike are on holiday in the United States. They are talking to a receptionist at a hotel in Washington DC. Listen and fill in the missing information. (Höchstpunktzahl: 8 Punkte)

1. The receptionist wants to see their **passport(s)/(credit card)**.

2. It's Kate and Mike's **first/1st** visit to Washington DC.

3. They are leaving on **Friday**.

4. They would like a room which is at **the back** of the hotel.

5. The Wi-Fi password is **JFK 430**.
   (Konzentriere dich hier besonders, um die Buchstaben-Zahlen-Kombination richtig zu verstehen.)

6. They should take a **taxi** or a bus to get to the White House.

7. The bus stop is **(right) outside** the hotel.

8. Breakfast is from **6.30** till **10**.

Task 2: Kate and Mike are doing a tour of the White House. They are listening to an audio guide. Listen and answer the questions. Write short answers. (Höchstpunktzahl: 6 Punkte)

(Folgende *Fragewörter* solltest du verstehen, um die Fragen richtig beantworten zu können:)
how many? – wie viele?
where? – wo?
who? – wer?
what? – was?

1. 132

2. (on the) wall(s)

3. school teams/college teams/professionals

4. (the) garden (project)

E 2014-1

5. paintings
6. (in the) Family Theater/movie theater/Theater

Task 3: Back at the hotel Kate and Mike are planning their trip to the Grand Canyon. Mike is reading about it on his computer.
Listen and complete the table. (Höchstpunktzahl: 6 Punkte)

	Hiking tour	Helicopter tour	Tour from Grand Canyon Airport
Costs per person?	No costs	$ 499	$ 154 online booking
Hours/ minutes?	12 hours	3 hours	30 minutes
Problems?	(really) hot/35° / (need a) permit (Z. 7) (for camping)	(too) expensive	no stop in the Canyon

B Use of English

(In diesem Prüfungsteil musst du dein Wissen im Bereich Wortschatz, Grammatik und Rechtschreibung unter Beweis stellen. Auch musst du eine Sprechsituation bewältigen, wie sie im Alltag vorkommen kann.)

1. Complete the sentences using the correct word from the box. There are some extra words in the box. (Höchstpunktzahl: 6 Punkte)

(In dieser Aufgabe werden deine Wortschatz- und Grammatikkenntnisse geprüft. Du findest bereits eine Auswahl an Wörtern im Kasten. Wähle die passenden aus. Im Folgenden findest du Hinweise zu den richtigen Lösungen:)

1 who: leitet hier einen Relativsatz ein („… die bereits einen Studienplatz an einem College hat."); „which" ist hier nicht möglich, da es sich bei Julia um eine Person handelt.
2 She … enjoys working on the computer: sie arbeitet gerne am Computer (enjoy + Verb mit -ing-Form).
3 to be good at: gut sein in
4 got: simple past von „get" (bekommen)
5 would like: würde gerne
6 to apply for: sich bewerben für/um

Julia, 17, is one (0) <u>of</u> the students at her high school (1) <u>who</u> has already got a place at college. She really enjoys (2) <u>working</u> on the computer and she's very good (3) <u>at</u> designing websites. On her last birthday she (4) <u>got</u> a new computer from her parents. In her vacation Julia (5) <u>would</u> like to do work experience at a software firm in Boston. She has already applied (6) <u>for</u> a job at three different companies but she's still waiting to hear from them.

2. **Read the text and complete the sentences.** (Höchstpunktzahl: 4 Punkte)

(Hier geht es nur um den Wortschatz. Ergänze den Lückentext mit den passenden Substantiven (Namenwörtern). Versuche, die fehlenden Wörter aus dem Textzusammenhang zu erschließen. Auch sind als Hilfestellung die Anfangsbuchstaben der gesuchten Wörter angegeben.)

1 satchel: Schultasche; schedule: hier: Stundenplan
2 dictionary: hier: Wörterbuch
3 subject: Schulfach
4 gym/gymnasium: Turnhalle

Tom is a (0) <u>student</u> at a high school in Boston. Every morning he checks his (1) <u>school bag/satchel/schedule</u> to see if he has everything he needs: his books, his calculator and his pencil case. As he is doing a Spanish test today, Tom has to take his (2) <u>dictionary</u> to look up the words he doesn't know. He likes biology and English very much, but his favorite (3) <u>subject</u> is sports. In summer students use the sports fields but in winter they do sport in the (4) <u>gym/gymnasium</u>.

3. **Read the text and fill in the gaps using the words in brackets in the correct form.** (Höchstpunktzahl: 6 Punkte)

(Hier werden deine Grammatikkenntnisse geprüft. Setze die vorgegebenen Verben in die richtige Zeitform. Beachte die Signalwörter, um die richtige Zeitform zu erkennen.)

	Signalwort	Zeit	Besonderheit
1	two weeks ago	simple past	„began" = unregelmäßiges Verb
2	two weeks ago	simple past	<u>I</u>, <u>he</u>, <u>she</u>, <u>it</u> wasn't
3	„isn't having" zeigt an, dass die Zeitebene nun wieder die Gegenwart ist	simple present	Während „isn't having" die Verlaufsform der Gegenwart darstellt, muss in die Lücke die Form des simple present („is").
4	every Saturday	simple present	he, she, it work<u>s</u>
5	for over a year now	present perfect	he, she, it ha<u>s</u>
6	if/next year (if-Satz Typ I)	will-future	Statt „will (buy)" ist im if-Satz auch die Verwendung von „can (buy)" möglich.

As everybody (0) <u>knows</u>, driving a car is very important in the USA. In some states people can get a driving license when they are 16. About two weeks ago Steven (1) <u>began</u> learning how to drive. The first lesson (2) <u>wasn't</u> easy. He isn't having lessons at a driving school because his father (3) <u>is</u> his instructor. Every Saturday Steven (4) <u>works</u> at a local supermarket. He (5) <u>has had</u> the job for over a year now. If he saves enough money, he (6) <u>will buy/can buy</u> himself a decent second-hand car next year.

4. Complete the interview with the missing questions.

(Höchstpunktzahl: 4 Punkte)

(Bei dieser Aufgabe geht es darum, dass du dich in Alltagssituationen angemessen ausdrücken kannst. Lies dir zunächst die Antwortsätze durch, damit du weißt, <u>wonach</u> du fragen sollst. Manchmal kannst du das Verb (z. B. ask, start) des Antwortsatzes auch für deine Frage verwenden. Beachte bei deinen Fragen die Umschreibung mit „to do": (evtl. Fragewort) + do (can, may ...) + you + Verb ...?)

Tim: Can you help me, please? I have to give a talk about American schools.
Jill: Of course, I can help you.
Tim: <u>May I</u>/<u>Can I</u>/<u>Could I ask you</u> some questions?
Jill: Sure. Just feel free to ask.
Tim: <u>When do you start (school)</u>/<u>When does school start</u> in the morning?
Jill: We start at 9. But before that I meet my friends.
Tim: <u>Where do you meet</u> them?
Jill: In the school cafeteria. We have breakfast there.
Tim: <u>Do you bring</u>/<u>eat</u>/<u>take</u>/<u>have</u> your own food?
Jill: No we don't. We have to buy the food at the cafeteria.

C Reading Comprehension Test

(Im Lesetext geht es um die beiden Töchter des amerikanischen Präsidenten Barack Obama. Nach dem ersten Lesen solltest du den Inhalt des Textes im Wesentlichen verstanden haben. Schlage nur diejenigen Wörter nach, die du unbedingt zum Verständnis benötigst. Bei der Bearbeitung der Aufgaben ist es nötig, dass du zunächst diejenigen Textstellen findest, auf die sich die Aufgaben beziehen, und diese nochmals konzentriert durchliest, ehe du die Lösungen aufschreibst.)

Vokabelhinweise: Z. 1: in the public eye: im Auge der Öffentlichkeit, von vielen Menschen beobachtet; Z. 7: incredible: unglaublich; Z. 15: to yawn: gähnen; Z. 16 f.: to remind: erinnern an; Z. 17: environment: hier: Umgebung, Umfeld; Z. 19: staff: Belegschaft, Mitarbeiter; Z. 21: responsibility: Verantwortung; Z. 23: college: Hochschule; Z. 29: to be proud of sb./sth.: stolz sein auf jmd./etw.; Z. 33 f.: to have a sleepover: bei jemandem übernachten; Z. 36: to deserve sth.: etw. verdienen; Kasten: rule: Regel

1. Find the correct title (A – G) for each paragraph in the text on page 5. There is <u>one</u> extra title.

(Höchstpunktzahl: 5 Punkte)

(Wenn du die Überschriften richtig zuordnest, zeigt dies, dass du den Inhalt des Textes im Wesentlichen verstanden hast.)

Vokabel: chores = Hausarbeit

paragraph 1 (lines 1–3)	paragraph 2 (lines 4–8)	paragraph 3 (lines 9–15)	paragraph 4 (lines 16–23)	paragraph 5 (lines 24–31)	paragraph 6 (lines 39–44)
C	G	A	B	E	F

2. **Five sentences are missing in the text on page 5.**
   Read the sentences (A–G) and match them with the gaps (1–5) in the text. There is <u>one</u> extra sentence. (Höchstpunktzahl: 5 Punkte)

   (Für jede Lücke ergibt nur jeweils ein Auswahl-Satz im Textzusammenhang einen Sinn. Beachte, dass ein Satz in keine Lücke passt.)

(0)	(1)	(2)	(3)	(4)	(5)
C	**G**	**D**	**F**	**B**	**A**

3. **Answer the questions using information from the text on page 5. Write short answers.** (Höchstpunktzahl: 4 Punkte)

   (Beantworte die Fragen in Stichpunkten, indem du die Schlüsselwörter dem Lesetext entnimmst.)

   a) Air Force One
   (Z. 5; gefragt wird nach dem Namen des Flugzeugs des US-Präsidenten: "<u>What is</u> the President's aircraft <u>called</u>?")

   b) (on/at the) weekend
   (siehe Kasten, Absatz „Technology"; gefragt wird, wann die Töchter das Internet nutzen dürfen: „allowed to use")

   c) make (their own) beds/set the table/take (the) dogs for a walk
   (Z. 19 ff.)

   d) (have) sleepovers/(go to the) shopping (mall)/(go to the) movies
   (Z. 33 f.)

4. **Read the text on page 5 and complete the task below.** (Höchstpunktzahl: 6 Punkte)

   (Suche nach der Stelle im Lesetext, die in der jeweiligen Frage umschrieben wird und notiere dann den (Teil)Satz als Lösung.)

   a) They have met lots of well-known people …
   (Z. 5 f.; celebrities: Stars, Berühmtheiten)

   b) … they have to listen and smile.
   (Z. 14; in public: in der Öffentlichkeit, vor anderen Leuten)

   c) … they're not going to be in the White House for ever./ Not long from now they'll be at college by themselves.
   (Z. 22 f.; present: gegenwärtig, momentan)

   d) … they have to write reports about what they saw …
   (Kasten, Absatz „Trips")

e) ... he is extremely proud of his children./They're smart .../
... they're respectful./I could not have asked for better kids.
(Z. 29 ff.; opinion: Meinung)

f) I've got tough guys with guns looking after my daughters.
(Z. 35 f.; well protected: gut behütet)

D Text Production

(Entscheide dich <u>entweder</u> für die E-Mail <u>oder</u> für die Bildergeschichte. Du darfst ein zweisprachiges Wörterbuch verwenden. Beachte die Vorgaben zu Umfang, Form und Inhalt, die in der Aufgabenstellung beschrieben sind. Die Lösungsbeispiele sind jedoch bewusst etwas länger gehalten, so dass du verschiedene Ideen für deine eigene Lösung bekommst.)

1. Correspondence: E-Mail   (Höchstpunktzahl: 20 Punkte)

(Lies dir die vorgegebene E-Mail gut durch. Du findest hier Fragen und Aufforderungen, auf die du in deiner Antwortmail eingehen sollst – du kannst aber auch eigene Ideen einbringen. Die Mail enthält viele Vokabeln und Ausdrücke, die du auch in deiner Antwort verwenden kannst. Da du das Job-Angebot annehmen möchtest, sollte deine Mail in einem höflichen und interessierten Ton geschrieben sein. Sie sollte neben dem Hauptteil auch eine Anrede (Dear/Hello Susan ...), einen Schlusssatz (Looking forward to hearing from you, See you in San Francisco ...), deinen Gruß (Best wishes, Take care ...) und deinen Namen enthalten. Der Inhalt sollte klar verständlich sein. Dabei spielen neben Ausdruck und Grammatik auch die Rechtschreibung und eine saubere äußere Form eine Rolle.

Hello Susan,

Thanks for your e-mail! It was fantastic to hear from you because I was actually looking for a summer job when I got your mail. I would be happy to come to San Francisco and look after Justin!

My holidays are from August 1st until mid-September and I could stay with you the whole time. I hope that's OK with you.

I have to admit that I don't have much experience of working with children. I only have two older sisters and Aunt Emma's sons are also older than me. But one of my hobbies is playing soccer and I could teach Justin to play! Does Justin play soccer?

Do you live in a house with a garden, or in a flat?

I think that my English is quite good. I've been learning it at school for four years. Every time I visit aunt Emma, I speak English with her, too.

How much free time I will have during my stay? Do you think that I could do a surfing course?

I'm really looking forward to hearing from you!

Best wishes,

(your name)

2. Creative Writing: Picture-based Story   (Höchstpunktzahl: 20 Punkte)

(Sieh dir zunächst die einzelnen Bilder genau an und versuche die Geschichte im Ganzen zu verstehen. Finde dabei die Pointe heraus (der Tintenfisch hat die Brille des Großvaters auf). Auch die Überschrift ("The big catch" – „Der große Fang") hilft dir beim Verständnis der Geschichte.
Die Überschrift sowie der Einleitungssatz für den ersten Teil *(Last summer ...)* und den zweiten Teil *(The next day ...)* sind bereits vorgegeben. Du kannst diese in deine Geschichte übernehmen. Denke daran, deinen Text durch Absätze zu gliedern. Runde deine Geschichte mit einem geeigneten Schluss ab.
Deine Geschichte sollte auch für jemanden verständlich sein, der die zugehörigen Bilder nicht kennt. Du darfst also keine wichtigen Informationen auslassen. Achte außerdem auf Wortschatz, Grammatik und Rechtschreibung. Wörtliche Rede macht deine Geschichte lebendig!)

The big catch

Last summer, Steve and his granddad were at the seaside. One sunny day, when they went fishing in a small boat, a stupid thing happened to Steve's grandpa. "There's a fish on my rod!" Steve's grandpa shouted excitedly, but while he was leaning over the boat to pull the fish out of the water, his glasses fell into the sea and were gone. Grandpa was very sad.

The next day Steve went fishing again, but this time he was on his own, so he just went fishing off a jetty. All of a sudden some other anglers yelled, "An octopus!" Steve felt there was something really heavy at the other end of his rod. It was a big octopus! Steve pulled it out onto the jetty. The craziest thing was that the octopus was wearing glasses, and that they were definitely grandpa's glasses! "What a big catch!" Steve thought when he carried the octopus and the glasses back home to his grandpa.

Steve's grandpa was very surprised to see Steve's catch. "Nobody will believe this story," he murmured with relief.

Notenschlüssel

Notenstufen	1	2	3	4	5	6
Punkte	80–68	67–55	54–41	40–27	26–13	12–0

Qualifizierender Abschluss der Mittelschule Bayern 2015
Englisch – Lösungen

A Listening Comprehension Test

(Der Hörverstehenstest besteht aus vier Teilen. Zu jedem Text, den du von der CD hörst, gibt es eine Aufgabe („Task"), die du mithilfe der Informationen aus dem jeweiligen Hörtext bearbeiten sollst. Verschaffe dir zuerst einen Überblick über die Aufgaben. Du hörst die Texte je zwei Mal ohne Unterbrechungen und Erläuterungen. Die Aufgaben kannst du entweder während des Zuhörens und/oder im Anschluss daran bearbeiten. In der Musterlösung sind teilweise mehrere Antwortmöglichkeiten angegeben. Du musst aber natürlich nur eine (richtige) Lösung aufschreiben.)

Task 1: Martin wants to travel to Scotland by coach. He is at a coach station in London talking to the woman at the ticket counter.
Listen and answer the questions. Write short answers. (Höchstpunktzahl: 6 Punkte)

1. (at) **ten past nine/9.10**

2. (because of) (heavy) **traffic**

3. (just before) **9.30**/(about) **15 min**(utes) **later**/(at) **9.25**

4. (just) **one** (piece/bag)

5. (£) **42.50**

6. (another) **30 per cent/30 %**

Task 2: Two days later Martin is on the coach. He is listening to the coach driver. There is <u>one</u> mistake in each sentence. Listen and write down the correct word(s) on the line. (Höchstpunktzahl: 5 Punkte)

(Jeder in dieser Aufgabe vorgegebene Satz enthält einen inhaltlichen Fehler. Folge dem Text also aufmerksam und finde das Wort im Satz, das nicht mit dem Hörtext übereinstimmt. Schreibe das richtige Wort aus dem Hörtext auf.)

1. We're about ~~half an hour~~ late.
   20 minutes

2. We ~~won't~~ be able to make that up by around lunchtime.
   should

3. The ~~heating~~'s not working properly.
   air conditioning

4. There's no ~~on-board service~~ available.
   Internet/Wi-Fi

E 2015-1

5. There's going to be a change of ~~tyres~~.
driver / coach

Task 3: On the coach Martin is talking to an American tourist.
Listen and fill in the missing information.
(Höchstpunktzahl: 5 Punkte)

1. The American tourist is staying with a **friend** near Edinburgh.
2. The American thinks the youth hostels in Aberdeen will be **booked out / full**.
3. Martin would need a **tent / sleeping bag** for camping.
4. Stonehaven is a **village / place** close to Aberdeen.
5. In Stonehaven Martin could stay at a **bed and breakfast** (place) / **B and B / B & B / B + B**.

Task 4: Martin is listening to a guide explaining the Highland Games' competitions. Which of the four pictures shows the competition?
Listen and tick (✓) the correct picture.
(Höchstpunktzahl: 4 Punkte)

(Sieh dir bei jeder Aufgabe die Bilderfolge genau an, denn die Bilder unterscheiden sich nur in Einzelheiten. Damit du das richtige Bild findest, solltest du beim Hörtext auch auf feine Unterschiede achten, z. B. ob das Wurfgeschoss mit einer oder aber mit beiden Händen gehalten wird.)

1. Weight throw

   ☐ ✓ ☐ ☐

2. Sheaf toss

   ☐ ☐ ☐ ✓

E 2015-2

3. Tossing the caber

| ☐ | ☐ | ✓ | ☐ |

4. Tug of war

| ✓ | ☐ | ☐ | ☐ |

B Use of English

(In diesem Prüfungsteil musst du dein Wissen im Bereich Wortschatz, Grammatik und Rechtschreibung unter Beweis stellen.)

1. Scotland
Read the text and complete each sentence with <u>one</u> suitable word.

(Höchstpunktzahl: 6 Punkte)

(Diese Aufgabe testet deinen Wortschatz und deine Grammatikkenntnisse. Achte auch auf die korrekte Rechtschreibung der gesuchten Wörter.)
1 „more than" = „mehr als"
4 „to be famous for" = „berühmt sein für"
5 Hier kannst du entweder das modale Hilfsverb „can" einsetzen oder auch das „will-future" verwenden.
6 Frage mit „to be" im „simple present": "Are you interested in …?" = „Bist du/Sind Sie an … interessiert?"

Scotland is (0) **part** of the United Kingdom. More (1) **than** five million people live there. Edinburgh, its capital, is the second largest (2) **city/town**. Aberdeen is called Europe's oil capital (3) **because/as/since/for** Scotland has the largest oil reserves in the European Union. Scotland is famous (4) **for** its lakes and mountains. All year round you (5) **can/will** find lots of tourists travelling the country. So, (6) **are** you interested in visiting Scotland?

2. **The Edinburgh Festival**
   Read the text and fill in the gaps using the words in brackets in the correct form. (Höchstpunktzahl: 6 Punkte)

   (Hier werden verschiedene Grammatikbereiche überprüft, z. B. die Bildung der Zeiten und die Steigerung von Adjektiven.)
   1. Steigerung des Adjektivs „big": big – bigger – biggest. Beachte auch die Mitlautverdopplung „big / bi<u>gg</u>est".
   2. countr<u>ies</u>: Mehrzahl des Nomens „country". Achte auf die Rechtschreibung: aus „-y" wird „-ie".
   3. „went": Zeitform „simple past"; Signalwort „<u>last</u> August"
   4. „didn't stay": Zeitform „simple past", bezieht sich auch auf „last August"; hier ist das Verb zusätzlich verneint: „did not / didn't"
   5. „gett<u>ing</u>": die „ing"-Form folgt nach „like", wenn man etwas allgemein gerne tut.
   6. Aufgrund des Signalworts „<u>next</u> year" muss hier eine Form stehen, die ein zukünftiges Ereignis ausdrückt; in diesem Fall kannst du sowohl das „will-future" als auch das „going-to future" oder das „present progressive" verwenden.

   Thousands of (0 tourist) **tourists** go to Edinburgh every year to experience the Festival. The Edinburgh Festival is one of the (1 big) **biggest** events in Scotland. People from Scotland and many other (2 country) **countries** go there. Last August Tim (3 go) **went** there for the first time. He (4 not stay) **didn't stay** long but he enjoyed it. Tim likes (5 get) **getting** to know different cultures. That's why he (6 fly) **will fly / is going to fly / is flying** to the USA next year.

3. **An email from Scotland**
   Read the email. There is <u>one</u> mistake in each line.
   Circle the letter below the mistake. (Höchstpunktzahl: 8 Punkte)

   (Hier werden dein Wortschatz und v. a. deine Grammatikkenntnisse getestet. Jede Aufgabe lenkt dein Augenmerk auf vier unterstrichene Stellen im Satz, wovon eine Stelle fehlerhaft ist. Den sprachlichen Fehler gilt es zu entdecken und zu markieren. Es wird nicht erwartet, dass du den Fehler erklärst oder berichtigst.)
   1. Fehler bei der Steigerung des Adjektivs „high". Da es sich um ein einsilbiges Adjektiv handelt, lautet die richtige Steigerung „<u>highest</u>".
   2. Fehler bei der Auswahl des Fürwortes (Pronomens). Die richtige Lösung ist das rückbezügliche Fürwort „<u>myself</u>".
   3. Fehler bei der Wahl des Relativpronomens. Die richtige Lösung lautet „<u>who</u>", weil hier auf eine Person („a man") Bezug genommen wird.
   4. Hier müsste es richtig heißen: „all <u>of</u> the time".
   5. Fehler bei der Verwendung von „some/any". Da der Satz durch „haven't" verneint ist, muss „<u>any</u>" verwendet werden. „Some" verwendet man in bejahten Sätzen.
   6. Fehler bei der Unterscheidung von Adverb und Adjektiv. In diesem Satz wird das Adverb „<u>slowly</u>" benötigt, da das Verb „speak" näher beschrieben wird: <u>Auf welche Art und Weise</u> sprechen sie?
   7. Richtig ist die Wortverbindung „waiting <u>for</u>" für „warten <u>auf</u>".
   8. Fehler bei der Unterscheidung von „much/many". Man verwendet hier „<u>many</u>", weil das Namenwort (Nomen) „things" zählbar ist. Dies erkennst du daran, dass es von „thing" auch die Mehrzahlform („<u>things</u>") gibt. „Much" verwendet man bei Nomen, die <u>nicht</u> zählbar sind und somit auch keine Mehrzahlform haben, z. B. „much money".

   1. <u>On</u> Monday I <u>climbed</u> Ben Nevis, the <u>most high</u> mountain <u>in Great Britain</u>.
         A   B   Ⓒ   D

2. On the way <u>down</u> I <u>fell</u> and ruined <u>my</u> jeans but I didn't hurt <u>me</u>.
      A   B   C   (D)

3. <u>The next day</u> I <u>met</u> a man <u>which</u> <u>showed</u> me how to play the bagpipes.
      A   B   (C)   D

4. <u>The</u> weather <u>has been</u> <u>really</u> good so far: sunny and warm <u>all time</u>.
      A   B   C   (D)

5. The best thing is: I <u>haven't met</u> <u>some</u> unfriendly <u>people</u>. <u>Everybody</u> is nice.
                             A   (B)   C   D

6. If they speak <u>slow</u>, I <u>can</u> even understand <u>their</u> Scottish <u>accent</u>.
     (A)   B   C   D

7. At the moment I'm <u>at</u> the railway station. <u>I'm waiting</u> <u>of</u> my train <u>to</u> Edinburgh.
                  A   B (C)   D

8. <u>I'm looking forward</u> <u>to</u> Edinburgh. <u>There are</u> so <u>much</u> things to see there!
         A   B   C   (D)

C Reading Comprehension Test

(Nach dem ersten Lesen solltest du den Inhalt des Textes im Wesentlichen verstanden haben. Bei der Bearbeitung der Aufgaben ist es nötig, dass du zunächst diejenigen Textstellen findest, auf die sich die Aufgaben beziehen. Lies diese noch einmal durch, bevor du die Lösungen aufschreibst. Die folgende Vokabelliste ist bewusst umfangreich gehalten. In der Prüfung solltest du aus Zeitgründen aber nur die Wörter nachschlagen, die du zum Verständnis des Textes unbedingt brauchst.)

Vokabelhinweise:
Z. 1: to take part in: teilnehmen an; Z. 1: practice session: Übungseinheit, Trainingseinheit; Z. 4: to race: hier: ein Rennen fahren; Z. 5: profession: Beruf; Z. 5: dominated by: dominiert, beherrscht von; Z. 7: competitive: leistungsorientiert, immer der/die Beste sein wollend; Z. 9: to realise: begreifen, erkennen; Z. 14: championship: Meisterschaft; Z. 17: close links to: enge Verbindungen zu; Z. 18: development driver: Testfahrer/in; Z. 19: to be in a rush: in Eile sein; Z. 21: skill: Fähigkeit, Fertigkeit; Z. 21 f.: physical strength: körperliche Kraft; Z. 22: tight corners: enge Kurven; Z. 22: at high speeds: bei hoher Geschwindigkeit; Z. 24: to compete with sb: gegen jmd. antreten, mit jmd. konkurrieren; Z. 27: engineer: Ingenieur/in; Z. 27: equipment: Ausrüstung; Z. 28: to be scared: Angst haben; Z. 30: fear: Angst; Z. 31: failure: Versagen; Z. 32: impatient: ungeduldig

1. **Read the text on page 7. Match the correct titles (A–H) to the paragraphs. Write the correct letter in the boxes below. Use the letters only once. There are two extra titles.** (Höchstpunktzahl: 5 Punkte)

   (Wenn du die Überschriften richtig zuordnest, zeigt dies, dass du den Inhalt des Textes im Wesentlichen verstanden hast.)

   Vokabeln:
   athletic: athletisch, trainiert, fit; charity events: Wohltätigkeitsveranstaltungen; race course: Rennstrecke; successes: Erfolge

paragraph 1 (lines 1–5)	paragraph 2 (lines 6–11)	paragraph 3 (lines 12–15)	paragraph 4 (lines 16–20)	paragraph 5 (lines 21–27)	paragraph 6 (lines 28–32)
B	D	F	G	A	E

2. **Answer the questions using information from the text on page 7. Short answers are possible.** (Höchstpunktzahl: 5 Punkte)

(Diese Aufgabe überprüft das Detailverständnis, also wie genau du den Text verstanden hast. Lies zunächst jede Frage gut durch und schlage unbekannte Wörter nach, falls sie für das Verständnis wichtig sind. Markiere nun im Lesetext die Stelle, die die Antwort auf die jeweilige Frage beinhaltet. Notiere dann die Lösung. Es reicht, wenn du die Antwort knapp formulierst („short answers"), du kannst aber auch einen ganzen Satz schreiben. Wenn du einen Satz aus dem Text abschreibst, wähle nur die zur Frage passenden Stellen aus und passe den Satzbau entsprechend der Frage an.)

1. in her teens
   (Z. 8 f.; when = wann, unusual = ungewöhnlich)

2. (they met) in her dad's (motorbike) shop
   (Z. 10 f.; how = wie, to get to know each other = sich kennenlernen)

3. (her) husband / Toto Wolff
   (Z. 16 f.; who = wer, connections = Kontakte, Verbindungen)

4. head and neck
   (Z. 22 f.; which = hier: welche (Körperteile), pressure = Druck)

5. She's careful about what she eats. / She trains for two hours every day.
   (Z. 25; what = was, in order to = um ... zu)

3. **Read the text on page 7. Which lines tell you the same as the following sentences? Write the number of the line or the lines in the box.** (Höchstpunktzahl: 5 Punkte)

(Diese Aufgabe ist etwas anspruchsvoller, da du dir die Antworten erschließen musst; du findest sie nicht wörtlich im Text. Es ist wichtig, dass du den Inhalt der vorgegebenen Sätze genau verstehst – schlage also unbekannte Wörter im Wörterbuch nach. Suche dann die inhaltsgleichen Abschnitte im Lesetext und notiere die Fundstelle (Zeilenangaben).)

(1)	(2)	(3)	(4)	(5)
lines 6/7	lines 13/14	line 19	lines 21/22	line 29

4. **The following words have different meanings. Which of the meanings below is the one used in the text on page 7?**
   Tick (✓) the correct meaning. (Höchstpunktzahl: 5 Punkte)

   (Bei dieser Aufgabe werden dir englische Wörter vorgegeben, die im Text vorkommen, sowie jeweils vier verschiedene Möglichkeiten, das Wort ins Deutsche zu übersetzen. Die Angaben in Klammern sind grammatikalische Zusatzinformationen, die dir helfen können, die richtige Antwort zu finden. Lies dir zunächst im Lesetext den gesamten Satz durch, der das betreffende Wort enthält. Nun hast du verschiedene Möglichkeiten vorzugehen:
   Übersetze den Satz aus dem Text ins Deutsche und kreuze das richtige Wort an oder setze jedes angegebene deutsche Wort für das englische Wort in den Text ein. Beim Übersetzen wirst du schnell herausfinden, ob die jeweilige Bedeutung im Satzzusammenhang einen Sinn ergibt oder nicht.)

   1. Mal *(Nomen)*

      (Das letzte Mal, dass dies eine Frau tat, war 1975, als Lella Lombardi, eine italienische Fahrerin, in Südafrika ein Rennen fuhr.)

   2. werden *(Verb ohne Obj.)*

      (Im Dezember dieses Jahres wird Susie 33 Jahre alt.)

   3. bedeuten *(Verb + Obj.)*

      (Was bedeutet das für einen Rennfahrer/eine Rennfahrerin?)

   4. leicht *(Adj.)*

      (Sie ist klein und leicht, und in der Formel 1 ist das von Vorteil.)

   5. wie *(Präp.)*

      (Wie alle Formel 1-Fahrer kennt sie die Risiken.)

D Text Production

(Entscheide dich entweder für die E-Mail oder für die Bildergeschichte. Du darfst ein zweisprachiges Wörterbuch verwenden. Beachte die Vorgaben zu Umfang, Form und Inhalt, die in der Aufgabenstellung beschrieben sind. Die Lösungsbeispiele sind bewusst etwas länger gehalten, sodass du verschiedene Ideen für deine eigene Lösung bekommst.)

1. **Correspondence: E-Mail** (Höchstpunktzahl: 20 Punkte)

   (Lies dir die Aufgabenstellung genau durch und versetze dich in die beschriebene Situation. Bei Alex handelt es sich vermutlich um einen etwa gleichaltrigen Schüler/eine gleichaltrige Schülerin, zu dem/der du im Rahmen eines Austauschprogramms einen ersten Kontakt herstellen möchtest. Du schreibst also eine persönliche E-Mail, die mit keinen besonderen Anforderungen an die Form verbunden ist (wie das z. B. bei einer Bewerbung nötig wäre). Vergiss dennoch nicht, eine Anrede und eine passende Verabschiedung mit Angabe deines Namens einzufügen. Gehe in deiner E-Mail auf die Punkte ein, die in der Aufgabenstellung angegeben sind. Manchmal kannst du auch auswählen oder selbst entscheiden, über was du in deiner E-Mail schreiben möchtest. Gehe aber auf jeden Fall auf alle geforderten Punkte der Reihe nach ein.)

   Hi Alex,

   How are you? I'm writing to introduce myself. My name is Michael and I'm in the ninth grade of your German partner school. I'm really looking forward to visiting you in July! I think it will be interesting to meet you and be at your school – and it will be great to practise my English.

Do you do a lot of sports at your school? That would be great because I'm quite a sporty guy. I love playing football and tennis.

How many kids are in our class? What do you usually do in your free time?

I hope there will be time to visit some places in Scotland – do you think we could go to Loch Ness together? Or are there other places you would suggest?

Do you have any ideas what we could do in the evenings?

I also wanted to ask if I will have my own room while I'm staying at your place.

Before I forget it, I wanted to tell you that I have a gluten allergy, which means that I can only eat bread or pasta that is gluten-free, but I eat all other foods.

I hope you are fine and I'm looking forward to hearing from you!

I'm really looking forward to hearing from you!

Best wishes, Michael   *(209 words)*

2. Creative Writing: Picture Story   (Höchstpunktzahl: 20 Punkte)

(In der Aufgabenstellung findest du bereits den Titel der Geschichte ("The Scottish castle ghost"), eine kurze Einleitung ("Last summer ...") sowie fünf Bilder. Betrachte sie ganz genau, um den Inhalt der Geschichte zu verstehen. Überlege dir zu jedem Bild, was du dazu schreiben könntest und überlege dir Formulierungen auf Englisch. Beschreibe dann die Handlung der Geschichte von Bild zu Bild. Gliedere deinen Text in Absätze. Lies dir am Ende alles noch einmal durch: Ist deine Geschichte verständlich? Hast du den Witz der Geschichte erfasst?: ein echtes Gespenst erscheint und Callum erschreckt sich selbst)

The Scottish castle ghost

Last summer Callum and his class visited an old Scottish castle. A friendly guide showed them suits of armour and pictures of people who had lived in the castle hundreds of years ago. While the other pupils were listening to the guide, Callum secretly pulled a ghost costume out of his bag and put it on. Then he shouted "Huuuuu" and waved his arms at his classmates. Everyone was terribly frightened and ran away.

"That trick really worked," Callum said to himself smiling. But he couldn't enjoy the moment for long because suddenly a real ghost appeared and Callum was completely shocked himself! Maybe the ghost wanted to teach Callum a lesson not to frighten other people.   *(121 words)*

Notenschlüssel

Notenstufen	1	2	3	4	5	6
Punkte	80–68	67–55	54–41	40–27	26–13	12–0

Qualifizierender Abschluss der Mittelschule Bayern 2016
Englisch – Lösungen

A Listening Comprehension Test

(Es werden vier kurze Hörtexte von der CD vorgespielt. Dein Hörverständnis wird dann mittels der zugehörigen Aufgaben überprüft: Task 1 bezieht sich auf Part 1, Task 2 auf Part 2, usw. Lies die Aufgaben zuerst genau durch. So erkennst du, auf welche Informationen du dich beim Hören des jeweiligen Textes besonders konzentrieren solltest. Löse dann während des Zuhörens oder in der Pause im Anschluss die Aufgaben. Die Hörtexte werden zwei Mal vorgespielt. Im Prüfungsteil Listening Comprehension erhältst du für Rechtschreibfehler keinen Punktabzug, solange deine Lösung noch als inhaltlich richtig erkannt werden kann.)

Task 1: Peter Thompson from the USA is calling the tourist office in Stratford, England. There is <u>one mistake</u> in each sentence. Listen and write down the correct information. (Höchstpunktzahl: 5 Punkte)

(Finde in jedem Satz die falsche Information und ersetze diese durch die richtige Angabe aus dem Hörtext.)

1. We're thinking about spending two or three ~~weeks~~ **days** in Stratford.
2. There are even more ~~tourists~~ **events** than usual.
3. William Shakespeare died in ~~1600~~ **1616**.
4. You missed the great parade on ~~3rd~~ **23rd** April.
5. Find them on our website at shakespeareanniversary.~~com~~ **co.uk**

Task 2: Peter Thompson and his son Robert have arrived in Stratford. They are on a sightseeing tour by bus. Listen to the guide. Four of the statements (B–I) are <u>true</u>. Write the letters in the box. (Höchstpunktzahl: 4 Punkte)

(Achte auf die Informationen des Reiseführers im Hörtext, sodass du die richtigen Aussagen in Task 2 erkennst und in die Tabelle eintragen kannst.)

1	2	3	4
B	D	E	I

Task 3: Robert Thompson is at the ticket counter of the Royal Shakespeare Theatre. Listen to the conversation and fill in the missing information in the ticket reservation receipt. (Höchstpunktzahl: 6 Punkte)

(Ergänze die fehlenden Angaben im Formular.)

1. Wednesday

2. 4.15 (pm)

3. 1/one

4. 40

5. one hour before (the performance/show starts) / 3.15 (pm)

6. D (in the circle)

Task 4: After the theatre, Robert (R) and his father (F) are at a local restaurant. What do they order? Listen to the conversation and write *R* and *F* in the correct boxes of each list. (Höchstpunktzahl: 5 Punkte)

(In diesem Dialog erfährst du, was sich Robert (R) und sein Vater (F) als Vorspeise, Hauptgericht, Beilage und zum Nachtisch bestellen. Trage jeweils das Namenskürzel (R oder F) in die Kästchen ein.)

1. Ceasar's Salad [R]
   Vegetable Soup [F]

2. Grilled Fish [F]
   Beef Steak [R]

3. Baked Potatoes [F]
   Mashed Potatoes [R]

4. Carrots [R]
   Peas [F]

5. Apple Pie [F]
   Toffee Surprise [R]

B Use of English

(In diesem Prüfungsteil musst du dein Wissen im Bereich Wortschatz, Grammatik und Rechtschreibung unter Beweis stellen.)

1. **Breakfast**
   Read the text. Fill in the gaps. Change the words given in the brackets to make them fit the sentences. (Höchstpunktzahl: 10 Punkte)

   (Schreibe das Wort in der Klammer in der richtigen Form in die Lücke, sodass es sich korrekt in den vorgegebenen Satz einfügt. Anbei findest du eine Zuordnung der Lösungen zum jeweiligen Grammatikbereich. Solltest du bei der Bearbeitung dieser Aufgabe Schwierigkeiten gehabt haben, empfiehlt es sich, das jeweilige Grammatikthema nochmals in der Kurzgrammatik zu wiederholen.)
   1 most important: Steigerung und Vergleich
   2 don't have / haven't had: Zeiten (Simple present / Present perfect)
   3 does: Zeiten / Fragen mit to do-Umschreibung im Simple present

E 2016-2

4 includes: Zeiten (Simple present)
5 healthy/healthier: Adjektive/Steigerung und Vergleich
6 (prefer) having/to have: -ing-Form oder Infinitiv nach bestimmten Verben
7 European: Adjektive Länder/Kontinente
8 has existed: Zeiten (Present perfect)
9 quickly: Adverbien der Art und Weise
10 will change/is going to change: Zeiten (Aussagen über die Zukunft)

People have different ideas and (0 opinion) **opinions** about breakfast. Some people say it is the (1 important) **most important** meal of the day. Statistics show that people who (2 not have) **don't have/haven't had** breakfast often have problems with concentration and health. England is known for its cooked breakfast; but what (3 do) **does** this full English breakfast consist of? A typical English breakfast (4 include) **includes** eggs, either poached or scrambled, with bacon and sausages, followed by toast with marmalade. A (5 health) **healthy/ healthier** version is just one egg and some toast. Whereas in Europe, especially in Germany, people prefer (6 have) **having/to have** cheese, ham, eggs and some bread as a start to the day, nearly all the southern (7 Europe) **European** countries tend to have only coffee and some bread or pastries. The tradition of the English breakfast (8 exist) **has existed** for many years, and visitors, hotel guests and people who have the time still enjoy it to this day. However, in our hectic and health-conscious world, many English people prefer a continental breakfast or they (9 quick) **quickly** get something to eat and drink on their way to work. It is likely that in future our culture of eating (10 change) **will change/is going to change** even more. The full English breakfast may soon be a thing of the past.

2. **Tea**
   Read the text and complete each sentence with <u>one</u> suitable word.

(Höchstpunktzahl: 10 Punkte)

(Bei dieser anspruchsvollen Aufgabe ist dir kein Wort vorgegeben, sondern du musst selbst ein Wort finden, das in den Satzzusammenhang passt.)
1 from China: <u>aus</u> China
2 in <u>every</u> street: in jeder Straße
3 to put/pour: geben, gießen
4 so that they did/would not break: damit sie nicht zerbrachen, zerbrechen würden
5 <u>at</u> 4 o'clock: <u>um</u> 4 Uhr
6 others/some/many: andere/einige/viele
7 that/which: hier Relativpronomen: die, welche
8 have closed (Present perfect): haben zugemacht
9 for example/for instance: zum Beispiel
10 there is: es gibt

Since the 18th (0) **century** the United Kingdom has been one of the world's greatest tea consumers. At first, tea was mainly imported (1) **from** China. In those days it was sold in almost (2) **every** street in London. People at that time called it 'China drink'. Not only tea but also small porcelain tea cups were shipped to Europe. These cups were so thin that it was necessary to (3) **put/pour** some milk in first, so that they (4) **did/would** not break when the hot tea went in. People still use these porcelain cups now and then for special occasions. Even today people in England add milk to their tea and some sugar, depending on their taste. In Britain the word 'tea' describes both a hot drink and a light meal in the afternoon (5) **at** about four o'clock. For some people it is their last meal of the day, for (6) **others/some/many** a snack between lunch and dinner. In many towns and cities in Britain there are tea rooms (7) **that/which** serve tea and other drinks. But since the 1950s many tea rooms (8) **have** closed. Today people prefer health-orientated drinks, for (9) **example/instance** fruit or herbal teas. Nevertheless, (10) **there** is no other country in Europe where people drink more tea.

C Reading Comprehension Test

(In diesem Prüfungsteil darfst du ein Wörterbuch (aber kein elektronisches) verwenden. Lies dir den Text durch und versuche ihn grob zu verstehen. Markiere auch unbekannte Wörter. Beim zweiten Durchgang sollte dein Ziel sein, den Text genau zu verstehen. Schlage hierzu die markierten Wörter im Wörterbuch nach, die du zum detaillierten Textverständnis benötigst. Beginne anschließend mit der Bearbeitung der Aufgaben. Verwende auch hier bei sprachlichen Unklarheiten das Wörterbuch, damit du die Aufgabenstellung verstehst.)

Vokabelhinweise:
Z. 1: vinegar: Essig; Z. 7 f.: deep-fried: frittiert; Z. 7: batter: Panade; Z. 8: flour: Mehl; Z. 14: rationed: rationiert, nur in begrenzter Menge erhältlich; Z. 15: filling: hier: sättigend; Z. 17: posh: vornehm, fein; Z. 25: nowadays: heutzutage; Z. 26: fake: hier: nachgemacht, (einer Zeitung) nachempfunden; Z. 30: valuable source: wertvolle Quelle; Z. 32: physically: körperlich, hier auch: für den Körper; Z. 32: mentally: seelisch, hier auch: für die Seele
Kasten:
flour (self-raising): Mehl mit Backpulverzusatz; to boil: in Wasser kochen; to sprinkle: träufeln; ingredient: Zutat; bowl: Schüssel

1. **Read the text on pages 6 and 7. Match the correct titles (1–8) to the paragraphs (B–F). Write the correct number in the boxes below. Use each number only once. There are three extra titles.**

(Höchstpunktzahl: 5 Punkte)

(Der Lesetext ist in Absätze (paragraphs A–F) gegliedert. Ordne jedem dieser Absätze jeweils die passende Überschrift zu. Drei Überschriften stimmen inhaltlich nicht mit dem Lesetext überein.)

Vokabelhinweis:
occasion: Anlass

paragraph B	paragraph C	paragraph D	paragraph E	paragraph F
7	6	3	2	4

2. **Answer the questions using information from the text on pages 6 and 7. Short answers are possible.** (Höchstpunktzahl: 5 Punkte)

(Beantworte die Fragen anhand des Lesetextes. Du kannst in Stichpunkten antworten.)

1. flour, salt, (sparkling) water, beer
   (Abschnitt B, im Kasten: "For the batter")

2. (the) Spanish
   (Z. 10)

3. (because it was) cheap (and) filling
   (Z. 15)

4. (it) kept (the) food warm
   (Z. 24 f.)

5. plastic
   (Z. 27)

3. Read the text on pages 6 and 7. Which part of the text gives you the following information? Write the number of the line or lines in the box.

(Höchstpunktzahl: 5 Punkte)

(Gib hier die Zeile(n) an, wo die angegebenen Informationen im Lesetext zu finden sind.)

(1)	(2)	(3)	(4)	(5)
lines 17/18	line 20	line 26	line 28	lines 31/32

4. Five of the statements (b–j) are <u>true</u>. Choose the five true statements according to the information given in the text on pages 6 and 7. Write the letters of the true statements on the lines below.

(Höchstpunktzahl: 5 Punkte)

(Von den Aussagen b–j decken sich nur fünf mit dem Inhalt des Lesetextes. Vergleiche die Aussagen mit den Informationen aus dem Lesetext, wähle die richtigen Aussagen aus und notiere diese.)

1. c
   (Z. 7, sowie Kasten vorletzte Zeile)

2. e
   (Abschnitt B, Kasten: vorletzte und letzte Zeile.)

3. f
   (Z. 12 f.)

4. i
   (Z. 18 f.)

5. j
   (Z. 29)

D Text Production

(Entscheide dich entweder für die E-Mail oder für die Bildergeschichte. Du darfst ein zweisprachiges Wörterbuch verwenden. Beachte die Vorgaben zu Umfang, Form und Inhalt. Die Lösungsbeispiele sind jedoch etwas länger gehalten, sodass du verschiedene Ideen für deine eigene Lösung bekommst.)

1. Correspondence: E-Mail (Höchstpunktzahl: 20 Punkte)

(Schreibe eine E-Mail an Carmen oder José. Was den Inhalt deiner E-Mail betrifft, so erhältst du in der Aufgabe bereits fünf Vorgaben (mit • gekennzeichnet), auf die du unbedingt eingehen musst. Diese Vorgaben darfst du selbst ausgestalten – Ideen und Beispiele, was du jeweils schreiben könntest, findest du ebenfalls in den Angaben (mit – gekennzeichnet). Vergiss nicht, in deiner E-Mail eine Anrede, eine Schlussformel sowie deinen Namen einzufügen. Die folgende E-Mail ist ein Lösungsbeispiel.)

Dear Carmen,

How are you? I hope you're fine. I'm quite happy with my English course here in Malta. My parents said I should go there. They love Malta because they met there twenty years ago at a language course. The teachers and the students at the language school are nice, but most students are German. So it's a pity that I don't speak English a lot during after-class activities. Lessons are from 9 am to 1 pm every day, with only two short breaks. After a light lunch we go to the beach or we sometimes visit historic places. Have you ever done a language course before?

I've got an idea: I'd like to do another language course next summer. Could you imagine joining me? How about Ireland? We could study together and also speak English in our free time.

Best wishes,

(your name) *(146 words)*

2. Creative Writing: Picture Story (Höchstpunktzahl: 20 Punkte)

(Schreibe die Bildergeschichte „A new job". Der Anfang ist bereits vorgegeben. Er ist in der Zeitform „Simple past" (Hinweis: „were") verfasst – behalte also diese Zeitform auch in deinem Text bei. Erzähle, was in jedem Bild passiert und verbinde diese Informationen zu einem schlüssigen Text. Beschriftungen (z. B. „Rocky Gorilla") oder Sprechblasen (z. B. „Help!!!") verdeutlichen zum einen die Bilder und dürfen außerdem von dir direkt in deine Geschichte, z. B. als wörtliche Rede, übernommen werden. Achte darauf, dass die Geschichte in Einleitung, Hauptteil und Schluss gegliedert ist. Der folgende Text ist ein Lösungsbeispiel.)

A new job

One morning, Mr Smith, the zoo director, and Nick, the zookeeper, were in a panic. Rocky, the gorilla, had escaped!

The two men stood in front of Rocky's cage. They saw that the door was open, and they had no clue where Rocky could be. Mr Smith had an idea: Nick should wear a gorilla costume and replace Rocky. Nick didn't like the idea at all, but he didn't have a choice. Soon he was inside the costume and hanging in Rocky's tree. The visitors didn't notice anything, but silly Nick leaned too far into Leo

Lion's place. The branch Nick was sitting on broke off and he fell on the floor, in front of Leo's feet, and screamed "Help!!!" Instead of attacking the gorilla, Leo Lion took off his head: It was Nick's colleague, wearing a lion's costume! He whispered: "Nick, Shhh …! Or they will fire us both!"

It looked like Mr Smith had had this idea before. But, where had the animals gone?

(169 words)

Notenschlüssel

Notenstufen	1	2	3	4	5	6
Punkte	80–68	67–55	54–41	40–27	26–13	12–0

Qualifizierender Abschluss der Mittelschule Bayern 2017
Englisch – Lösungen

A Listening Comprehension Test

(In diesem Teil der Prüfung musst du Hörtexten Informationen entnehmen. Im ersten Text geht es um die Suche nach einem Ausbildungsplatz. Im zweiten Hörtext wird von einer Arbeitserfahrung in Australien berichtet. Der dritte Text ist ein Bewerbungsgespräch. Im vierten Hörtext folgst du einem Kundengespräch in einer Autowerkstatt.
Jeder Hörtext wird in der Prüfung zweimal vorgespielt. Du hast in den Pausen vor und nach den Texten ausreichend Zeit, um die Aufgabenstellungen durchzulesen bzw. die Lösungen einzutragen. Rechtschreibfehler führen nicht zu Punktverlust, solange deine Lösung inhaltlich richtig ist.)

Task 1: Kim is talking to her uncle Bob on the phone. Listen to the dialogue and fill in the missing information. (Höchstpunktzahl: 5 Punkte)

(Da die Reihenfolge der Teilaufgaben der Abfolge im Hörtext entspricht, kannst du die fehlenden Informationen der Reihe nach dem Gespräch entnehmen. Achte vor allem bei Aufgabe 5 auf die richtige Schreibung. Wenn du hier anstatt „head mechanic" „hat mechanic" schreibst, wird aus der richtigen Lösung „Kfz-Meister" (sozusagen der „Chef-Mechaniker") ein „Hut-Mechaniker", was natürlich keinen Sinn ergibt.)

1. Kim could do an apprenticeship at **Brown's** Garage.
2. Kim must have good grades in **maths** and **physics**.
3. Kim doesn't need work experience or a **driving licence / driver's license / driver's licence**.
4. The garage is in **Brighton**.
5. David, the **head** mechanic, has more information about the job.

Task 2: David is talking about his work experience in his video blog. Read the statements (B–I). Listen to David and find the four true statements. Write the letters in the box (Höchstpunktzahl: 4 Punkte)

(Du findest hier eine Auflistung verschiedener Aussagen. Wähle die vier Aussagen aus, die sinngemäß im Hörtext vorkommen. Es ist egal, in welcher Reihenfolge du sie notierst.)

1	2	3	4
D	F	G	I

E 2017-1

Task 3: Kim has a job interview at the garage. She is talking to the manager. Listen to the conversation and answer the questions. Write short answers. (Höchstpunktzahl: 6 Punkte)

(Beantworte die Fragen in Stichpunkten (Wort- oder Ziffernangabe). Achte auf die Fragewörter.)

1. this summer / in the summer
2. (her) dad / father
3. modern tools
4. (£) 125 (a) week
5. 1(st) September / September 1(st) / the first of September
6. Monday

Task 4 It's Kim's second day at the garage. She and Dave are talking to a customer. Listen to the conversation and fill in the missing details in the form. (Höchstpunktzahl: 5 Punkte)

(Hier musst du die fehlenden Angaben in ein Formular eintragen.)

1. 27.50
2. air conditioning
3. diesel
4. 50
5. 2 pm

B Use of English

(In diesem Prüfungsteil werden deine Wortschatz- und Grammatikkenntnisse getestet. Als Aufgabenform liegen dir Texte vor, in denen fehlende Wörter ergänzt oder sprachliche Fehler verbessert werden müssen. Dieser Aufgabentyp ist anspruchsvoll, da gleichzeitig Wortschatz, Grammatik und Rechtschreibung überprüft werden und die Inhalte nicht eingegrenzt sind, z. B. auf ein spezielles Grammatikthema.)

1. **Martin, a German working in England, writes to his friend Julia. Read the text and complete each sentence with one suitable word.**

(Höchstpunktzahl: 17 Punkte)

(Lies dir zunächst den Lückentext durch und versuche, den Inhalt grob zu verstehen. Anschließend gehst du die E-Mail erneut durch, diesmal Satz für Satz. Überlege dabei, welches Wort im Satzzusammenhang einen Sinn ergibt. Muss dieses Wort noch (z. B. durch Verwendung einer bestimmten Zeitform) in den Satz eingepasst werden?)

1   „for" gibt einen Zeitraum an (hier: „für die nächsten zwei Wochen")
2   „if / whether" = „ob"; ebenfalls möglich: „and"
3   „than" → Steigerung / Vergleich (hier: „mehr als ...")

4 „works/is" (Simple present); „worked/was" (Simple past) ist ebenfalls möglich, wenn ausgedrückt werden soll, dass der Gastvater früher einmal in der Firma gearbeitet hat
5 „has ... improved" (Present perfect) → Seit („since") Martin in England ist, hat sich sein Englisch schon verbessert (etwas hat also in der Vergangenheit begonnen und wirkt sich auf die Gegenwart aus).
6 „will ... recommend" (Will-future) → „When I'm back home" zeigt ein zukünftiges Ereignis an; im Hauptsatz muss dann das Will-future stehen.
7 „looking forward to hearing" → feststehende Redewendung mit -ing-Form („sich freuen auf")

Hello Julia,

How are you? I (0) **am** writing to you from Birmingham. I'll be here (1) **for** the next two weeks. My company asked me (2) **if/whether/and** I was interested in working in Britain this summer. As you can imagine, I was more (3) **than** happy. I'm staying with a very nice family and the host father (4) **works/worked/is/was** in the same factory. I am the only German here so I have to talk English all the time. I think my English (5) **has** already improved quite a lot since I arrived here. I am really enjoying my stay and I love working here.

When I'm back home I (6) **will** definitely recommend such a visit to my colleagues.

I am looking forward to (7) **hearing** from you soon.

Love,
Martin

2. **Julia answers Martin's e-mail.**
   Read the text and complete it with words from the box.
   Use one word for each gap. (Höchstpunktzahl: 7 Punkte)

(Hier musst du aus den Wörtern im Kasten das jeweils passende Wort für die Lücken im Text auswählen. Es stehen dabei mehr Wörter zur Auswahl, als du brauchst. Überlege zunächst, welches Wort du in deiner Muttersprache auswählen würdest. Finde dann das richtige englische Wort und füge es ein.)

1 abroad (= im Ausland)
2 because of (= wegen)
3 while (= während)
4 could spend time (= könnten Zeit verbringen)
5 at my aunt's = (bei meiner Tante)
6 in that area (= in dieser Gegend)
7 think about (= hier: halten von)

Dear Martin,

What a pleasant surprise (0) **having** you here in Britain. Did all the trainees have the chance to work (1) **abroad** or did your company choose you (2) **because** of your excellent results in your exams? You have to tell me more about it.
I would love to see you (3) **while** you are here. I could come to Birmingham next weekend so that we could (4) **spend** some time together. I could stay (5) **at** my aunt's. Have I ever mentioned that my mum's sister and her family live in (6) **that** area? My cousin Jo told me about an amusement park which is interesting and not far away. What do you think (7) **about** spending a day there? Perhaps together

with Jo? If you like my idea or if you have any other suggestions, please write back soon, so we can fix a date.

Love,
Julia

3. **Read Martin's letter to his host family. There are six mistakes in the text. Find them and write the correct word(s) on the numbered line.**

(Höchstpunktzahl: 6 Punkte)

(Hier sollst du in einem Brief sechs Grammatikfehler finden, die du auch verbessern musst. An den Linien in der rechten Spalte, auf die du die richtigen Wörter schreiben sollst, erkennst du leicht, in welcher Zeile sich ein Fehler befindet. Die Fehler lassen sich meist aus dem Satzzusammenhang erklären. In der folgenden Lösung findest du den Brief mit den unterstrichenen Fehlern. Danach folgen die richtigen Wörter (1–6) mit Hinweisen.)

Dear all,

I arrived home safely after a pleasant flight, although the departure was delayed for **0.** much than one hour. Unfortunately, my suitcase was not on the plane, but **1.** he was delivered to my house by the airline later. So I was able to give the presents to my family. My grandma **2.** love the teapot and especially the tea.
My brother immediately put on the football shirt of the English national team and **3.** doesn't want to take it off again until he went to bed. My father and my sister liked **4.** her gifts, too.
I am so grateful that you helped me to find souvenirs for everybody. My visit went by very quickly and I've already **5.** be back at work **6.** since five days, but I have so many pleasant memories of my stay in England.
Best regards and thanks from my parents.

Love,
Martin

0. more
  (more than = Steigerung: mehr als)

1. it
  (suitcase → it)

2. loves/loved
  (my grandma (= she) = 3. Person Singular → Simple present: love<u>s</u>; oder: Simple past: lov<u>ed</u>)

3. didn't/did not
  (went to bed (Simple past) → gleiche Zeit verwenden: didn't/did not)

4. their
  (father and sister = 3. Person Plural → Possessivpronomen: their)

5. been
   (Present perfect: I've been)

6. for
   (five days = Zeitraum → for)

C Reading Comprehension Test

(In diesem Prüfungsteil stellst du dein Leseverstehen unter Beweis, indem du Aufgaben zum Grob- und Detailverständnis bearbeitest. Beim ersten Durchlesen gewinnst du einen Überblick, worum es im Text geht. Wenn du den Text ein zweites Mal liest, konzentriere dich darauf, ihn möglichst genau zu verstehen. Dann beginnst du mit dem dazugehörigen Aufgabenteil. Suche diejenigen Abschnitte oder Stellen im Text heraus, auf die sich die Aufgabe bezieht. Oft kannst du Satzteile, Angaben oder Wörter direkt aus dem Text als Antwort übernehmen und auf diese Weise z. B. Rechtschreibfehler vermeiden.)

Vokabelhinweise:
Du findest nachfolgend eine Liste mit schwierigen Vokabeln aus dem Text. Zur Vorbereitung auf die Prüfung solltest du aber versuchen, möglichst viele Wörter aus dem Zusammenhang zu erschließen, sowie den Umgang mit dem Wörterbuch einzuüben. Aus Zeitgründen kannst du in der schriftlichen Prüfung nur die Wörter nachschlagen, die du unbedingt zum Verständnis benötigst.
Z. 1: entertainment: Unterhaltung; Z. 3: funfair: Jahrmarkt; Z. 4: influence: Einfluss; Z. 11: to include: enthalten, etwas aufnehmen; Z. 13: educational purpose: Bildungs-/erzieherischer Zweck; Z. 18: enclosed: hier: überdacht, sich im Innern befindend; Z. 19: Ferris wheel: Riesenrad; Z. 19: common: hier: verbreitet; Z. 22: admission fee: Eintrittspreis; Z. 24: to charge: berechnen; Z. 25: to be entitled: berechtigt sein; Z. 26: beverage: Getränk; Z. 27 f.: latest technology: modernste/neueste Technik; Z. 30: added: hier: hinzugefügt; Z. 34: recreational activities: Freizeitaktivitäten; Z. 35: misbehavior: Fehlverhalten; Z. 36: restriction: Beschränkung; Z. 38: restraints: hier: Sicherheitsvorrichtungen (Gurte, Bügel); Z. 39: harness: hier: Gurt; Z. 39: lap bar: Bügel über dem Schoß; Z. 39: handrail: Handlauf, Geländer; Z. 40: belongings: hier: persönliche Dinge; Z. 42: temporary: vorübergehend; Z. 44: maintained: gewartet

1. **Read the text on pages 7 and 8.**
   Match the titles (1–8) to the paragraphs (B–F). Write the correct number in the boxes below. <u>Use each number only once.</u> There are three extra titles. (Höchstpunktzahl: 5 Punkte)

   (Ordne jedem Absatz (paragraph) die inhaltlich passende Überschrift zu.)
   Vokabelhinweis:
   development: Entwicklung; *accommodation:* Unterkunft

paragraph B	paragraph C	paragraph D	paragraph E	paragraph F
2	6	7	3	4

2. **Answer the questions using information from the text on pages 7 and 8. Short answers are possible.** (Höchstpunktzahl: 5 Punkte)

   (Hier musst du die Fragen mit Informationen aus dem Text beantworten. Dabei sind Kurzantworten möglich.
   Fragewörter (z. B. who) und Schlüsselwörter (z. B. pleasure gardens – „Lustgärten", model – „Vorbild", device – „Gerät, Apparat") geben dir einen Hinweis, nach welcher Information du im Text suchen musst.)

1. rich people
   (Z. 7)

2. (the) Prater (in Vienna)
   (Z. 8 f.)

3. dark rides/ghost trains
   (Z. 18)

4. pay-one-price (scheme)
   (Z. 24)

5. (mobile) virtual reality headsets/headsets that present 3D adventures
   (Z. 30 f.)

3. The following words have different meanings. Which of the meanings below is the one used in the text on pages 7 and 8? Tick (✓) the correct meaning.
(Höchstpunktzahl: 5 Punkte)

1. ✓ sich konzentrieren *(Verb)*
   (Einige Parks konzentrieren sich auf urzeitliche Tiere, ...)

2. ✓ Fall *(Nomen)*
   (Klassische Fahrgeschäfte sind die Achterbahnen, bei denen für gewöhnlich ein tiefer Fall vom höchsten Punkt aus dazugehört, ...)

3. ✓ transportabel *(Adj.)*
   (Fahrgäste tragen transportable Headsets, die eine virtuelle Realität erzeugen ...)

4. ✓ passen *(Verb)*
   (Achte darauf, dass die Sicherheitsvorrichtungen gut passen, ...)

5. ✓ einsteigen *(Verb)*
   (Steige nicht in ein Fahrgeschäft ein, wenn es schlecht gewartet aussieht, ...)

4. Five of the statements (b–j) are true. Choose the true statements according to the information given in the text on pages 7 and 8. Write the letters of the true statements on the lines below.
(Höchstpunktzahl: 5 Punkte)

(Wähle aus den Aussagen (b–j) diejenigen fünf, die dem Lesetext inhaltlich entsprechen. Die Aussagen sind in derselben Reihenfolge angeordnet wie die zugehörigen Informationen im Lesetext. Um die richtigen Aussagen auszuwählen, musst du die Aussagen und den Lesetext genau verstanden haben. Lies die entsprechenden Textteile sorgfältig durch und schlage unbekannte Vokabeln im Wörterbuch nach. Beachte, dass die Aussagen im Text oft anders formuliert sind, aber – bei der richtigen Lösung – inhaltlich übereinstimmen.)
Beispiel:
Aussage: a) Usually amusement parks are very large.
Text: Z. 1 f.: „Amusement park ... in a large outdoor area, often covering many square kilometers."

1. d
   („animals, fish and other sea life" (Z. 13 f.) = „creatures of the ocean")

2. f
   („transport rides" (Z. 20) = „easy way to get around")

3. h
   („Considering the speed with which society and technology are changing ... expect a lot of new attractions ..." (Z. 32 f.) = „Fast developing technology ... many possibilities for future park attractions")

4. i
   („age ... restrictions" (Z. 36) = „old enough")

5. j
   („stay seated" (Z. 42) = „Don't get off ...")

D Text Production

(Entscheide dich entweder für die E-Mail oder für die Bildergeschichte. Du darfst ein zweisprachiges Wörterbuch verwenden. Beachte die Vorgaben zu Umfang, Form und Inhalt. Die Lösungsbeispiele sind jedoch etwas länger gehalten, sodass du verschiedene Ideen für deine eigene Lösung bekommst.)

Correspondence: Application and CV   (Höchstpunktzahl: 20 Punkte)

(Diese Schreibaufgabe besteht aus einem Anschreiben (Höchstpunktzahl: 16 P.) und einem tabellarischen Lebenslauf (Höchstpunktzahl: 4 P.). Das Anschreiben verfasst du als formellen Brief, in dem du die Vorgaben der Aufgabenstellung unterbringst. Wähle außerdem eine passende Anrede (Ansprechpartner: Herr Johnson), und vergiss die Grußformel sowie deinen Namen nicht. Der Lebenslauf wird in Form einer Tabelle verfasst. Bei den Gliederungspunkten gibst du stichpunktartig Auskunft über deine Person, deine Schulbildung und weitere Aspekte. Deine Angaben können auch erfunden sein, solange sie glaubhaft wirken.)

6 November 20...

Dear Mr Johnson,

I am writing to you with regard to the holiday jobs in an amusement park which I found on your agency's website. I am interested in any type of work that includes direct contact with the park's visitors, for example explaining an attraction to them or helping them to use it.

I would like to have a holiday job in England because it would help me to improve my English. This is really important to me because I want to be a travel agent after school. I already have some work experience. Our church organised a camping trip for children last year, and I helped to take care of a group of seven girls for four days. I really liked the job.

I would have time to work in the amusement park in my Easter holidays next year (24 March – 8 April). Is it possible to have accommodation in the park, and is there a canteen for the employees?

I have included my CV, and look forward to hearing from you.
Yours sincerely,
Charlotte Müller   *(185 words)*

Curriculum Vitae

Personal information	Charlotte Müller, Regnitzwall 7, 90760 Fürth Phone: +49-911/0102030 Age: 15
Education	Elementary school: Grundschule Herrenstraße, Fürth Middle school: Franken-Mittelschule, Fürth
Practical experience	Took care of 7 children during church camping trip Delivery of newspapers twice a week
Special knowledge	Good in English Computer skills
Personal interests	Nature, dogs, travel (England & France)

(54 words)

Creative Writing: Picture and Prompts   (Höchstpunktzahl: 20 Punkte)

(Hier musst du eine Geschichte (und keine Bildbeschreibung!) auf Englisch verfassen. Als Impulse für deine Geschichte liegen dir ein Bild sowie Stichwörter vor. Die Stichwörter verdeutlichen die Handlung oder geben dir Anregungen, wie du deinen Text ausgestalten kannst. An welcher Stelle in deiner Geschichte du diese Vorgaben einbringen willst, entscheidest du selbst. Die Überschrift sowie der Anfang der Geschichte sind vorgegeben. Anhand des Einleitungssatzes („Last year ...") erkennst du auch, dass als Zeitform hauptsächlich das Simple past zu verwenden ist. Teile deine Geschichte in Einleitung, Hauptteil und Schluss ein. Der Umfang sollte mindestens 100 Wörter betragen. Achte darauf, dass dein Text vollständig, nachvollziehbar und gut lesbar ist. Du erhältst sowohl Punkte auf den Inhalt als auch auf die sprachliche Ausgestaltung, z. B. Wortwahl, Satzbau und Rechtschreibung.)

What a shock!

Last year Barbara took her English friend Megan to the Oktoberfest. Megan was very excited because Barbara's sister had lent her a dirndl dress. She was so happy to be wearing it that she could not stop taking pictures of Barbara and herself. When Megan saw a carousel she exclaimed: "This classic old ride would go so well with my dirndl in a photo", and bought two tickets. When the two girls were spinning around, Megan yelled, "Wow, this is great! I'm going to make a video of the two of us!" Barbara shouted back, "Cool, but don't lose your phone!", but it was already too late. The phone had slipped from Megan's hand, and fell straight onto the hat of a man wearing lederhosen. The man's wife saw the phone falling down and cried out: "Oh no, watch out!"

When the merry-go-round turned again to where the man and the woman were standing, Barbara and Megan saw that the man was holding his hat and the phone in his hands. He looked up in their direction and waved. Barbara and Megan waved back.

When the ride was over, the girls went to the man. "I'm so sorry," Megan apologised. The woman was angry and wanted to shout at them, but the man just smiled and gave Megan her phone. Megan invited the couple to a "Maß" of beer. Then she took a selfie of the four of them as a special souvenir.

(244 words)

Notenschlüssel

Notenstufen	1	2	3	4	5	6
Punkte	80–68	67–55	54–41	40–27	26–13	12–0